OSCAR
BESTSELLERS

GABRIELLA RANIA

COME OTTENERE IL «VERO» SUCCESSO

Strategie pratiche
per raggiungere l'equilibrio
tra vita personale e professionale

I edizione Oscar Bestsellers ottobre 2019

ISBN 978-88-04-72008-9

Questo volume è stato stampato
presso ELCOGRAF S.p.A.
Stabilimento - Cles (TN)
Stampato in Italia. Printed in Italy

oscarmondadori.it

librimondadori.it

Indice

Vi presento il libro

di Roberto Re

Io non ti conosco, ma se hai in mano questo libro una cosa di te la so con discreta certezza... Questo libro fa per te!

Perché dico questo e in base a quali considerazioni?

Be', è semplice!

Se hai scelto un libro di una collana intitolata «Libri da Leader» e che parla in particolare di «successo», è molto probabile che tu sia una persona mediamente ambiziosa e che vuole crescere. E se così è, sei inevitabilmente molto impegnato e come conseguenza ti trovi ad avere poco tempo a disposizione per te stesso, preso come sei ad affermarti nella tua professione o attività. Perciò, ti scontri di certo con una delle problematiche che più di tutte attanaglia, in questo mondo così difficile e competitivo, le persone impegnate: un'enorme difficoltà a conciliare vita privata e vita professionale, col risultato di vivere un'esistenza spesso stressante, con poco tempo per sé e per tutto quel che esula dal lavoro, magari ottenendo pure il successo desiderato, ma a quale prezzo?

Sacrificare tutta la propria esistenza sull'altare del successo può essere davvero considerato un «successo»?

Troppo spesso la strada verso l'autoaffermazione porta con sé livelli esagerati di stress, ansia e tensione, fisici devastati da uno stile di vita malsano, con poca attività, alimentazione sregolata e abuso di pillole o compresse di ogni tipo, e famiglie sfasciate per il poco tempo dedicato a mogli o mariti e figli...

Ne vale davvero la pena?

Questo libro che hai tra le mani parla di un modello di successo «sostenibile» nel tempo, perché basato su una parola magica che, come ben sappiamo, è troppo spesso assente nelle vite della maggior parte delle persone nella società occidentale del terzo millennio: EQUILIBRIO.

E quindi, se sei il tipo di persona ambiziosa e desiderosa di ottenere risultati superiori alla media, ma che tiene a se stessa abbastanza da voler avere un'esistenza dove il godersi la vita e lo star bene psicofisicamente compensano alla grande tutto l'impegno profuso nel lavoro, questo libro, come ti ho detto, fa per te!

L'autrice, Gabriella Rania, ti spiegherà, con incredibile efficacia e semplicità, come tutto questo sia possibile, guidandoti attraverso esempi concreti, storie di vita vissuta, informazioni ed esercizi pratici a scoprire che quello che per molti è «impossibile» è invece assolutamente alla portata di tutti quanti noi, specie in questo mondo in cui viviamo che ci dà infinite possibilità rispetto al passato di gestirci in maniera totalmente differente.

Condizione necessaria, però, per poter realizzare una vita dove successo e benessere psicofisico viaggiano a braccetto è sviluppare una mentalità e una consapevolezza nuove, dove non c'è spazio per le convinzioni limitanti che condizionano la mente dei perenni «affaccendati», costantemente immersi nel «fare», così da poter «avere» il tanto agognato successo. In questo libro, infatti, non si parla di «avere successo», ma di «essere» una persona di successo a 360 gradi. E non lo si fa solo a parole o con tanta bella teoria, ma con un percorso ben delineato ed estremamente pratico: più andrai avanti nella lettura del libro, infatti, più verrai guidato da Gabriella nello sperimentare attivamente nuovi modi di gestire te stesso, con esercizi pratici da svolgere e cambiamenti concreti da effettuare nel quotidiano.

Il tutto esposto con una chiarezza e una fluidità di comunicazione che sono caratteristica esclusiva di chi padroneggia davvero una materia, non solo per averla studiata sui libri, ma perché l'ha vissuta e applicata in prima persona. E conoscendo

Gabriella da molti anni posso garantirti che lei è questo tipo di persona! Infatti, sarà proprio lei a raccontarti la sua evoluzione da «donna di successo», ma fondamentalmente insoddisfatta, a donna di ancora più successo professionale, ma completamente appagata e finalmente felice. Miracolata? No. Semplicemente diventata poco per volta sempre più consapevole e in grado di gestirsi in maniera completamente diversa rispetto a prima, guidata dalle giuste priorità e dalla chiarezza di cos'è davvero importante per lei.

Perché il successo è tale solo se è accompagnato da soddisfazione, serenità, gioia, amore e appagamento. E possiamo avere tutto questo, checché se ne dica!

Se sei pronto a scoprire come, ti consiglio di prepararti a divorare queste pagine esattamente come ho fatto io prima di scrivere queste poche righe di presentazione.

La tua strada verso il «vero» successo inizia adesso!

Buona lettura.

Come ottenere il «vero» successo

Alla mia famiglia, che con amore
mi ha sempre insegnato a puntare
in alto, senza perdere mai di vista
se stessi e i propri valori.
Vivere assaporando ogni momento,
con divertimento, leggerezza e
profondità. Siete stati il mio esempio.

Il vero successo sta nell'equilibrio

(Come ottenere il massimo in ogni area della tua vita)

A cosa pensi quando senti la parola «successo»? Che tipo di persona associ a questa parola?

Nella stragrande maggioranza dei casi si pensa a persone ricche, famose, di potere, a imprenditori, manager, uomini e donne in carriera, a qualcuno che ha realizzato grandi risultati in ambito professionale.

Nella mia attività di coach spesso mi capita di lavorare con uomini e donne che desiderano ottenere importanti risultati in ambito professionale, ma sempre più spesso incontro soggetti che hanno già raggiunto il successo e si sono accorti che nella loro vita manca qualcosa: ora vogliono essere felici.

Hanno dedicato la maggior parte delle loro energie al lavoro e per questo hanno trascurato la famiglia, gli affetti, la salute, le passioni... Vivono sotto stress, tra mille pensieri e preoccupazioni. Alcuni sono arrivati al punto di fare una scelta drastica come il *downshifting*, hanno ridotto drasticamente le ore di lavoro per scegliere uno stile di vita più semplice alla ricerca della felicità perduta.

Se i *baby boomers* (i nati tra il 1946 e il 1964) erano convinti che tutto fosse possibile e che il successo professionale potesse garantire la vera felicità, la generazione X (i nati tra gli anni Sessanta e Ottanta) ha iniziato a credere che non si possa avere tutto dalla vita e che si debba scegliere tra il successo e la felicità. Molti alla fine hanno deciso: «Preferisco essere felice che avere successo».

Ma se si potessero avere entrambe le cose? Se fosse davvero possibile raggiungere grandi risultati nel lavoro, avere la gioia di fare ciò che piace nella vita, ottenendo notevoli soddisfazioni economiche, e allo stesso tempo riuscire a coltivare significativi rapporti con gli altri e a prendersi cura di se stessi?

Lo so che mentre leggi pensi: «Eh sì... Magari!» e io non sono qui per dirti che è facile. Niente è *facile*, se non sai come si fa. Ma è *possibile*, e il risultato sarà sorprendente, se saprai su cosa lavorare. In questo libro scoprirai come ottenere il massimo da ogni ambito della tua vita. Come puoi «avere successo», ma anche «essere una persona di successo». Più tardi scoprirai che differenza c'è tra «avere successo» ed «essere di successo». Ti anticipo subito che il presupposto di questo libro è che non ci può essere vero successo senza felicità. E non ci può essere vera felicità senza equilibrio. In questo libro ti rivelerò come raggiungere il successo equilibrato.

Ma chi sono io per dirti tutto questo? Ti racconto brevemente la mia storia, solo per farti capire che in questo libro non troverai le solite frasi fatte e concetti teorici poco applicabili alla realtà: al contrario ti parlerò di cose molto concrete, ti indicherò strategie efficaci, ma partendo da una comprensione diversa da quella che hai oggi, la stessa che in questi anni ha portato me, e le persone che lavorano con me, dove sono ora.

Quando ero appena ragazzina, sognavo di fare l'architetto. Immaginavo di studiare a Firenze, di laurearmi e di lavorare in una città piena di storia e di fascino, con grandi soddisfazioni e con una splendida famiglia.

Non ero mai stata a Firenze, ma l'avevo scelta perché nel mio immaginario rappresentava la città perfetta: grande ma non troppo, elegante, raffinata, piena di storia e cultura, ottimo clima e poi... i fiorentini mi facevano una gran simpatia. Avevo le idee chiare. Avevo deciso che mi sarei laureata in un battibaleno, che presto mi sarei sposata, avrei fatto dei figli et voilà: a 26 anni al massimo mi sarei «sistemata» da ogni punto di vista. Ecco servita una vita perfetta!

Così dalla Calabria, quando arrivò il momento, partii verso il mio sogno e verso Firenze.

Le cose non tardarono a presentarsi con il loro vero volto. L'università era molto difficile e faticosa, così come fu faticoso imparare a vivere lontano da casa e dagli affetti, in una città nuova e sconosciuta seppur bellissima. Non da ultimo imparai le difficoltà di avere una relazione stabile e duratura e, finita la mia prima storia adolescenziale, iniziai a giocare il gioco dei grandi, dove le cose erano un po' più complesse di come le avevo immaginate.

È stato all'ultimo anno di università (in verità, ancora non sapevo che sarebbe stato l'ultimo, essendo io al secondo fuori corso) che ho incontrato il mondo della formazione e della crescita personale. In realtà, stanca e un po' avvilita, mi ero ormai rassegnata a passare ancora qualche anno dietro i banchi di Santa Verdiana: avevo lasciato per ultimi gli esami più difficili e il traguardo mi sembrava lontanissimo.

Ricordo molto chiaramente quel periodo difficile: ero sempre stressata, studiavo tanto, ma controvoglia e con fatica. I soldi che la mia famiglia riusciva a mandarmi non mi permettevano di fare molto oltre a pagare affitto e retta universitaria, perciò lavoravo tantissimo, e tutto sommato era anche quello un modo di distrarmi dallo studio, che mi generava grandi ansie.

Spesso la notte pensavo al tempo che mi scorreva tra le dita: non stavo realizzando nessuno dei miei progetti di vita, niente stava andando nella direzione che sognavo e non stavo minimamente rispettando i tempi che mi ero data.

Avevo 26 anni, una relazione con un uomo con due figlie da un legame precedente, correvo come una matta tutto il giorno, facevo, nell'ordine, la cameriera nei weekend, l'insegnante di ballo due sere a settimana, la babysitter di Giulio due pomeriggi a settimana, lavoravo in uno studio di architettura cinque pomeriggi a settimana e nei ritagli di tempo c'erano le lezioni all'università e la preparazione degli esami più difficili. L'ansia mi teneva compagnia di notte.

La ciliegina sulla torta fu la malattia di mia madre, un brutto tumore al seno che l'ha vista, per un tempo che a me è parso infinito, alle prese con quella terribile realtà, le cure e un corpo che non riconoscevamo più.

Tanto che, alla fine, in ospedale ci sono finita anch'io. Colite ulcerosa da stress. Quindici giorni di ricovero.

No, non ero il ritratto del successo e dell'equilibrio.

Fu in quel periodo che conobbi la Roberto Re Leadership School.

Non ero alla ricerca di qualcosa. La mia vita non era al top, ma pensavo fosse tutto sommato la normalità. Insomma, parliamoci chiaro, chi non ha qualche problema? In fondo ero solo una studentessa fuori sede e fuori corso che si faceva in quattro per permettersi una pizza nel weekend e una vita dignitosa. Cosa c'era di strano? Sì, vero, mia madre stava poco bene, ma purtroppo capita, e stare male in una situazione simile era il minimo che mi potesse succedere, no?

Non stavo cercando aiuto, ma un giorno il mio fidanzato di allora, responsabile di una rete commerciale per un'azienda locale, mi disse che aveva iniziato un percorso di formazione personale e professionale.

Non la presi bene. Per me era psicologia spicciola, qualcosa di assolutamente inutile. Più o meno la mia reazione fu: «Nessuno può e deve insegnarmi come stare al mondo, voglio farcela da sola e comunque non esistono ricette né scorciatoie. La vita è così, bisogna essere realisti!». E poi i soldi! Già ne avevamo pochi, io facevo duemila lavori per racimolare qualcosa e lui doveva anche mandare l'assegno di mantenimento per le bambine e la sua ex moglie. Stavamo sempre lì a contare gli spiccioli, sacrificandoci su tutto, e ora si metteva anche a spendere per un corso? Ero furiosa, non solo scettica!

Provai a convincerlo a rinunciare. «Non è il momento, lo farai quando ce lo potremo permettere, ora abbiamo cose più importanti alle quali pensare che a uno stupido corso dove qualcuno presume di spiegarti come migliorare questo e quell'altro.» Ma fu irremovibile. Aveva deciso.

Non più tardi di tre o quattro mesi, iniziai a vedere che le cose stavano cambiando.

Lui era più sereno e così anche la nostra relazione, il rapporto con la sua ex moglie e con le figlie era migliorato, lavorava meglio e di più... Tutte queste cose non potevano passare inosservate e mi incuriosirono tanto che, in punta di piedi e seppure con molto scetticismo, iniziai io stessa a frequentare quel percorso: il FLY.

Un anno dopo ero laureata in Architettura e già manager della stessa azienda con la quale avevo iniziato quel percorso di formazione.

Con quello che avevo imparato ero riuscita a finire velocemente gli ultimi esami. Avevo trovato nuova energia, nuovo entusiasmo e un metodo efficace. Contemporaneamente, i risultati su me stessa e quelli che vedevo sui miei colleghi di corso mi fecero venir voglia di saperne di più: iniziai a studiare e piano piano a lavorare con loro. Mi ero scoperta brava in quel genere di cose e la comunicazione divenne il mio pane quotidiano: studiavo senza sosta, imparando dai professionisti più bravi in Italia e nel mondo, con umiltà e tanta tenacia, dando inizio a una carriera veloce e piena di soddisfazioni.

Non è stato però tutto semplice e immediato. La strada era ancora in salita, perché stavo imparando tante cose sotto l'aspetto professionale, ma da altri punti di vista la mia vita era in fase di riassesto.

Ho dovuto apprendere molte cose su come gestire il mio lavoro, ma soprattutto un team, e all'inizio questo mi portava via talmente tanto tempo che mi sembrava di non avere più una vita privata.

Con serenità, da lì a poco mettevo fine alla relazione che mi aveva accompagnato in quegli anni. Semplicemente le strade si dividevano, con grande affetto e stima reciproca. Per la prima volta avevo chiuso serenamente un'importante storia d'amore, che poi si è trasformata in una bellissima e profonda amicizia. Però ero di nuovo sola, con tanto lavoro, tanta gente da gestire e tante aspettative su di me.

Mettere in pratica gli insegnamenti non era stato semplice, perché era tutto nuovo e molto lontano da quello che per anni avevo studiato, ma ci avevo messo energia, impegno, dedizione e costanza, e ce l'avevo fatta. Ero la più giovane tra tutti i direttori d'Italia, con risultati di rilievo e con un bel team al seguito, e guadagni importanti.

Ma non bastava. Mancava ancora quel sale che desse il giusto gusto e il giusto senso alla mia vita. Avevo quello che molti definirebbero successo. Ma non volevo solo il successo: io volevo essere *felice*!

E invece ero spesso stanca e stressata. Oggi direi: *con* successo, ma non *di* successo. Così, mantenendo la giusta attenzione su quanto avevo già imparato, mi sono dedicata a quello che invece avevo trascurato: nel mio caso, dedicare tempo alla vita di coppia e soprattutto prendermi cura di me stessa!

Oggi sono la direttrice della Roberto Re Leadership School. Gestisco due centri, dove oltre trecento persone a settimana si formano con me e il mio team, composto da circa quaranta persone, ho il mio ufficio, la mia azienda, relazioni profonde, tante amicizie belle, un compagno meraviglioso con cui vivo un rapporto a dir poco magico, ottimi guadagni e tanto tempo per fare una cosa che amo alla follia: viaggiare!

Faccio almeno quattro viaggi all'anno in giro per il mondo e durante l'anno, nei weekend, mi concedo qualche gita fuori porta in Italia o in Europa. Ma sai la cosa più importante? Tutto questo è condito da una profonda serenità: mi sento di essere al posto giusto e non so esprimerti la gioia che mi dà insegnare ogni settimana ai miei collaboratori e ai miei corsisti come fare altrettanto.

Sia chiaro, la mia vita non è una favola, di quelle che finiscono con «E vissero tutti felici e contenti». Anch'io devo affrontare momenti difficili, giornate pesanti, quelle in cui torno a casa e l'unico pensiero è andare a dormire per ricominciare l'indomani con uno spirito diverso. Ma la cosa importante è che, anche nelle difficoltà, mi sento profondamente serena. L'inquietudine e le ansie di una volta hanno lasciato il posto a una centratura, che mi rende solida e in grado di gestire le difficoltà con consapevolezza, con la giusta leggerezza e con un profondo senso di equilibrio.

In mezzo ci sono le tante cose che ho imparato su me stessa in questo «viaggio», le stesse che insegno ogni settimana ai miei studenti che, quando le mettono in pratica, ottengono i miei stessi risultati. Voglio raccontarle anche a te in questo libro perché tu, come me e molte altre persone che ho avuto il piacere di aiutare negli anni, possa ottenere i tuoi successi, ma soprattutto possa raggiungere il tuo personale equilibrio e, di conseguenza, una vera, duratura felicità.

Non sarà tutto in discesa, ma ti prometto che, se seguirai le mie indicazioni, un passo alla volta, con costanza e metodo, e se lavorerai su te stesso, i risultati ti sorprenderanno in un modo che non posso spiegarti a parole.

In questi anni ho lavorato con oltre cinquemila persone e, credimi, le gioie sono tante. È una soddisfazione immensa per me vedere la loro evoluzione, i loro progressi. Sono persone che conducono attività, anche importanti e impegnative, che hanno famiglie, figli, relazioni complesse, e soprattutto, in generale, che vogliono imparare a gestire al meglio se stesse.

Ti parlo di risultati tangibili, che cambiano la qualità della vita, gli stessi risultati che ho prima sperimentato su me stessa e che mi fanno ringraziare di cuore quell'ex fidanzato che non diede retta alle mie paure e ai miei rigidi preconcetti e che, con pazienza, mi ha portata a intraprendere quel cammino che, posso dire con gioia, ha dato una svolta alla mia vita.

Quello che inizieremo adesso sarà un percorso che ti condurrà a capire innanzi tutto cosa *non* è il successo, cosa lo allontana e cosa al contrario lo rende più vicino e tangibile. Affronteremo molti temi insieme: quello emozionale, quello delle relazioni, dei rapporti genitoriali, della gestione del tempo, della capacità di guidare gli altri, di sapere come essere più efficaci e strategici. E infine lavoreremo insieme perché tu possa creare il tuo piano B. Insomma, sarà un excursus completo.

Scoprirai quali sono i punti di forza che già possiedi e come sfruttarli al meglio, e qual è invece il tuo tallone d'Achille. Affronteremo le situazioni che oggi vivi con più difficoltà, che di fatto sono i tuoi gap da colmare. Analizzandoli a fondo e con attenzione, ti guiderò a comprendere come gestire quegli aspetti di te che oggi ti tengono lontano dall'equilibrio che cerchi.

Se sei pronto, partiamo!

I

Il vero significato del successo

Hai mai riflettuto sul vero significato della parola «successo»?

Come succede con tanti altri termini di uso comune, si tende a darne per scontata la definizione. Eppure si tratta di un vocabolo usato in un'infinità di contesti, forse troppi per ritenerlo chiaro e univoco. Quasi senza accorgercene guardiamo pubblicità di prodotti per individui di successo, sentiamo parlare di personaggi di successo, ascoltiamo canzoni di successo e assistiamo a storie di successo nello sport, nella politica o nel mondo imprenditoriale.

Il successo sembra essere dappertutto.

A volte ce lo presentano come il risultato delle scelte giuste, altre appare come una conquista totalizzante, riservata a pochi eletti che finalmente possono dominare il mondo dall'alto delle loro vittorie. Quelli che raggiungono queste vette sembrano ottenere ciò che gli altri si limitano a sognare: una fortuna luminosa, che cancella ogni ombra di frustrazione o infelicità.

Ma è proprio così?

Se stai leggendo questo libro forse fai parte di coloro che cominciano ad avere dei dubbi. Può essere che tu abbia raggiunto molti dei traguardi che ti eri posto e che, nonostante questo, non ti stia godendo la qualità di vita che speravi: magari non hai abbastanza tempo libero da dedicare alle tue passioni e alle persone a cui tieni, oppure ti ritrovi con troppe preoccupazioni e stress per apprezzare davvero ciò che hai.

Magari sei tra quelli che inseguono da tempo un'idea di successo ben definita e ti domandi come mai molti altri arrivino con facilità a risultati per i quali tu ancora investi tante, troppe energie.

Se ti ritrovi in uno di questi casi, forse hai cominciato a mettere in discussione l'idea di successo che i media e il senso comune ci trasmettono ogni giorno. Magari inizi a pensare che successo e felicità siano due concetti separati e ti stai chiedendo se non sia meglio essere felici che avere successo.

Eppure, come ho detto nell'introduzione, non ci può essere vero successo senza felicità.

Ma come si distingue il vero successo da quello fittizio? Lo scopriremo in questo capitolo.

Far succedere le cose

Fare per avere

La parola «successo» è il participio passato del verbo «succedere»: lo avevi mai notato? Il verbo succedere viene spesso usato in forma passiva o impersonale: «È successo un fatto». In realtà il successo è sempre una conquista, il risultato di un'impresa compiuta da un soggetto, una persona in carne e ossa.

A tutti è capitato almeno una volta di sperare in un colpo di fortuna, in un regalo piovuto dal cielo che risolva in un istante tutti i problemi o soddisfi ogni bisogno. Ci auguriamo di «avere» qualcosa senza accorgerci che per godere veramente di ciò che si ha è necessario arrivarci attraverso un processo di apprendimento, crescita e conquista.

Nel 1977 un signore di Cuneo portò a casa un miliardo e 185 mila lire con una vincita da record al Totocalcio. Lasciò il lavoro da impiegato e provò a inventarsi imprenditore, ma fallì. Travolto dai debiti, venne abbandonato dalla moglie e si suicidò gettandosi sotto a un treno.

Non si può di certo dire che quel regalo del destino gli abbia portato molta fortuna. Storie come la sua, purtroppo, sono più comuni di quanto si creda: William Post, Gerald Muswagon,

Mavis L. Wanczyk, Lara e Roger Griffiths, Sharon Tirabassi sono altri esempi di dinamiche di questo tipo ma, ahimè, l'elenco è molto più lungo. Tutte persone che hanno perso il controllo della loro esistenza dopo vincite eclatanti, spesso con esiti tragici per se stessi e per i propri cari.

Sicuramente la spiegazione sta nel fatto che le conquiste raggiunte senza meriti destabilizzano in modo incontrollabile, generando paura e incapacità di gestire un nuovo stato di cose tanto diverso dal precedente.

Può succedere che tutto vada bene, ma questo dipende dalle capacità di chi si trova a gestire una situazione inaspettata: dal suo modo di «essere». Più tardi approfondiremo meglio il tema dell'«essere». Qui mi preme solo sottolineare che successo non equivale tanto al possesso di determinate cose, al puro «avere». Ciò che conta è far accadere ciò che desideriamo veramente.

«Fare» per «avere»: questa è una delle componenti essenziali del successo.

Nella prima fase della nostra vita, siamo tutti figli e studenti. A prescindere dai risultati, abbiamo ruoli chiari e definiti. Tutto accade secondo schemi prestabiliti, senza dubbi né bisogno di dimostrare alcunché.

Con il passare del tempo, però, le cose cambiano: a mano a mano che diventiamo adulti cresce il desiderio di affermare la nostra identità come individui, di ritagliarci un posto nel mondo. In questo contesto si rivelano fondamentali le conquiste ottenute attraverso l'impegno e i talenti che ciascuno riesce a mettere in gioco.

È a questo punto che il «successo» viene sempre più a coincidere con la capacità di *far succedere le cose che vorremmo.*

C'è un luogo che rappresenta una bella metafora del concetto di successo che ho espresso finora. È Machu Picchu, l'incredibile sito archeologico inca situato in una remota valle peruviana a circa 2500 metri sul livello del mare. Un luogo che nel 2007 è stato eletto tra le nuove sette meraviglie del mondo moderno.

Forse non sai che le vie d'accesso per raggiungere queste rovine sono limitate: la prima possibilità è quella di arrivare a piedi, attraverso un sentiero inca di circa 45 chilometri che si dipana tra valli, fiumi, montagne, terrazzamenti e resti archeologici meno noti.

Il trekking dura all'incirca quattro giorni e per dormire ci si accampa all'aperto, mentre la guida e i portatori preparano pasti semplici e frugali.

Camminare, spesso in salita, a un'altitudine così elevata non è facile, a causa dei normali disturbi che possono insorgere quando il soggetto si viene a trovare in ipossia come conseguenza dell'ambiente carente d'ossigeno. A mano a mano che si sale di quota diminuisce la pressione parziale di ossigeno nell'aria, e l'organismo cerca di adattarsi alle nuove condizioni aumentando sia la velocità di respirazione che il ritmo cardiaco. Nella maggior parte delle persone, la scarsa tolleranza all'ipossia si manifesta con la comparsa dei sintomi più lievi del cosiddetto «mal di montagna»: mal di testa, nausea, affanno, vertigini, spossatezza e insonnia.

Per chi non è perfettamente in forma, uno sforzo prolungato di quattro giorni non è il massimo, e il Camino Inca è una prova abbastanza impegnativa anche per chi è allenato.

Una volta superati il malessere, la fatica e le scomodità della vita in mezzo alle montagne, la ricompensa sta nella sensazione di gioia e appagamento che si prova all'alba dell'ultimo giorno di cammino, quando la magica Machu Picchu si staglia ai piedi del viaggiatore che ha combattuto (e vinto) contro i propri limiti per raggiungerla.

Tutti coloro che hanno vissuto questo momento lo raccontano come la sensazione di aver ricevuto un vero e proprio premio, uno di quelli che può ottenere solo chi si spinge fuori dagli abituali confini, non solo geografici, ma anche mentali, sopportando con tenacia il disagio che ne consegue.

L'altra possibile soluzione per raggiungere Machu Picchu è il comodo treno turistico che arriva quasi di fronte all'ingresso del sito archeologico. In questo caso c'è solo da pagare il biglietto e presentarsi all'ora indicata: una sfida che ciascuno di noi può superare senza troppe difficoltà.

Ovviamente non critico la scelta di chi decide di arrivare con la ferrovia: ciascuno è libero di vivere ogni esperienza come preferisce, secondo le proprie motivazioni e ragioni personali.

Sono sicura, però, che le emozioni provate dai diversi viaggiatori nel momento in cui varcano la soglia di queste leggendarie rovine siano molto diverse a seconda del viaggio che si è scelto di fare.

È un po' la stessa differenza che intercorre tra un successo raggiunto con troppa facilità e uno conquistato con impegno, fatica e lavoro su se stessi.

Il vero successo richiede lo sforzo di uscire dalla nostra comfort zone, di mettersi alla prova in situazioni che non conosciamo alla perfezione e che rappresentano una sfida: prove che ci mettono a disagio, costringendoci a tirare fuori risorse inaspettate.

Solo così ci si può migliorare, un po' alla volta, imparando ad apprezzare sempre più sia noi stessi sia i traguardi faticosamente raggiunti. Perciò, anche se sei tra coloro che preferirebbero andare a Machu Picchu in treno, ti invito a riportare questo esempio alla tua vita e ai tuoi obiettivi, tenendo sempre presente che gli sforzi per raggiungerli sono anche un modo per superare i tuoi limiti e diventare una persona migliore, di cui potrai essere sempre più fiero.

Il Pane della Vergogna

Nel libro *Il potere della Kabbalah* di Yehuda Berg c'è un passaggio che spiega l'importanza delle conquiste personali attraverso una piccola, ma significativa, storia:

> Bobby ha nove anni. È il lanciatore della sua squadra di baseball. Se oggi dovesse esprimere il suo più grande desiderio, sarebbe quello di giocare una partita che riempia di orgoglio e gioia i suoi genitori! E oggi Bobby ha la sua occasione perché l'allenatore ha scelto lui per il lancio d'inizio, e il ragazzino non lo delude: fa un lancio imprendibile e stabilisce anche un record nel mettere fuori gioco i suoi avversari.
>
> Dopo l'ultimo lancio i suoi compagni di squadra fanno invasione di campo, lo sollevano di peso e lo portano esultanti in trionfo in giro per il campo.
>
> Bobby guarda i suoi genitori raggianti sugli spalti. Le emozioni che questo ragazzino prova sono indescrivibili.

Dopo la partita Bobby scopre qualcosa di scioccante. A quanto pare suo papà si era messo d'accordo con entrambi gli allenatori e le due squadre affinché suo figlio facesse la figura del campione. Era il compleanno di Bobby e il padre voleva regalargli una giornata speciale. Era tutto già deciso, dal lancio iniziale alla fine della partita. Gli abbracci e le urla festose dei suoi compagni erano soltanto una messinscena. E tutto perché papà voleva fargli provare quelle gioiose sensazioni di vittoria e di successo.

Come si sente Bobby adesso?

Pensateci per un momento.[1]

Berg prova a spiegarlo attraverso uno dei simboli presenti nella kabbalah: il Pane della Vergogna.

Il Pane della Vergogna rappresenta metaforicamente «le emozioni negative che accompagnano una fortuna che non ci si è guadagnati». Tanto per capirci, chi sopravvive grazie alla carità degli altri mangia quotidianamente il Pane della Vergogna. Non può provvedere al suo sostentamento senza dover dipendere dagli altri eppure, come ogni essere umano, sente il bisogno di ottenere ciò che gli serve o desidera grazie a meriti propri e a un impegno riconosciuto.

Forse il punto è proprio questo: la volontà e la necessità di conquistare ciò che ci serve sono un bisogno che fa parte di tutti noi, anche se non tutti sono in grado di riconoscerlo.

C'è chi si racconta che l'importante sia «avere» ma, nel momento in cui ottiene qualcosa che voleva attraverso un colpo di fortuna o per meriti altrui, assapora l'insoddisfacente gusto del Pane della Vergogna. Un pane che non potrà mai saziare appieno, dal momento che gli mancano due ingredienti fondamentali: il «fare» e l'«essere».

Successo di famiglia

Nella mia attività come coach ho avuto l'occasione di conoscere tante persone che godono di posizioni economiche e professionali agiate per merito del loro status familiare.

[1] Yehuda Berg, *Il potere della Kabbalah*, TEA, Milano 2008, p. 92.

Si tratta di uomini e donne che non hanno dovuto conquistare la maggior parte delle cose che possiedono, né combattere per la loro posizione.

Ciò che li accomuna è la vicinanza a un compagno di vita, o a un familiare, che ha ottenuto successo, rispetto e riconoscimento dal mondo grazie alle proprie capacità, ricavandone grandi risultati.

Proprio per questo, pur essendo in apparenza dei privilegiati, a un certo punto della loro vita hanno dovuto fare i conti con una scelta importante: Chi voglio essere?

Così spesso ci si divide tra quelli che rimangono un po' «dietro le quinte», o nell'ombra di una figura preponderante, adattandosi a eseguire le indicazioni senza troppe ambizioni e con la voglia di compiacere e chi invece inizia una guerra di leadership in primo luogo con se stesso, poi con il leader capo, per conquistare il proprio posto nel mondo. Entrambi però con lo stesso desiderio: dimostrare a se stessi e agli altri il proprio valore.

La storia è piena di persone la cui vita è stata segnata da vantaggi ereditati alla nascita. Tanto per ricordarne alcuni, basta pensare a Cameron Douglas, figlio di Michael Douglas, che ha subito due condanne per complessivi nove anni e mezzo per problemi di droghe. Oppure a Craig Turner, figlio maggiore della cantante Tina Turner, che nel 2018 si sparò un colpo in testa, all'età di 59 anni. Anche Cheyenne, figlia di Marlon Brando, si è suicidata a 25 anni, dopo una vita travagliata all'insegna di droghe, fumo, alcol e periodi di grave depressione.

Gli esempi di persone apparentemente baciate dalla fortuna sono tanti: esistenze che sembrano spianate e facili fin dal loro inizio, che però spesso si rivelano dolorose e sofferte per l'incapacità di apprezzare vantaggi ottenuti senza nessuno sforzo personale, o per la sensazione di vivere all'ombra di qualcuno destinato a essere sempre più brillante e capace.

Tra le storie dei cosiddetti «figli d'arte» che non eguagliano i risultati dei genitori ce ne sono molte altre dal finale meno drammatico, ma comunque difficili. Sono, per esempio, le storie di figli di imprenditori, che magari hanno rinunciato ai propri sogni per l'azienda di famiglia, persone che in altri contesti avrebbero potuto esprimere meglio il proprio talento, che si giudicano o vengono giudicate solo in relazione al modello del genitore che ha raggiunto il successo «a modo suo».

Sono individui che si *adattano* a ruoli meno competitivi e il cui impegno, più o meno consapevolmente, è spesso centrato sul sentirsi amati e accettati dalla figura che vedono come il loro faro. Così compiacere diventa la priorità, le scelte spesso non sono libere e spontanee ma intimamente viziate dal bisogno di *sentirsi ok* per lui o lei e soprattutto per se stessi.

Sia chiaro, va fatta una dovuta distinzione tra chi davvero sceglie una vita differente e abbandona ogni competizione perché meno ambizioso, e chi invece si arrende a priori, reprimendo i propri reali desideri.

Come distinguere chi *sceglie* un basso profilo e chi invece lo *subisce*, raccontandosi che si tratta di una scelta? Si tratta di una differenza fondamentale, ma anche molto intima: solo i diretti interessati possono risponderne davvero a se stessi con l'onestà e la sincerità che merita una riflessione di questo tipo.

Da parte mia, posso solo fornire gli strumenti necessari per sfuggire a compromessi limitanti e poveri di gratificazioni, anche chiarendo alcuni dei meccanismi che spingono le persone a rassegnarsi. Nel prossimo paragrafo ti illustrerò uno di questi meccanismi.

Il successo (altrui) che paralizza: l'impotenza appresa

Nel 1967 lo psicologo americano Martin Seligman, nel corso di una serie di esperimenti, osservò un fenomeno psicologico che definì «impotenza appresa».

Seligman si rese conto che una cavia sottoposta ripetutamente a una scossa elettrica senza possibilità di evitarla, una volta messa nelle condizioni di risparmiarsi la scossa non lo faceva. L'animale sembrava ormai convinto che la situazione negativa fosse inevitabile e rinunciava a ogni comportamento utile per sfuggire alla sofferenza.

In seguito, Seligman ampliò i risultati di questi studi con esperimenti su studenti posti in un ambiente nel quale era presente un rumore fastidioso. Gli studenti tentavano di fermarlo, ruotando delle manopole o premendo dei pulsanti che avevano a disposizione, ma tutto sembrava inutile. Una volta portati in un'altra stanza pervasa dallo stesso rumore assordante, la maggior parte degli studenti tendeva a sopportarlo in modo passivo, nonostante questa volta potesse essere controllato attraverso una manopola. La ragione stava nel fatto che avevano imparato a considerarlo un evento fuori dal loro controllo, senza pensare che le cose sarebbero potute cambiare.

C'è un esempio molto suggestivo che spiega ancora meglio questo meccanismo. In India, gli elefanti ancora piccoli vengono legati a un palo per impedire loro di scappare. Nonostante ci provino con tutte le loro forze, per gli elefantini è impossibile liberarsi. Con il passare del tempo gli elefanti crescono. Arriva un momento in cui potrebbero liberarsi con facilità, strappando la corda o staccando il bastone da terra, ma non lo fanno. Sai perché?

Perché si sono convinti che sia impossibile. Si sono arresi. Ed è proprio questa loro resa a tenerli fermi sullo stesso punto. Potrebbero andarsene in qualunque momento, senza ostacoli o costrizioni, ma sono certi di non poterlo fare. Quanti di noi fanno lo stesso? Quante persone rinunciano a priori lasciandosi frenare da convinzioni infondate? Sì, perché questo meccanismo funziona anche con chi non ha un genitore troppo ingombrante. L'impotenza appresa caratterizza una situazione in cui si apprende (o ci si convince) che non può essere fatto nulla per controllare o migliorare una data situazione. A quel punto si finisce per non provarci nemmeno.

Studi successivi hanno dimostrato che l'autostima è particolarmente suscettibile all'impotenza appresa: gli individui che sentono di non poter controllare le situazioni in cui si trovano, o che si confrontano con genitori/partner/fratelli dalle straordinarie capacità tendono a perdere fiducia, anche in se stessi e nelle proprie risorse. Chi è vittima di impotenza appresa tende a pensare cose di questo tipo: «Perché dovrei darmi da fare se tanto non sarò mai all'altezza?», «Che senso ha impegnarsi al massimo se non sarò mai il migliore?», oppure «Io non ho nessun vero talento. È inutile che mi illuda, non sarò mai come lui/lei».

Questi sono esempi di «credenze limitanti», quelle catene mentali che spesso bloccano e restringono il raggio delle azioni possibili. Sul tema delle credenze torneremo più avanti, quando parleremo del «ciclo del successo».

A questo punto sorge spontanea una domanda: ma davvero è inevitabile soccombere nel tentativo di rapportarsi a un familiare dal successo apparentemente irraggiungibile? Ovviamente no.

Non voglio banalizzare né stereotipare una condizione che genera storie diverse e ricche di sfumature, ma come ti accennavo poco fa, la mia esperienza mi porta a dividere in due macrocategorie le reazioni principali di chi si confronta con una persona amata che gode di stima e riconoscimenti: quella di chi si rassegna a vivere nell'ombra, e quella di chi lotta per eguagliare o superare il successo del modello di riferimento che ha scelto.

Una corsa sempre più in alto

Per affrontare la seconda macrocategoria vorrei tornare a uno degli esempi appena fatti: quello relativo al travagliato destino del figlio di Michael Douglas.

Qualcuno potrebbe aver già notato un dettaglio importante: anche lo stesso Michael ha accusato la presenza ingombrante di un padre acclamato e stimato nel mondo del cinema.

Chi non conosce Kirk Douglas? Indimenticabile protagonista di *Orizzonti di gloria* e *Spartacus*, due film di culto diretti da Stanley Kubrick, candidato all'Oscar per ben tre volte, non deve essere stato un modello semplice da seguire per un figlio. Eppure, Michael ha deciso comunque di fare l'attore e – nella sua lunga carriera – sembra aver superato il padre, almeno per quanto riguarda i riconoscimenti: ha vinto infatti due Oscar, quattro Golden Globe, un premio BAFTA e un premio Emmy.

Il successo da lui raggiunto è comune a molti figli d'arte: basti pensare a Drew Barrymore (nipote di John Barrymore e figlia di genitori attori), a Gwyneth Paltrow (che in quanto a notorietà ha superato la madre Blythe Danner), a Miley Cyrus (figlia del cantautore country Billy Ray Cyrus) o ad Angelina Jolie (da sempre alle prese con un rapporto tormentato con il padre, il famoso attore Jon Voight). Come Michael Douglas, tutte loro hanno ottenuto un successo pari o addirittura maggiore rispetto ai loro familiari.

Come ci sono riusciti? Affrontando con tenacia e coraggio l'inevitabile competizione, senza lasciarsi fermare o intimidire.

Si racconta che Kirk Douglas, all'inizio, abbia cercato di dissuadere il figlio Michael dal seguire la sua stessa carriera: addirittura pare che, nonostante fin da ragazzino Michael fosse sicuro di voler recitare e chiedesse al padre di assistere alla lavorazione dei suoi film, Kirk cercasse di scoraggiarlo in tutti i modi. Michael arrivò addirittura a pagarsi da solo i corsi di recitazione.

In questo caso, ci si rapporta al successo con spirito di emulazione e con un senso di ispirazione che porta le persone a sognare più in grande, un po' perché hanno imparato a ragionare come il loro riferimento di successo, un po' perché vogliono dimostrare al mondo, e prima ancora a se stessi, di essere altrettanto capaci.

Il lato oscuro della forza

Un processo del genere, finalizzato alla conquista e al conseguimento di un proprio spazio, non sempre avviene in modo indolore.

Chi deve confrontarsi con una persona amata e di successo, e spesso anche dalla grande personalità, deve fare i conti con alcune inevitabili dinamiche.

Pensaci: hai costantemente davanti agli occhi qualcuno che ce l'ha fatta e che il mondo acclama come titolare di quel successo a cui tanti ambiscono. È vicino a te, oltre a essere sangue del tuo sangue.

Inevitabilmente questo genererà una certa pressione emotiva. Perché lui ce l'ha fatta e, se tu hai carattere, non puoi resistere al bisogno di fare altrettanto. Scatta quindi una sorta di competizione nella quale lo scopo reale è uno solo: dimostrare di essere all'altezza.

Questo genere di persone ha bisogno di tirar fuori il meglio di sé, di farsi valere, di mostrare a tutti il proprio talento e le proprie capacità, anche a costo di farlo con una certa energia, che rischia, in alcuni casi, di trasformarsi in aggressività. Attenzione: quando parlo di aggressività non mi riferisco necessariamente a persone violente, ma ad approcci e modalità comunicative che a volte possono apparire prepotenti. La ragione profonda è sempre la stessa, ormai hai capito quale, vero? Sì, lei, l'intima paura di non essere all'altezza.

Questo avviene spesso anche perché il tutto è reso più complesso da altri due fattori che entrano in campo: l'«altro» e il «mondo».

Nella mia attività di coach mi capita spesso di seguire persone che descrivono la stessa situazione: «Lavoro nell'azienda di mio padre/madre/zio. Ora la gestisco al suo fianco, in attesa di prenderne in mano le redini».

Nei casi in cui si trattava di persone dal forte carattere e spessore, uniti a talento e voglia di fare, i problemi sono sempre gli stessi: l'«altro», il leader più anziano, non cede lo scettro e concede poco spazio di manovra, perché dice o pensa: «L'azienda l'ho creata io e so io come si fa». Inoltre, i referenti esterni, come dipendenti, soci e collaboratori, è facile che non diano istintivamente fiducia al «nuovo arrivato».

Poco contano le reali capacità della persona in questione: in casi del genere, il raggiungimento di una leadership solida e condivisa è spesso faticoso e arduo, se non si hanno i giusti strumenti. Questo rende tormentata la conquista del proprio posto nel mondo.

Spesso la voglia di crescere si trasforma in una sfida con se stessi: una specie di guerra in cui il bisogno di approvazione e di autostima e i conflitti, interiori ed esteriori, rendono le relazioni faticose e a tratti ingestibili. Ho visto rapporti familiari rovinati per questo.

Da una parte c'è una persona che ha raggiunto il successo e sa come si fa, o almeno è certa di saperlo, e non sembra disposta a mettere in discussione ciò che ha imparato in favore del cambiamento o di un passaggio di consegne. Al contrario, teme e disprezza le nuove tecniche e metodi in nome di un successo che ha creato «a modo suo». Dal momento che nel suo caso ha funzionato, tutto il resto per lui è fumo. La verità più profonda sta in ciò che conosce e che gli dà la sensazioni di sicurezza e di controllo.

Magari i suoi vecchi metodi oggi sono meno efficaci, ma sono quelli che sa padroneggiare. Per questo, non è disposto a discuterli: significherebbe rivedere le proprie certezze, mettendole a rischio. Anche perché, chi è abituato al successo, molto spesso ha anche un desiderio di controllo dal quale rischia di farsi guidare. Il suo approccio verso la vita si può riassumere in una frase: «Meglio fare le cose come ho sempre fatto, in modo da averne il controllo, piuttosto che cambiarle, correndo il rischio che non funzionino o che non sappia come gestirle».

Dall'altra parte c'è invece un figlio, una figlia, una moglie, un nipote o altro, che vorrebbe, con il proprio entusiasmo, portare un nuovo contributo e una ventata di novità, ma viene al contrario relegato in un angolo dove gli sono consentite ben poche cose, e solo dopo estenuanti opere di convincimento o vere e proprie guerre di potere. Il tutto in un ambiente che guarda al vecchio punto di riferimento e nutre poca fiducia in colui che non ha ancora avuto modo di dimostrare il suo valore.

Tutte queste dinamiche rischiano di diventare un freno nella conquista di un successo equilibrato, anche perché mettono in moto paure e bisogni che si scontrano su un terreno molto delicato, in cui le vicende professionali si intrecciano con quelle familiari.

Più il successo è grande, più è facile che i problemi crescano. Lo stesso Michael Douglas ha ammesso di aver dovuto più volte disintossicarsi da alcol e droghe dopo aver perso un fratello per overdose, così come Angelina Jolie e Drew Barrymore si sono ritrovate da giovani a fare i conti con pericolose dipendenze ed eccessi che hanno rischiato di condurle verso il baratro.

Chi si confronta fin da bambino con una figura familiare importante e talentuosa può sviluppare un'autostima precaria, che a volte gli fa sentire di non meritare davvero ciò che ottiene e finisce per innescare inconsci autosabotaggi, che possono minare la sua tranquillità e felicità.

Ovviamente non è tutto bianco o nero. Nella mia carriera ho incontrato tanti individui brillanti che sembravano aver superato questo conflitto interiore senza arrivare a danneggiare se stessi, ma in molti di loro ho intravisto comunque una vaga inquietudine mai del tutto superata. Una zavorra che impediva loro di raggiungere con più leggerezza la completa soddisfazione e il vero successo.

Come ci si salva da tutto ciò? Serve una grande consapevolezza di tali rischi, unita alla ricerca di un successo equilibrato: un lavoro su se stessi che coinvolge ogni aspetto dell'esistenza e del modo in cui si affrontano e sperimentano le cose. Questa riflessione ci porta a un livello più profondo della nostra riflessione sul vero significato della parola successo. Ci porta alla scoperta di un'altra dimensione: quella dell'«essere».

«Avere successo» vs «essere di successo»

Tra i vari significati della parola «successo» troviamo: esito favorevole; buona riuscita; riconoscimento dei propri meriti; approvazione del proprio operato da parte di altri; favore pubblico; opera, impresa, attività che ha conseguito risultati particolarmente felici.

Ma chi è felice in questo caso? I risultati o la persona che li conquista?

Questa ambiguità non è casuale. Infatti, come abbiamo già constatato, le due cose non sono strettamente legate: possiamo sentirci affermati e provare soddisfazione per conquiste che dipendono dal nostro talento o dagli sforzi che abbiamo fatto per ottenerle, ma questo può non essere l'unico elemento necessario a farci sentire felici.

A questo proposito c'è un documentario molto interessante distribuito quest'anno da Netflix, che si intitola *27: Gone Too Soon*. In poco più di un'ora, il regista Simon Napier-Bell esplora le biografie di alcune delle rockstar del cosiddetto «Club del 27»: Brian Jones, Jimi Hendrix, Janis Joplin, Jim Morrison, Kurt Cobain e Amy Winehouse. Tutti personaggi accomunati dall'età che avevano al momento della loro morte: 27 anni.

Ne viene fuori una sequenza di storie in cui il successo professionale sembra aver accelerato e amplificato un processo di autodistruzione inarrestabile, in una spirale di stress e mancanza di autodisciplina che in pochissimi anni ha bruciato alcuni dei più grandi talenti della musica.

Eppure erano uomini e donne in gamba. Persone che avevano lavorato duro per conquistare la fama e che, oltre a essere intelligenti, possedevano carisma, sensibilità e doti fuori del comune.

Qualcuno proverà a semplificare la questione attribuendo la colpa alla loro giovane età, ma è una motivazione che non sta in piedi: basta pensare ad altri personaggi come Marlon Brando, Michael Jackson o Ernest Hemingway, tutti individui talentuosi, diventati ricchissimi e famosi in modo quasi leggendario, ma caratterizzati da esistenze estremamente dolorose e tormentate.

Quale può essere il problema che sta dietro a una tale infelicità nonostante un successo meritato?

Anthony Robbins ama ripetere:

> Il massimo successo non lo si ottiene sul palcoscenico del mondo, bensì nei più profondi recessi del proprio cuore.[2]

Ebbene, i personaggi che abbiamo citato finora hanno conquistato anche grandi successi sul palcoscenico del mondo, ma ciò non ha impedito loro di vivere il fallimento nel profondo del proprio cuore.

Possiamo riassumere questo concetto in una frase che sembra quasi un gioco di parole: il vero guaio è «*avere* successo» senza «*essere* di successo».

Nel film *Saranno famosi (Fame)*, c'è un monologo che spiega in semplici e chiari concetti cosa significhi essere di successo. La protagonista stabilisce da subito che il successo non riguarda la fama, né il denaro o il potere. Per lei significa svegliarsi la mattina eccitata per quello che deve fare a tal punto da non vedere l'ora di uscire di casa. Successo vuol dire lavorare con gente che la pensa come lei, stabilendo un contatto con il mondo e dare emozioni agli altri. Consiste nel trovare un modo per unire persone che non hanno nulla in comune, se non un sogno, andando

[2] Anthony Robbins, *Come ottenere il meglio da sé e dagli altri*, Bompiani, 2008, pag. 28.

a dormire la sera sapendo di aver dato il meglio di sé. In conclusione, il successo è gioia, libertà, amicizia e, naturalmente, amore.

L'«essere», quello che Anthony Robbins ha definito «cuore», corrisponde alla nostra dimensione emotiva e ai nostri pensieri più profondi. Nelle prossime pagine approfondiremo la conoscenza di questa dimensione.

La cosa che mi preme sottolineare fin da subito è che l'«essere» non è in antitesi con l'«avere». Anzi. Si tratta solo di assegnare a queste dimensioni il giusto ordine e ruolo nella ricerca del successo.

«Sarò felice solo quando avrò...»

Quante volte hai sentito dire frasi del tipo: «Se avessi... sarei felice» oppure «Sarò felice solo quando avrò ottenuto questo risultato». Magari anche a te è capitato di pronunciare frasi simili.

Spesso aspettiamo di ottenere qualcosa, certi che quando ci riusciremo potremo finalmente mettere in atto tutti i comportamenti virtuosi che abbiamo in mente. Così facendo non ci accorgiamo di essere caduti in una trappola pericolosa, che rischia di condannare all'insoddisfazione sia gli individui che ce la fanno sia quelli che falliscono.

Chi non realizza le sue ambizioni finisce condannato a una specie di limbo, in cui l'attesa di un esito positivo impedisce di vivere una piena realizzazione. Chi invece ci riesce, spesso scopre di non aver trovato l'appagamento che credeva di poter ottenere. Perché?

La ragione sta proprio nella forte distinzione che esiste tra «essere» e «avere».

Prima di costruire un'immagine esterna di successo bisogna diventare la persona realizzata che vorremmo essere: dobbiamo crederci per primi, vivere già emozioni positive, lasciando che i risultati si manifestino come naturale conseguenza del nostro impegno e di una forza interiore che abbiamo saputo costruire attraverso un profondo lavoro su noi stessi.

Il concetto è simile a quello del famoso detto cinese: «Dai un pesce a un uomo e lo nutrirai per un giorno. Insegnagli a pescare e lo nutrirai per tutta la vita».

Se impariamo a stabilire una giusta distinzione tra le nostre capacità, il nostro impegno e i nostri obiettivi, saremo in grado di conquistare un successo sano ed equilibrato, godendone i frutti senza lo stress e senza la paura di poterlo perdere da un momento all'altro.

Solo così saremo consapevoli delle risorse messe in atto per ottenerlo e sapremo di poterlo replicare in ogni momento, anche in quelli apparentemente più avversi.

Liberi dalla paura di sbagliare e perdere tutto, potremo finalmente raggiungere la consapevolezza che il vero successo è un percorso che parte dentro di noi e che ci rafforza giorno dopo giorno, e non un punto di arrivo definitivo e assoluto.

Il vero successo è un mosaico

Osservando le cose sotto questo punto di vista, è naturale che tanti tra coloro che ottengono il successo restino comunque fragili e infelici, come è accaduto ai personaggi noti che ho citato all'inizio di questo paragrafo.

Anche negli affetti vale lo stesso: quante persone hanno legami che si trascinano in modo insoddisfacente, oppure cominciano rapporti con grande entusiasmo, senza poi riuscire a trasformarli in opportunità per essere felici? Quanti genitori non riescono a costruire una relazione sana con i propri figli, pur avendoli desiderati, cercati e amati?

Forse basterebbe questo a farci capire la differenza che c'è tra «essere» e «avere», e quanto sia importante acquisire le capacità di trarre il meglio da ciò che abbiamo, in ogni campo.

Come ti spiegherò più dettagliatamente nel capitolo dedicato al punto di equilibrio, il vero benessere si regge su tanti ambiti diversi: non basta essere brillanti o bravi in qualcosa.

Il vero successo è una specie di mosaico composto da molti tasselli: un disegno complesso in cui lavoro, relazioni, amicizie, affetti e traguardi si intrecciano per costruire e arricchire la personalità di ciascuno di noi.

Solo quando questo disegno è il più possibile completo si può raggiungere il giusto equilibrio, che è poi il segreto del successo.

In caso contrario, finiremo per cercare all'esterno ciò che ci manca, esponendoci al rischio di insoddisfazioni, perdite, dolori e fallimenti per l'incapacità di trarre il meglio dalle situazioni che stiamo vivendo.

O magari continueremo ad attendere una svolta radicale, senza accorgerci che la possibilità di essere felici e in equilibrio è proprio davanti a noi, a portata di mano, e può cominciare a dare i suoi frutti già da subito, molto prima di aver ottenuto ciò che vorremmo.

Ci basta solo cominciare a «essere» la versione migliore di noi stessi, traendo già da questo molte delle soddisfazioni che ci illudiamo di poter ottenere quando «avremo» i risultati che desideriamo.

Per mia esperienza, chi si focalizza sull'«essere» finisce spesso per conquistare con maggiore facilità quello che si augurava e, anche quando non ci riesce, tende ad avere un approccio più propositivo, sano ed equilibrato, che gli consente di superare persino i momenti più complicati, trasformandoli in occasioni di crescita.

I bisogni più profondi

In questo percorso di comprensione del vero significato del successo abbiamo già chiarito due punti fondamentali.

Il primo punto si basa sul fatto che un reale successo sta nel fare accadere quello che desideriamo: solo così potremo davvero godere dei nostri traguardi.

Il secondo punto riguarda la netta distinzione tra avere ed essere di successo: due situazioni davvero diverse, dal momento che «avere successo» senza «essere di successo» può portare a perdere il controllo della propria vita, rendendo più infelici di qualunque fallimento.

Ma cosa ci rende davvero felici? La conoscenza di sé e dei propri bisogni profondi è fondamentale per rispondere a questa domanda.

Ho specificato «bisogni profondi» perché c'è un'enorme differenza tra un semplice desiderio e qualcosa di cui abbiamo davvero bisogno per stare bene: tutti abbiamo esigenze vitali e importanti che vanno al di là del bisogno pratico e momentaneo.

Per capire meglio in cosa consistano può essere utile capire meglio le più famose teorie dei bisogni.

Il primo a parlarne fu lo psicologo americano Abraham Maslow che, negli anni Quaranta, concepì la sua celebre «piramide».

Si tratta di una rappresentazione schematica e visiva della gerarchia dei bisogni umani che vede alla base i bisogni fisiologici (fame, sete, respiro, sesso, sonno, ecc.). A mano a mano che si sale lungo la piramide troviamo i bisogni di sicurezza (sicurezza fisica ed emotiva, occupazione, proprietà), i bisogni di appartenenza (legami, affetti, amicizie, identificazione con un gruppo sociale), fino ad arrivare ai bisogni di stima (di prestigio, di successo, rispetto reciproco).

Maslow teorizza che gli esseri umani sono mossi proprio dai bisogni e stabilisce una gerarchia di realizzazione secondo cui, se non si placano i bisogni di livello più basso (quelli alla base della piramide) non si possono soddisfare i più alti.

Scala dei bisogni di Maslow

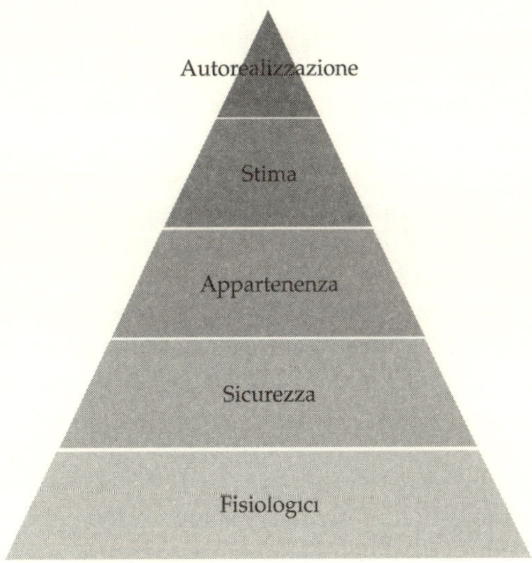

La teoria di Maslow ha dato origine a tutti i successivi studi riguardanti la correlazione tra motivazione e bisogni umani. Tra coloro che hanno provato a rielaborare il modello di Maslow correggendone i punti deboli c'è il già citato Anthony Robbins.

Cercando di analizzare ciò che genera motivazioni profonde in ogni individuo, Robbins ha formulato in tempi molto più recenti la sua teoria basata su sei bisogni umani fondamentali, divisi in due gruppi: quattro bisogni di base (sicurezza, varietà di emozioni ed esperienze, importanza e unione) e due bisogni evolutivi (crescita e contributo).

Il maggior pregio di questo schema è l'inclusione di bisogni che Maslow non aveva considerato: uno di essi è la «varietà», ovvero il bisogno di vivere nuove esperienze. La varietà permette di scongiurare il rischio di monotonia generato dal nostro bisogno di sicurezza e aiuta a sentirsi vivi: quante volte hai provato la necessità di qualcosa di inaspettato per sfuggire alla noia del quotidiano? Ecco, la varietà è proprio ciò che ti salva dal senso di oppressione di un'esistenza tutta uguale e senza sorprese.

Anche il «contributo», inteso come azione concreta e altruistica, rappresenta un bisogno importante: in misura diversa, ognuno di noi ha la necessità di fare qualcosa di generoso per altre persone, senza chiedere nulla in cambio. Sapere che alcune nostre azioni hanno migliorato la qualità della vita di un'altra persona, anche per poco tempo, aiuta a dare un senso all'esistenza: un significato che ci permette di uscire dai confini dell'egoismo personale, entrando in una dimensione collettiva dove il contributo che decidiamo di offrire diventa utile e importante.

Un altro limite della teoria di Maslow sta nella classificazione gerarchica dei bisogni, per cui solo la soddisfazione di quelli di base può portare a ricercare quelli di livello superiore. Quindi, una volta soddisfatti i bisogni fisiologici, puntiamo a quelli di sicurezza e, quando anche questi sono soddisfatti, si punta a quelli di appartenenza e così via.

Questa concezione si può però smentire facilmente. Basti pensare che ci sono persone che, pur non avendo soddisfatto bisogni di sicurezza lavorativa (al secondo livello per Maslow e primo tra i bisogni di base di Robbins), puntano ad avere legami e rapporti felici (al terzo livello della piramide di Maslow) e alla propria crescita personale (il più alto dei bisogni evolutivi secondo Robbins).

Oppure pensiamo al celebre scienziato Stephen Hawking, la cui esistenza è stata segnata da gravissimi problemi di salute che lo hanno privato di ogni autonomia a livello fisico (addirittura arrivò a non respirare più senza l'ausilio di macchinari). Nonostante la sua impossibilità di soddisfare i bisogni posti al livello più basso della piramide di Maslow e anche quelli fondamentali per Robbins, Hawking è riuscito a dare sostentamento a sé e ai suoi, costruendosi una sicurezza lavorativa, ha sposato la donna che amava, costruendo una famiglia unita (terzo livello) e ha portato avanti una carriera professionale in continua crescita, che lo ha reso uno tra i più autorevoli e conosciuti fisici teorici al mondo.

Niente male per un individuo i cui bisogni di base sono andati progressivamente aumentando senza alcuna speranza di poterli soddisfare, non credi?

Il senso di questo mio ragionamento è semplice: oltre a imparare a distinguere tra desideri e bisogni, è importante capire cosa vogliamo veramente per essere felici. Dobbiamo educare noi stessi a puntare alto, andando al di là del semplice bisogno quotidiano, smettendo di guardare al di fuori di noi per cominciare a guardarci dentro.

Per qualcuno si tratta di necessità difficili da definire: a quanti succede di non saper rispondere in modo puntuale alla domanda: «Cosa ti renderebbe davvero felice?».

Non basta dire «Voglio guadagnare molto» se non hai un'idea precisa di come vuoi cambiare per arrivare a quella situazione. Così come non serve affermare «Sono stanco di essere solo» senza un progetto interiore finalizzato a colmare il tuo vuoto relazionale.

Se ti trovi in questa situazione, è molto importante capire al più presto i bisogni profondi che possono dare una direzione e un significato chiaro al tuo impegno quotidiano.

Un impegno che deve partire da un lavoro su te stesso e sulla persona che vorresti diventare.

Riesci a vedere la versione migliore di te stesso?

L'unico modo per soddisfare davvero i tuoi bisogni più profondi è diventare la versione migliore di te stesso. Per riuscirci, devi imparare a visualizzarla: se proietti nella tua mente un'immagine precisa di ciò che vuoi essere, ti sarà più facile realizzarlo.

Ti sembra impossibile? Eppure le origini di quest'idea risalgono addirittura al 1960, anno in cui il chirurgo plastico Maxwell Martz scrisse un libro dal titolo *Psicocibernetica*. Partendo proprio dalla sua esperienza professionale e dall'osservazione che alcuni pazienti orrendamente deturpati non mostravano maggiore sicurezza a livello fisico, nonostante si fossero sottoposti a interventi che avevano risolto brillantemente i loro problemi estetici, Martz elaborò delle interessanti riflessioni in bilico tra scienza e psicologia che hanno influenzato alcune delle più importanti teorie dello sviluppo personale.

L'idea alla base è che la nostra mente ragiona attraverso le immagini che noi proiettiamo interiormente: un'esperienza vividamente immaginata corrisponde sul piano emotivo a un'esperienza realmente vissuta, permettendoci di sperimentare tutte le sensazioni collegate a quelle immagini. Più la scena sarà puntuale e dettagliata, più l'effetto di suggestione sarà realistico e potrà influenzare i nostri sentimenti e, di conseguenza, i nostri comportamenti.

Proprio per questo, abbiamo bisogno di creare nella nostra mente un'immagine precisa di ciò che vogliamo essere davvero: solo così potremo pregustarne in anticipo la gioia della realizzazione, trovando dentro di noi le energie e la voglia di concretizzarla.

Ricordo come fosse ieri la storia di Mattia: 25 anni, biondo scuro, occhi castani grandi e profondi, alto, fisico atletico, di una bellezza disarmante. Lo incontrai e, dopo un lavoro intenso di coaching, decise di iniziare un percorso insieme. Ricordo che voleva concentrarsi su diversi punti, ma nulla che avesse a che fare con il suo aspetto esteriore che, credimi, era praticamente perfetto. Una sera, durante un corso, stavo spiegando le credenze (argomento che affronteremo insieme più avanti). Così per fare un esempio, domandai chi, tra i presenti nella sala, credesse di essere poco attraente, poco sexy. Mattia alzò la mano. Avresti dovuto vedere la mia faccia. Ma come, uno dei ragazzi più belli che avessi mai visto non si sentiva attraente? Così gli chiesi a cosa fosse dovuta quella sua convinzione, e lui rispose con candore: «Da bambino ho sofferto per lungo tempo di sovrappeso. Ero cicciottello e bruttino e tutti mi prendevano in giro, ero oggetto di scherno a scuola e anche a casa tra i miei fratelli maggiori. Faccio fatica a vedermi bello e attraente, io continuo a vedermi brutto e cicciottello».

In buona sostanza era accaduto questo: lui da piccolo era grasso, non si piaceva e veniva deriso dai suoi amici. Come succede spesso, con l'età le cose erano cambiate, lui era cresciuto e da brutto anatroccolo si era trasformato in un bellissimo cigno. Ma le cose non erano migliorate nella sua testa. L'immagine di sé era rimasta la stessa e lui continuava a vedersi cicciottello e goffo. La trasformazione era avvenuta solo esteriormente e non bastava a farlo sentire sicuro di sé e del suo aspetto.

Testa e cuore

Il vincitore è solo è il titolo di un libro di Paulo Coelho, che sintetizza la storia di molte persone di successo che ho incontrato. Persone anche sposate e con famiglia ma intimamente sole.

È ciò che spesso succede a tanti uomini e donne affermati sul piano lavorativo, che però penalizzano aspetti legati alla loro parte più emotiva e vulnerabile.

Sono certa che, se ti rivedi nella descrizione che ho appena fatto, hai provato un certo disagio nel leggere la parola «vulnerabile».

È assolutamente normale, dal momento che le persone affermate in ambito professionale sono generalmente forti, coraggiose e sicure. O almeno così appaiono. Hanno spesso standard di vita elevati e concepiscono la loro professione come una sfida entusiasmante e stimolante. Sono abituati a combattere, a confrontarsi con gli avversari e a lavorare a testa bassa per sbaragliare tutti gli ostacoli, anche facendosi carico di livelli di stress che per altri sarebbero inaccettabili.

Chi risponde a questo identikit spesso associa il suo valore ai suoi risultati. Ma se sul piano del lavoro la formula impegno + strategia = risultati può funzionare, nella sfera privata è tutto meno controllabile e più scivoloso.

Accade quindi che queste persone, abituate a vivere in una perenne atmosfera di battaglia e avvezze a lottare, facciano poi fatica a trovare un reale equilibrio nella sfera sentimentale o nella vita privata in generale. A volte investono troppo poco tempo ed energie in campi diversi dal lavoro, ma spesso dipende dal fatto che per loro la vita personale sembra essere più difficile e meno ricca di soddisfazioni.

Alcune delle affermazioni che sento da molti uomini di successo riguardo alla loro vita sentimentale sono del tipo: «*Ho fatto* tutto il possibile, eppure le cose non vanno, che altro dovrei *fare*?».

Fare per non sentire

Chi è abituato a «fare», per consuetudine cerca soluzioni legate a un'azione concreta.

È normale: se hai sviluppato un'abilità pragmatica che ti ha portato a raggiungere grandi risultati professionali tendi a considerare la stessa «ricetta per il successo» applicabile anche a tutto il resto. Non vedi altri modi per risolvere i problemi: basta agire consapevolmente e con una strategia, impegnandosi per fare qualcosa con l'obiettivo di ottenere un certo risultato.

Con il tempo, il successo di questo atteggiamento ti ha reso sicuro di te, consapevole dei tuoi mezzi e delle tue capacità. Le difficoltà che incontri sul percorso non sono che nuove sfide, anche in amore.

Gli uomini e le donne che ragionano in questo modo tendono a uno squilibrio che finisce per circoscrivere il loro successo alla sfera professionale, privandoli di una parte di sé che meriterebbe di avere ben altro spazio.

Mettere a tacere la propria parte emotiva è molto funzionale in ambito professionale, perché permette di focalizzare l'attenzione con più lucidità e spirito analitico. La vita affettiva invece è ovviamente incentrata sui sentimenti, che vanno vissuti fino in fondo e non consentono di applicare formule infallibili o strategie concrete.

È per questo che molti finiscono per evitarli: sono troppo faticosi da gestire. Invece di addentrarsi in situazioni dove è necessario mettere in gioco la parte destra del cervello, quella legata all'emotività, preferiscono restare in zone più sicure, contesti nei quali risulta utile saper usare bene l'emisfero sinistro, deputato all'analisi, al calcolo e all'agire razionale.

La nostra parte più razionale e pragmatica elabora le informazioni, le esamina e sceglie la strategia più opportuna, ed è la dimensione più congeniale a molti individui in grado di raggiungere grandi traguardi nel lavoro. Una dimensione in cui emozioni, valori e rapporti interpersonali passano in secondo piano rispetto all'efficacia di un ragionamento finalizzato all'azione. Purtroppo, però, la lucidità della ragione è poco utile nelle relazioni sentimentali e private, che vanno vissute lasciandosi andare e svelando all'altro anche la nostra parte più intima e profonda. Per questo capita che gli uomini di questo tipo – e spesso anche le donne – fatichino a costruire relazioni vincenti fondate sull'intimità e su uno scambio esclusivo e alla pari.

Nella maggior parte dei casi, le persone affermate sul lavoro tendono a essere molto efficaci nella fase del corteggiamento: amano le sfide e si lanciano con entusiasmo in un corteggiamento ricco di scintille e colpi di scena. Sono attratti da persone di carattere, creature interessanti che stimolano la passione per le sfide e innescano dinamiche che accendono la voglia di conquista. I più, con l'impegno e la tenacia, riescono facilmente a sedurre la «preda» che hanno puntato, ma non sempre si impegnano in modo stabile con loro. Anche perché, una volta raggiunto l'obiettivo, costruire una relazione all'altezza dei loro standard comporta tutt'altro impegno: richiede la capacità di vivere le emozioni e di mettersi in discussione su un piano quasi sconosciuto per chi ama vincere e sentirsi su un livello superiore rispetto a chi ha di fronte.

C'è un'altra questione importante da tenere presente: molti uomini forti tendono a trovare faticose le donne «toste». La storia è piena di uomini di successo legati a compagne disposte a rimanere nell'ombra rispetto a loro, sottomesse alla forza e al carisma di individui dall'indole istrionica e dominante.

Sono l'esatto opposto della tipica donna di carattere, anche se questo non significa necessariamente che siano prive di personalità. Forse hanno appreso uno spirito di adattamento funzionale a proteggere il rapporto: un rapporto che in molti casi può essere positivo, ma che altre volte si trasforma in una soluzione che risparmia a entrambe le parti la fatica di mettersi in gioco davvero. Sono unioni in cui, per paura o comodità, ci si adegua a situazioni di ripiego, che impediscono di esprimere pienamente tutte le diverse sfaccettature di cui è composta ogni personalità.

Tutto ciò per sfuggire la complessità dei sentimenti che si agitano dentro ciascuno di noi. Le circostanze di questi rapporti possono essere apparentemente anche molto diverse, ma il risultato non cambia: le mancanze e gli squilibri finiscono sempre per generare infelicità e disagio. Un malessere che spesso porta a cercare altrove ciò di cui si sente la mancanza. A questo proposito ricordo la storia di un manager che chiamerò Ettore.

Anni fa si rivolse a me proprio per lavorare su questioni personali. Era investito da enormi responsabilità a livello professionale, e ogni giorno si faceva carico di scelte e decisioni fondamentali per la sua azienda.

Gli chiesi di parlarmi della sua famiglia e, tra una domanda e l'altra, mi descrisse sua moglie come una donna davvero forte. Scherzando, mi spiegò che in casa era lei il vero capo: aveva tutto sotto controllo, sia nella gestione domestica sia in quella dei figli. Questo permetteva a Ettore di dedicare tutte le sue energie al lavoro. Quando tornava a casa, ogni cosa era già decisa, programmata e organizzata al meglio.

A qualcuno potrebbe apparire una sintonia assolutamente funzionale alle loro esigenze: una divisione dei ruoli impeccabile e perfetta. Eppure, come dicevamo all'inizio di questo capitolo, è necessario andare oltre la superficie, per capire di cosa abbiamo davvero bisogno. E per scoprire che i nostri bisogni profondi spesso sono più variegati e complessi di quanto possano sembrare in apparenza.

La storia di Ettore è emblematica in questo senso: in uno dei nostri colloqui mi raccontò anche di avere un'amante da parecchio tempo. Con un certo imbarazzo, confessò anche che con lei giocava spesso a nascondino. Non si trattava di un gioco erotico, ma di un vero momento ludico, leggero, vissuto con la piena spensieratezza dell'infanzia. Solo in quei frangenti riusciva a concedersi il lusso di non pensare a nulla, dimenticando le responsabilità di una vita perfetta, ma priva di qualsiasi spontaneità.

Capisci cosa significa?

Ettore si era costruito un'esistenza apparentemente senza difetti e punti deboli, ma per farlo aveva dovuto cancellare ogni traccia di gioco e leggerezza: aveva represso la sua parte più istintiva e spontanea, negandosi un bisogno per lui fondamentale. Quando si è reso conto di non riuscire più a farne a meno, ha cercato una situazione in grado di compensare il forte squilibrio che si trovava a vivere.

Perché, anche se non sempre siamo in grado di comprendere e identificare chiaramente tutti i nostri bisogni profondi, è impossibile cancellarli. Se vuoi costruire un successo capace di farti stare bene davvero devi tenere conto anche di questo aspetto: tutti noi abbiamo debolezze, fragilità, emozioni e sentimenti che meritiamo di vivere appieno e di condividere con qualcuno.

Dobbiamo «rassegnarci» al fatto che, per raggiungere un successo equilibrato, a volte è necessario scendere dal piedistallo su cui siamo saliti, per guardare davvero negli occhi coloro che abbiamo di fronte, lasciandoci andare con complicità e leggerezza. Questo ci permetterà di dare ascolto e di soddisfare i nostri bisogni più profondi.

La solitudine delle donne che hanno successo

La situazione di Ettore è un esempio di come, spesso, certi uomini di successo finiscano per considerare secondari i propri bisogni emotivi, relegandoli in secondo piano rispetto agli altri. La ragione sta anche nella loro difficoltà nel gestire la dimensione delle emozioni, meno controllabile e razionale rispetto a quella lavorativa o alla stabilità familiare.

Così facendo, si compromette la possibilità di un equilibrio profondo legato alla costruzione di rapporti realmente complici e intimi, dal momento che intimità significa anche lasciar conoscere le nostre fragilità alla persona che amiamo.

E le donne? Anche loro tendono a commettere lo stesso errore? Attraverso la mia esperienza come coach, posso dire che anche le donne forti sul piano professionale incontrano problemi nella sfera emotiva ma che, nel loro caso, la questione è generalmente diversa.

Più lucide nel riconoscere l'importanza dei sentimenti e il bisogno di vivere relazioni ricche e profonde, le donne di successo spesso scelgono l'approccio sbagliato per soddisfare il bisogno di unione e vicinanza a un uomo.

Come spiegano chiaramente Daniela Bonetti e Francesca Romano nel libro *Leadership al femminile*, il successo è ancora un campo di gioco in cui le regole sono pensate prevalentemente al maschile. Le donne che riescono a distinguersi e a ottenere posizioni di punta spesso si trovano a adottare comportamenti e atteggiamenti che mortificano e sacrificano la loro femminilità. Questo perché, nell'immaginario collettivo, il professionista affermato è quasi sempre un uomo.

Se sei donna, magari anche giovane e carina, devi lottare strenuamente per ottenere gli stessi risultati che per un collega maschio sarebbero più facili da raggiungere.

Io stessa ne ho avuto prova fin da ragazzina.

Come ti ho già detto, quando avevo 14 anni ho deciso che sarei diventata un architetto di successo, al che mio padre mi ha subito messa in guardia: «Per riuscirci davvero dovrai darti da fare più degli uomini». Alla fine la mia strada si è rivelata un'altra, ma il suo ammonimento è stato comunque profetico.

A 26 anni, dopo essere diventata manager con molto lavoro e grandi sacrifici, mi sono trovata ad avere a che fare con tantissimi clienti: spesso si trattava di uomini più grandi, professionisti di successo che, quando si trovavano di fronte a me, si mostravano scettici e dubbiosi riguardo alle mie capacità.

Probabilmente, se fossi stata meno giovane o se fossi nata uomo, tutta quella fatica me la sarei potuta risparmiare. La fatica a cui mi riferisco è la stessa che troppe donne affrontano ogni giorno per ottenere i risultati professionali a cui puntano, per raggiungere i quali si trovano costrette a combattere e a dovermi dimostrare forti e grintose quanto e più di un uomo.

Un po' come ha fatto Petra, una mia cara amica che vive e lavora da anni a New York. Quando si è trasferita negli Stati Uniti era poco più che ventenne. Veniva da una famiglia modesta, terza di quattro figli, unica femmina. La madre si era sempre dedicata a tempo pieno alla casa e alla prole mentre il padre, grande lavoratore e un uomo tutto d'un pezzo, sognava per i suoi figli un riscatto sociale e, per questo, aveva insegnato loro a dare sempre il massimo.

Cresciuta in un ambiente permeato da un'educazione severa e con pochi svaghi, Petra ha imparato fin da piccola a competere con l'altro sesso. Voleva riuscire meglio dei suoi fratelli, per guadagnarsi il riconoscimento e la stima di suo padre. Per ottenerlo, ha studiato ingegneria, mettendosi in gioco in un ambiente tradizionalmente maschile e poco inclusivo con le donne. Nonostante questo, si è laureata con lode e, invece di provare a raccogliere i frutti dell'impegno investito, ha deciso di imbarcarsi in una nuova sfida ancora più difficile.

Senza conoscenze, nemmeno quella dell'inglese, è partita per New York, con pochi soldi e tanto spirito di iniziativa. Per anni si è imbarcata nella classica gavetta di lavori incerti e sottopagati che rappresentano l'unica opzione per stranieri squattrinati: ha fatto la lavapiatti, la cameriera, la babysitter e la dogsitter, mentre condivideva case e stanze malmesse e fatiscenti con altri giovani come lei, provando a risparmiare il più possibile in vista di un sogno da realizzare.

Sarà merito del fatto che l'America è la patria delle opportunità, sarà perché Petra ha stoffa da vendere e tanta tenacia, ma dopo più di quindici anni e tanti cambiamenti è riuscita ad aprire il suo ristorante a Manhattan, assumendo una decina di giovani collaboratori pieni di entusiasmo. Lei vive in un delizioso appartamento poco lontano: finalmente un posto tutto suo. Guadagna bene, è bella, forte, realizzata ma… sola. Al momento, l'unica nuvola grigia che offusca la nuova vita di Petra è proprio l'incapacità di condividere con la persona giusta tutto ciò che ha costruito fino a oggi.

Questione di tempo, le dicono alcune amiche: prima o poi l'amore arriverà anche per lei. Fino a ora, però, le sue storie sono state piuttosto catastrofiche: ha avuto molte relazioni con uomini forti e affermati, ma sono finite tutte presto e male. C'è stato anche un legame più lungo con un ragazzo dolce e premuroso: un maestro elementare, che Petra ha lasciato poco prima di andare a vivere insieme. Nonostante l'affetto che ha sempre provato per lui, non riusciva a vederlo come l'uomo giusto con cui costruire un futuro.

Possiamo dire che Petra è la classica persona «sfortunata in amore»? In realtà i suoi insuccessi sul piano sentimentale non sono frutto del caso. Come ho già premesso, so per esperienza che per una donna non è facile dimostrare quanto vale. Spesso la femminilità sembra un tale ostacolo da indurci ad annullarla il più possibile.

Molte donne si convincono che l'unico modo per competere in un mondo in cui gli uomini paiono avvantaggiati è quello di sembrare uno di loro, magari indossando la maschera della virago: la donna dai tratti da guerriero forte, aggressivo, rude e spesso anche maschilista. A forza di indossare questa pesante armatura, può capitare di dimenticare che sotto ci sono qualità femminili importanti e preziose.

Anche Petra, pur essendo una bella donna, si è costruita nel tempo un'immagine battagliera, che le rende difficile tirar fuori la sua parte più vulnerabile. Forse, intimamente, le sembra una debolezza esprimere il suo lato più dolce e affronta il mondo di petto con un piglio maschile. Quasi tutte le persone di successo a cui si ispira sono uomini.

Del resto, nemmeno sua madre rappresenta un modello femminile da cui potrebbe prendere esempio: anche se le vuole bene, la considera solo come una brava donna all'antica, con poco carattere e sempre sottomessa a marito e figli. Per tutta la vita si è occupata solo della casa, della cucina e dei panni da lavare e stirare. Non è mai stata presa in considerazione nelle decisioni familiari, né ha mai chiesto di esserlo. Tanto per rendere l'idea, non possiede nemmeno un conto o un bancomat con cui prelevare denaro: il marito le passa da sempre una piccola somma in contanti per le spese domestiche, che lei amministra con attenzione e oculatezza.

Una bella differenza rispetto a Petra, abituata a gestire i suoi soldi in totale libertà e a concedersi tutti i piccoli lussi che la ripagano di un duro lavoro pieno di responsabilità e di decisioni da prendere. Il modello femminile rappresentato da sua madre è per Petra uno spauracchio da evitare a tutti i costi: la perfetta rappresentazione dell'opposto di ciò che vuole essere.

Lei si è sempre identificata di più in suo padre e nei suoi fratelli e ha puntato a ottenere risultati addirittura superiori a loro, con la consapevolezza che, come diceva mio padre, se sei donna devi fare più fatica rispetto a un uomo per essere riconosciuta.

Così facendo, ha diviso il mondo in vincenti e perdenti: due poli opposti in cui ha assegnato il baluardo della sconfitta a sua madre e, più in generale, a un'incarnazione del femminile per cui prova un misto di disistima e pietà. Questa visione sembra aver portato Petra a un ragionamento inconscio più comune di quanto si creda: «Se non voglio diventare come lei, allora devo essere l'opposto».

Il problema è che, in questo modo, ha annullato completamente la sua parte femminile: ha messo la tenerezza e la fragilità in un luogo così nascosto da non riuscire più a trovarle.

Per non avere niente a che fare con l'atteggiamento sottomesso di sua madre, ha mantenuto anche nelle relazioni lo spirito combattivo che le ha regalato tante soddisfazioni sul lavoro. Ma se nella fase di seduzione e conoscenza è divertente avere a che fare con una donna vivace, arguta e pronta alla sfida, nella vita quotidiana diventa molto più faticoso e complicato.

Il genere d'uomo che attrae Petra è un guerriero che affronta continue battaglie, esattamente come lei. I guerrieri, però, dopo aver combattuto vogliono anche poter riposare in pace: cercano qualcuno che li accolga con amore e dolcezza, cancellando le fatiche e lo stress delle continue guerre. Gli uomini che piacciono a Petra tendono a cercare donne meno faticose: mogli e compagne che si adeguano ai loro ritmi, ne accettano le scelte senza discutere e li aspettano a casa, accoglienti e materne. Qualcun altro, come Ettore, sceglie invece figure in grado di garantire ordine e sicurezza sul piano domestico e familiare, risparmiando al compagno qualunque onere o seccatura relativi alla casa o ai figli.

Ma Petra non appartiene a nessuno di questi due generi di donna. Lei è una combattente, e pochi uomini forti hanno voglia di ritornare a casa e avere a che fare con una partner con cui cimentarsi in un continuo braccio di ferro.

Il genere d'uomo che può apprezzare una donna tosta come Petra è esattamente l'opposto: quello che ti lascia vincere a priori ed evita le sfide, a favore di una vita senza troppe tensioni. Nelle sue declinazioni estreme può diventare uno zerbino, ma di solito è un uomo che trae soddisfazione da una vita tranquilla e che non alimenta i conflitti. Un po' come il maestro elementare con cui è stata Petra. E allora qual è il problema? Perché Petra non è riuscita a trovare la felicità con lui?

Una delle possibili spiegazioni è che un compagno di questo tipo offre una tranquillità a cui Petra non è più abituata e che, ormai avvezza a combattere senza tregua, rischia di trovare noiosa e priva di brio. Probabilmente, a livello inconscio, le ricorda anche quegli aspetti di dolcezza e vulnerabilità che cerca di evitare in se stessa.

In ogni caso, per Petra sarà difficile trovare una vera complicità e sintonia sia con un uomo forte che con uno più morbido, finché non farà pace con il suo lato femminile e non imparerà ad accettarlo e a viverlo appieno.

Questo non significa che dovrebbe lasciarsi mettere i piedi in testa o diventare una donna sottomessa come sua madre: deve solo restare se stessa, riscoprendo la sensibilità e la dolcezza che ha dentro. E deve imparare che far sentire importante e amato il suo uomo non la rende necessariamente più debole, anzi.

C'è un aneddoto divertente a questo proposito: anni fa, una mia amica mi raccontò che una delle richieste che aveva cominciato a fare a suo marito era di aprirle le bottiglie d'acqua. Quando, perplessa, le chiesi come mai, mi spiegò di aver notato che si trattava di una piccola cosa che a lui faceva piacere: «È bello vederlo felice di poter fare l'uomo, e per me non rappresenta uno sforzo chiedergli aiuto».

Ecco, forse noi donne forti dovremmo impararlo: anche se siamo capaci di cambiare una gomma, di usare il trapano e ci manteniamo egregiamente con il nostro lavoro, anche se andiamo ovunque anche da sole e non abbiamo paura di niente, anche se nel momento in cui scegliamo di stare con un uomo non lo facciamo per bisogno ma per scelta, mi sembra saggio tenere a mente la lezione della mia amica.

Perché ostentare un'autonomia che abbiamo già conquistato e che nessuno ci potrà togliere? Non sarebbe meglio godercela insieme a un uomo pronto a proteggerci e a prendersi cura di noi? Forse non ne abbiamo bisogno, ma anche le guerriere meritano momenti di riposo e tenerezza.

Per entrare davvero in profonda sintonia con qualcuno dobbiamo accettare di deporre le armi e mostrare qualche fragilità in sua presenza: solo così potremo cominciare delle relazioni fondate su una profonda complicità. Solo così ci sentiremo veramente capite e accettate e consentiremo al nostro lui di sentirsi uomo, protettore della sua donna.

Spero che Petra impari a farlo, smettendo di dare la colpa alla sua sfortuna in amore e agli uomini che non hanno voluto mettersi in gioco con lei. Mi auguro capisca che l'amore e la felicità non sono fuori da lei: non si trovano in un'opportunità, in un lavoro perfetto o nella persona perfetta.

Sarebbe importante che smettesse di aspettare la persona giusta e che si impegnasse per lavorare su di sé, diventando la donna giusta per l'uomo che sogna al suo fianco, allenando la sua vulnerabilità e comprendendo il valore aggiunto che può avere anche per lei stessa. La aiuterebbe ad amarsi davvero, senza riserve né aspetti di sé da reprimere e, soprattutto, senza paura di un equilibrio emotivo che si compone di ogni aspetto della nostra personalità.

Del resto solo attraverso una profonda conoscenza di noi stessi possiamo imparare ad amare e rispettare anche le nostre debolezze, raggiungendo l'equilibrio che regala una felicità vera e duratura.

Punti chiave

Successo è *far succedere* cose che vogliamo.

«Avere successo» non significa automaticamente essere persone di successo, persone che sanno quello che vogliono veramente e sono felici.

Il vero successo è una specie di mosaico composto da tanti tasselli: un disegno complesso in cui lavoro, relazioni, amicizie, affetti e traguardi si intrecciano per costruire e arricchire la personalità di ciascuno di noi.

La conoscenza di sé e dei propri bisogni è fondamentale per rispondere alla domanda: cosa mi rende davvero felice?

L'unico modo per soddisfare a pieno i bisogni più profondi è diventare la versione migliore di noi stessi.

Vivere una relazione sentimentale appagante dà più senso alla nostra esistenza.

Solo attraverso una profonda conoscenza di noi stessi possiamo imparare ad amare e rispettare anche le nostre debolezze, raggiungendo l'equilibrio che regala una felicità vera e duratura.

Le dimensioni fondamentali del successo sono:

- fare per avere;
- essere;
- stare insieme.

Scheda di lavoro

- Cosa hai fatto succedere nell'ultimo anno?

Elenca i tuoi principali successi, le cose che hai «fatto succedere» e che ti hanno fatto sentire ok.

___

___

___

- Pensa ai bisogni elencati da Robbins e scrivi in che modo li stai soddisfacendo:

Sicurezza

___

___

___

Varietà

___

___

___

Importanza

___

___

___

Amore/unione

___

___

___

Crescita

Contributo

C'è un bisogno (o anche più di uno) che vorresti soddisfare maggiormente? In che modo puoi soddisfarlo-i?

- Cosa ti rende davvero felice?

Ora descrivi la migliore versione di te, quella cui vuoi tendere. Cerca di essere dettagliato. Come sei, cosa fai, con che tipo di persone ti confronti/collabori.

II

Costruire con equilibrio

«Pensavo fosse successo e invece... Cosa mi è sfuggito?»

Pensavo fosse amore e invece era un calesse recita il titolo di un noto film con l'indimenticabile Massimo Troisi. Se sostituiamo la parola «successo» alla parola «amore» troviamo il titolo di molte delle storie che ho raccontato prima: storie di persone che hanno ottenuto fama, denaro, potere, ma non sono riuscite a godere di quei risultati.

Poi ci sono le storie di uomini e donne che alla propria affermazione professionale hanno sacrificato la famiglia e gli affetti, e con essi anche altri ambiti della vita: la salute, la propria dimensione spirituale... Spesso le persone che per il proprio lavoro hanno sacrificato determinati aspetti capiscono di aver sbagliato solo quando la vita presenta il conto: ovvero quando vengono abbandonati dal partner o scoprono che i figli hanno problemi con la scuola o, peggio ancora, diventano dipendenti da sostanze stupefacenti, oppure si ammalano perché non si sono presi cura del proprio corpo.

Di contro ci sono persone che rinunciano alla realizzazione professionale per stare vicino ai figli e alla famiglia. Questa, generalmente, è una scelta più femminile che maschile. Ho incontrato molte donne che hanno rimpianto questa decisione quando si sono accorte che i figli, ormai adulti e indipendenti, potevano fare a meno di loro. Per non parlare di quelle abbandonate dal marito, dopo averlo per anni aiutato a raggiungere il successo professionale.

Ci sono poi i tipi «spirituali» che hanno quasi un'avversione per il denaro e sono dediti alla ricerca della pace interiore. Ma è abbastanza difficile restare calmi e in armonia con se stessi quando rischi di rimanere senza luce e gas perché non hai pagato la bolletta della luce.

Tutti questi esempi per dire cosa? Che l'essere umano è complesso. Abbiamo un corpo, una mente, proviamo delle emozioni, entriamo in relazione con altri esseri che sono, al tempo stesso, simili a noi ma anche diversi. La nostra vita è fatta di vari momenti: c'è il momento dello studio, quello del lavoro, quello dello svago... E la nostra soddisfazione dipende dall'andamento equilibrato di questi ambiti.

La ruota della vita

«Come va?» Probabilmente è capitato anche a te di fare o di sentire questa domanda. Ormai è una formula di rito. Si usa spesso all'inizio di una conversazione anche a distanza (al telefono, via mail o sms). Si usa in automatico senza pensare al vero significato di questa domanda che sta per: «Come va la vita?».

Tu come rispondi di solito? C'è chi risponde in automatico con un «Bene», magari neanche troppo convinto, e poi va subito al sodo, e chi invece ci pensa su un attimo e fa un rapido bilancio. Se ci hai fatto caso, la maggior parte delle persone che appartengono al secondo gruppo di solito risponde pensando a un'area particolare (o ad alcune) della propria vita: il lavoro, le relazioni di coppia o in famiglia, la salute... Non fa un vero e proprio bilancio che comprenda tutti gli aspetti. Per esempio c'è chi risponde: «Benissimo! Ho avuto una promozione. Sono stato nominato responsabile!», oppure «Male, mi sto separando».

Le persone tendono a concentrare la propria attenzione e le energie su alcuni ambiti della vita e quando fanno un bilancio inevitabilmente il loro giudizio si limita ai risultati che hanno ottenuto in quelle aree, dimenticandosi di tutte le altre. Ma, come abbiamo visto nelle pagine precedenti, prima o poi queste reclamano la giusta attenzione. E allora chi ha trascurato la propria salute si ammala, chi ha trascurato i figli e il compagno di vita ha problemi in famiglia, ecc. Ora, per evitare di dover correre ai ripari vale la pena fermarsi un attimo e fare un vero bilancio della propria vita, valutando il proprio livello di soddisfazione e l'impegno profuso in tutte le aree. È quello che ti proporrò di fare tra poco con l'esercizio della ruota della vita.

Se hai letto il libro *Leader di te stesso* scritto da Roberto Re, lo conosci già e magari l'hai anche fatto. Se invece non ne sai nulla, ti spiego in breve come funziona: in pratica si tratta di fare un'autovalutazione degli ambiti più importanti della propria esistenza.

Immagina che le aree principali della vita siano gli spicchi di un cerchio. Ognuno di essi rappresenta un aspetto particolare della tua esistenza e va riempito a seconda del voto che decidi di dare a ciascuna area. Concentrandoti di volta in volta su un singolo aspetto, puoi giungere a considerazioni e analisi più precise.

Se qualcuno ti chiedesse semplicemente: «Come ti vanno le cose?», la tua risposta sarebbe inevitabilmente vaga e generica. Ma se ti chiedessero: «Come va la salute?», questo ti porterebbe a essere molto più specifico e preciso. Ciò accade perché ti concentreresti su un particolare aspetto della tua esperienza.

I voti da assegnare vanno da 1 a 9. L'1 rappresenta il livello minimo, mentre il 9 riflette una situazione eccellente (il 10 non lo prendiamo in considerazione, perché c'è sempre un margine di miglioramento. In tutto). Il giudizio deve rispecchiare il tuo livello di soddisfazione personale a oggi.

È un esercizio che richiede una certa autoanalisi: vanno evitati autoindulgenza o vittimismo e, ancor di più, confronti con gli altri. Il grado di soddisfazione va misurato sulla base delle proprie personali aspettative, con profonda onestà nei confronti di se stessi e dei propri obiettivi.

Ci sono diversi modelli di ruota, ma le 8 aree principali che io consiglio di prendere in esame sono le seguenti:

1. Lavoro
2. Finanze
3. Famiglia
4. Rapporto di coppia

5. Emozioni
6. Tempo libero, amicizia e divertimento
7. Salute, energia e stato fisico
8. Crescita personale, stato mentale e spirituale

A livello visivo, la ruota può essere strutturata in questo modo:

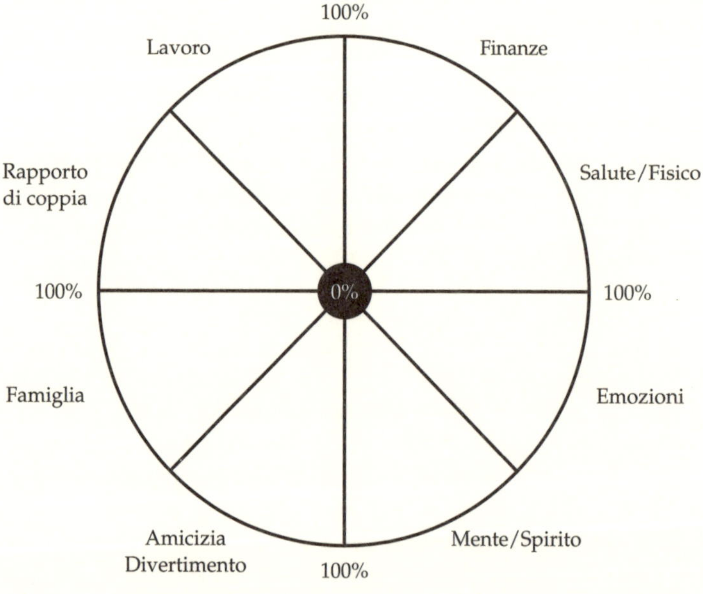

Per ciascuno spicchio è necessario porsi delle domande puntuali e definite, rispondendo a se stessi con estrema sincerità e tenendo come riferimento i propri standard e aspettative.

L'area del lavoro

Si tratta dell'ambito nel quale molti di noi investono più tempo ed energie. Come ti accennavo in precedenza, per la maggior parte delle persone si tratta di uno dei campi della propria vita in cui l'attuazione di obiettivi e strategie risulta più semplice. Che siano obiettivi imposti dall'alto o stabiliti da noi fa poca differenza: in ogni caso le nostre prestazioni sono facilmente misurabili e giudicabili.

Nel caso del lavoro, le domande che dobbiamo porre sono diverse:

- *Hai un lavoro?*

Se la risposta è sì, diventa necessario chiarire una serie di punti:

- *Ti piace? È il lavoro che avresti voluto fare? Oppure si tratta di una professione che svolgi per cause esterne alla tua volontà personale?*
- *Qual è il tuo grado di soddisfazione in rapporto alle energie che investi? Avverti una forte distanza tra quel che fai e quel che vorresti fare davvero? Pensi che la tua posizione sia adeguata alle tue capacità?*
- *Ti consideri in un percorso di continua crescita professionale o hai la sensazione di essere bloccato?*
- *Ritieni stimolante il tuo lavoro? Sei contento quando vai a lavorare o non vedi l'ora di tornare a casa? Vivi il tuo lavoro con stress e apprensione o ne sei stimolato positivamente?*
- *Se sei un professionista, riesci a farti saldare per tempo le fatture? Oppure fatichi con la riscossione dei crediti e ti pesa reclamare quel che ti spetta?*

Il mondo è pieno di persone che si dedicano a lavori che svolgono per pressioni familiari (magari perché c'è un'azienda di famiglia da portare avanti o perché i genitori sognavano di avere un figlio avvocato/medico/ingegnere e lo hanno spinto verso quella professione, sminuendo l'importanza delle sue inclinazioni personali). C'è chi ha scelto un'occupazione che non ama, per paura o convenienza (pensiamo alla classica ossessione per il posto fisso o un contratto statale), ma la svolge con crescente svogliatezza e avversione. Perciò le prime domande, fondamentali, che dobbiamo rivolgere a noi stessi riguardo al nostro lavoro hanno a che vedere con le soddisfazioni che ci restituisce in termini di riconoscimento e crescita professionale.

Oltre alle sensazioni positive legate al lavoro in sé c'è poi un altro aspetto da valutare con attenzione: i rapporti che stringiamo in ambito professionale. Da questo punto di vista scaturisce tutta un'altra serie di domande:

- *Come ti trovi con i tuoi colleghi, i clienti, i referenti, i subalterni, i superiori?*
- *Le relazioni professionali si sviluppano in un clima di collaborazione e di stima reciproca?*
- *Sei soddisfatto di quel che i tuoi colleghi pensano di te e di ciò che tu pensi di loro?*
- *Ritieni di operare in un ambiente piacevole?*

Quante volte capita, pur amando il proprio lavoro, di odiarne l'ambiente?

Ho un amico avvocato, davvero appassionato e in gamba, che spesso si affligge per clienti trattati in modo ingiusto da colleghi in malafede o giudici poco umani. Altre volte si infuria nel vedere gente disonesta che la fa franca grazie ad avvocati senza scrupoli e udienze che vengono rimandate a oltranza per ragioni burocratiche. Forse il mio amico è troppo idealista, ma di certo adora il suo lavoro così come ne detesta l'ambiente.

Ci sono poi persone che in questo momento non lavorano e sono in cerca di occupazione. Le domande da porsi in questo caso sono:

- *Stai cercando lavoro con sufficiente impegno e con una strategia ben pianificata? Quali sono i risultati che ottieni? Ti soddisfano?*
- *Quanto sei appetibile per il mercato? Quanto sei in grado di proporti con efficacia?*
- *Hai una buona rete di contatti professionale? Sai farne tesoro al meglio?*

Se invece sei uno studente sarà il caso di chiederti:

- *Ami ciò che studi? Ti appassiona e ti interessa?*
- *Che rapporto c'è tra l'impegno che investi e i risultati conseguiti?*
- *Che prospettive hai per il futuro? Riesci a visualizzare la situazione professionale che desideri e a muoverti nella direzione giusta per raggiungerla a poco a poco?*

Una volta analizzate tutte le risposte relative alla tua situazione professionale, prova a dare un voto complessivo, che sarà la media tra i vari aspetti presi in esame, sempre sul tuo livello di soddisfazione a oggi.

L'area delle finanze

Gli aspetti finanziari sono tra quelli che più influenzano il nostro stato emozionale, causando stress e paura quando sono gestiti male, oppure sicurezza e tranquillità nel caso tutto sia sotto controllo.

Non hanno necessariamente a che fare con il lavoro: si possono avere ottimi guadagni economici ma ritrovarsi con una situazione finanziaria disastrosa, magari perché non si è in grado di gestire il proprio denaro.

C'è chi spende troppo, oppure chi si lancia in investimenti avventati senza verificarne con attenzione le reali prospettive economiche, fino ad arrivare a chi affronta spese eccessive per un errato comportamento in vari altri ambiti (pensiamo alle cause condominiali portate avanti per puro puntiglio, ai divorzi litigiosi che riducono sul lastrico o ai problemi economici causati da un'eccessiva superficialità nella gestione delle questioni burocratiche, fiscali e amministrative).

Come insegnano i più grandi esperti di intelligenza finanziaria, è necessario conoscere il nostro mind set riguardo questo tema, per ottenere i massimi risultati con le risorse a disposizione.

Anche perché c'è una differenza minima di capacità finanziaria tra chi guadagna 1500 euro e ne spende 1400 e chi gode di entrate per 15.000 euro e ne spende 14.000: sarà diverso il tenore di vita e la quantità di cose a disposizione, ma cambia ben poco riguardo alla capacità di gestire il proprio denaro.

La più grande lezione in questo senso consiste in un obiettivo di base: i soldi devono lavorare per noi. Non siamo noi a dover lavorare per il denaro.

Per riuscirci si deve saper spendere in modo oculato ciò che si guadagna, ma soprattutto bisogna saperlo investire nel modo giusto. Un'autovalutazione in ambito finanziario può essere utile per mettere in atto nuove strategie o migliorare quelle preesistenti.

Va quindi considerato quanti soldi si sono messi da parte, il rapporto che si ha con il denaro, la capacità che abbiamo di amministrarlo, risparmiarlo ed eventualmente investirlo.

Naturalmente, come per tutti gli altri settori della vita, si tratta di considerazioni completamente soggettive, legate al proprio tenore di vita, al lavoro e alle aspettative personali.

Ecco le domande che è necessario porre a se stessi in ambito finanziario:

- *Sei soddisfatto dei tuoi guadagni? E dei tuoi risparmi?*
- *Come valuti il rapporto tra la tua professionalità, specializzazione, responsabilità e il tuo impegno rispetto a quanto percepisci? Ritieni di ricevere il giusto?*
- *Quello che guadagni ti consente di avere lo stile di vita che desideri? Riesci a concederti ciò che per te conta davvero? Quali sono gli standard finanziari a cui punti?*
- *Hai l'abitudine di risparmiare?*
- *Hai abbastanza soldi da parte per far fronte a eventuali imprevisti?*
- *Il tuo rapporto con il denaro è sereno o ti provoca ansia?*
- *I tuoi acquisti sono commisurati alle tue finanze?*
- *Cerchi qualche modo per investire il tuo denaro e farlo fruttare in modo intelligente?*

È chiaro qual è il punto focale, il centro della questione? Qui non si tratta di quanti soldi si hanno o si guadagnano ma, alla luce di queste considerazioni, di quanto si è soddisfatti della propria gestione finanziaria e del proprio patrimonio.

L'area della famiglia

La famiglia viene rappresentata spesso come un albero: si tratta di una metafora, pertinente perché costituisce sia le radici della nostra personalità, sia i frutti che essa genera.

Che tu abbia un compagno o una compagna, dei figli o meno, l'area della famiglia riguarda anche il tuo nucleo originario.

Nel giudizio che darai dovrai considerare sia un'eventuale famiglia da te creata, sia i rapporti che sei riuscito a costruire e alimentare con genitori, fratelli e altri parenti stretti e amici così intimi da fare ormai parte del tuo nucleo familiare.

Ecco una lista di possibili domande:

- *Che rapporto hai con i tuoi familiari? Li vedi abbastanza? Sei soddisfatto del tempo che trascorri con loro? È sufficiente?*
- *Trascorri con loro del tempo di qualità? Ti dà gioia e serenità stare in loro compagnia? Riesci a essere un supporto per loro, contribuendo alla loro felicità?*
- *C'è un'atmosfera piacevole in casa tua?*
- *Se sei un genitore, come valuti il rapporto con i tuoi figli? Riesci a dedicare loro la giusta attenzione e partecipazione alla loro vita? Li coinvolgi nella tua?*

Nel caso tu fossi divorziato o separato, un'altra domanda importante riguarda il tuo ex compagno o compagna:

- *Hai un buon rapporto con lui/lei nonostante la fine del vostro legame?*

Questo perché, al di là delle motivazioni che hanno generato eventuali litigi o tensioni, è impossibile essere soddisfatti di un rapporto che non funziona bene, e soprattutto è importante individuare piccole o grandi responsabilità che ci riguardano in prima persona. Solo così potremo capire come migliorarci e correggere le dinamiche che minano il nostro equilibrio nelle relazioni familiari.

Il vero fulcro di tali rapporti sta nella capacità di dare e ricevere benessere e sicurezza, malgrado le differenze che intercorrono tra persone diverse tra loro, ma legate da vincoli indissolubili, nel bene o nel male. Solo questo può garantire un buon voto, ricordalo.

L'area del rapporto di coppia

Entriamo ora nel dettaglio nel settore dei rapporti sentimentali. Se sei in una relazione, le possibili domande sono queste:

- *Quanto sei soddisfatto del tuo rapporto?*
- *È davvero un legame d'amore? Oppure si tratta di una relazione stanca e logorata, che mandi avanti per ragioni diverse (abitudine, paura di cambiare o di restare solo, ecc.)?*
- *Ci sono ancora passione e slanci emotivi?*
- *Passate abbastanza tempo insieme? E, in questi casi, riuscite a concentrare appieno l'attenzione l'uno/a sull'altro/a?*
- *Come giudichi la qualità del tempo che passate insieme? Vi date per scontati o ringraziate il destino di avervi fatto incontrare e conoscere?*
- *Riuscite ancora a rendervi felici e a stupirvi reciprocamente?*
- *Quanto sei soddisfatto del tuo contributo e gestione nella relazione?*
- *In che misura tra voi le cose vanno come vorresti?*

Se invece non hai una relazione in corso, hai comunque delle domande da porre a te stesso. L'essere umano non è fatto per stare solo.

In troppi si raccontano che la loro è una scelta personale, mentre spesso la mancanza di un rapporto di coppia è il risultato di qualcosa che va analizzato con più attenzione, oppure di dinamiche che non hanno ancora imparato a gestire.

A volte, la sofferenza per storie finite male spinge a evitare di impegnarsi in rapporti di reale intimità e nella costruzione di un progetto di coppia.

In altri casi si accusa la fatica di trovare punti d'incontro con un essere umano diverso da noi, invece di apprezzarne la grande utilità in un percorso di crescita e sviluppo personale.

Qualunque sia la ragione per cui in questo momento non sei in coppia, è ora di chiedersi una cosa:

- *Si tratta di una fase della tua vita o è ormai una condizione che ti caratterizza da anni?*

Si tratta di una domanda importante, basilare per iniziare ad analizzare il tuo stato con piena consapevolezza.

Chiunque può vivere una fase di solitudine a livello sentimentale: è un'ottima occasione per imparare a stare bene con se stessi, e di conseguenza anche con gli altri.

Il problema sorge quando diventa una condizione perenne e apparentemente immutabile. A questo punto è il caso di scavare più a fondo e comprenderne le ragioni, rispondendo onestamente a tutta una serie di domande (che comunque servono anche a chi è single da poco):

- *Sei mai riuscito a costruire un rapporto di vero amore e intimità con qualcuno? E come si è concluso? Siete riusciti a salvare il rispetto reciproco e l'affetto che dovrebbe esserci tra due persone che si sono amate? Quale è stato il tuo contributo in questo senso?*
- *Che tipo di persona vorresti al tuo fianco? Ritieni di essere il tipo di donna/uomo che quella persona vorrebbe accanto a sé?*

Sono domande tutt'altro che secondarie. Come ti ho già accennato nel primo capitolo, le dinamiche di coppia non sono facili e, spesso, i desideri di alcune tipologie di uomini e di donne non collimano.

Ricordi la storia di Petra? La mia amica tosta e determinata fatica a trovare il compagno giusto per sé, perché il genere di persona che la attrae tende a cercare donne meno faticose e impegnative di lei.

A Petra piacciono i combattenti tosti e coraggiosi, ma si tratta di uomini che di solito scelgono donne più pacate e meno problematiche di lei, capaci di garantire loro il meritato riposo del guerriero dopo la battaglia. Molti di loro, in realtà, vorrebbero delle partner più vivaci, argute e pronte alla sfida, ma la fatica di un rapporto con persone del genere tende a scoraggiare questo desiderio.

Per contro, le donne grintose e di carattere tendono a piacere a uomini più tranquilli e adattabili: individui poco conflittuali, pronti ad assecondarle con maggiore impegno e pazienza. Il problema è che questa mancanza di confronto alla pari è poco stimolante per la maggior parte delle donne che amano mettersi alla prova.

Ne consegue uno squilibrio che coinvolge un po' tutti: da un lato le donne forti che, per realizzare i loro desideri, dovrebbero imparare a tirare fuori anche il loro lato più emotivo e femminile; dall'altro gli uomini tosti, che rinunciano a mettersi in gioco all'interno di relazioni, che potrebbero risultare più appaganti e stimolanti di quelle che finiscono per scegliere abitualmente.

Ma anche i partner tranquilli e adattabili avrebbero molto da imparare: a chiunque può far bene tirare fuori il proprio carattere, senza per forza adeguarsi in modo passivo alle esigenze di compagni e compagne più volitivi ed energici.

Qualunque sia il tuo caso, dovresti rifletterci su con attenzione: è l'unica via per dare vita a un rapporto in grado di farti scoprire nuovi aspetti della tua personalità, superando la barriera rappresentata dalla tua comfort zone.

A questo proposito ci sono altre domande, che riguardano proprio la capacità di prendere iniziative senza chiudersi in se stessi:

- *Quanto sei soddisfatto della tua capacità di metterti in gioco?*
- *Sei in grado di prendere l'iniziativa o aspetti che siano gli altri a farlo?*
- *Riesci a regalarti situazioni in grado di farti conoscere persone nuove?*
- *Sei pronto ad accogliere le novità o hai delle regole rigide su come deve essere una relazione e su come deve comportarsi una persona per piacerti?*

L'area delle emozioni

Per usare una citazione tratta dal *Piccolo Principe*, le emozioni sono «l'essenziale invisibile agli occhi». Alla fine, sono la vera misura del successo. Per questo ne parleremo diffusamente nel prossimo capitolo.

Ecco alcune domande più utili per valutare questa area della tua vita:

- *Di che umore sei, di solito? Vivi più emozioni positive o negative nella tua vita? E queste emozioni sono intense, oppure ovattate e miti?*
- *Sono più le volte in cui sei felice, entusiasta e pieno di idee o quelle in cui sei rabbioso, stanco e frustrato?*
- *Con quale spirito cominci la giornata?*
- *Sei in grado di gestire le emozioni o ne sei sopraffatto?*
- *Sei capace di modificare il tuo stato d'animo in relazione alla situazione che stai vivendo?*
- *Quando succede qualcosa di spiacevole cosa fai? Ti capita di essere sopraffatto da rabbia e pessimismo? E quanto durano queste sensazioni? Riesci a contrastarle?*
- *Trovi facile comunicare agli altri i tuoi stati d'animo? Oppure senti di avere una specie di blocco che te lo impedisce?*
- *Quanta gioia, amore e passione ci sono nella tua vita?*

La capacità di gestire le proprie emozioni è fondamentale per conquistare il giusto equilibrio e imparare a vivere al meglio: l'atteggiamento mentale ideale per riuscire a farlo è quello di chi riesce a guidare gli stati d'animo senza farsi guidare da essi.

Quanto sei soddisfatto della tua capacità di trasformare le emozioni negative in positive? Quanto sei appagato dalle emozioni che vivi nel corso della giornata?

Il voto che sceglierai di dare a quest'area dovrà rispecchiare la consapevolezza che ritieni di aver raggiunto in tal senso.

L'area del tempo libero, dell'amicizia e del divertimento

Nell'antica Grecia il tempo libero veniva chiamato σχολή, «scholé». Da questo termine sono poi derivate la parola latina *schola* e quindi le sue derivazioni in lingue diverse: scuola, *school*, *école*, ecc.

Sembra un controsenso, dal momento che oggi la scuola viene considerata un impegno quasi come il lavoro ma, per i Greci, il tempo libero rappresentava una vera e propria palestra di vita, utile a scoprire e liberare la propria creatività.

In effetti, la storia è piena di persone più o meno note che hanno avuto le loro idee migliori durante momenti di svago e riposo.

Basta pensare al genio inglese del Seicento, sir Isaac Newton, che mentre sonnecchiava sotto a un albero venne svegliato dal colpo di una mela caduta sulla sua testa. Da lì, interrogandosi sulla forza che aveva fatto cadere la mela, arrivò a formulare la sua famosa legge di gravitazione universale.

Archimede elaborò l'omonimo principio mentre si immergeva nella vasca da bagno, mentre Robert Louis Stevenson immaginava i suoi romanzi in sogno. Pensando a esempi più attuali, Steve Wozniak e Steve Jobs elaborarono il primo computer Apple nei ritagli di tempo trascorsi nel garage dei genitori di Jobs a coltivare la loro passione per l'informatica e l'elettronica.

Perché il tempo libero è così importante per coltivare nuove idee?

In primo luogo perché la nostra mente diventa più creativa quando si libera dalle incombenze e dai pensieri legati all'immediato, uscendo dalla routine per dedicare invece tempo ed energie a stimoli ed esperienze differenti, magari esterni alla nostra comfort zone.

Solo così ci possiamo imbattere in sfide inaspettate, a cui rispondere con soluzioni nuove, capaci di insegnarci anche qualcosa su noi stessi e sulle capacità che ignoravamo di avere.

Ognuno di noi ha bisogno di periodi di svago per ricaricarsi: spazi da dedicare a se stessi, al divertimento, al gioco, alle relazioni sociali, agli hobby, a ciò che ci piace e ci diverte fare.

Eppure molti tendono a considerarlo una specie di lusso: qualcosa da concedersi come una sorta di «premio» a cui si deve rinunciare nei momenti più frenetici, impegnativi e difficili, proprio quando avremmo bisogno di più tempo libero.

Certo, esistono periodi di superlavoro che richiedono sacrificio e totale abnegazione, ma per tante persone la mancanza di svago rischia di diventare la norma, più che l'eccezione.

Per «svago» intendo il puro divertimento e il riposo. Le attività di svago non hanno alcuna finalità particolare (tranne i casi in cui diventano passioni, o addirittura lavori) se non quella del semplice piacere di farle, del regalarsi qualche momento di gioia, allegria, distrazione e tranquillità.

Ecco qualche domanda per valutare come gestisci quest'area:

- *Quanto sei soddisfatto del tempo che dedichi a te stesso? È abbastanza per le tue esigenze?*
- *Si tratta di momenti ritagliati a fatica da giornate impegnative o riesci ad avere almeno un giorno alla settimana da dedicare a ciò che ti piace?*
- *Riesci a concederti un po' di svago anche nei momenti più frenetici?*
- *Ti prendi mai una vacanza? Riesci ad avere alcuni momenti di pausa durante l'anno?*
- *Vedi abbastanza i tuoi amici? Riesci a passare tempo di qualità con loro?*
- *Hai modo di conoscere persone nuove in contesti piacevoli?*

L'area della salute, dell'energia e dello stato fisico

Quest'area include la salute e il benessere globale. Riguarda quindi sia la protezione del nostro corpo da possibili malattie, sia l'energia e la vitalità che senti di avere.

Vanno considerate anche la cura e l'attenzione che dedichi alla tua forma fisica, non solo a livello estetico, ma anche e soprattutto sul piano della salute: abitudini alimentari, esercizio fisico, qualità del sonno e prevenzione di eventuali problemi.

Tante persone trascurano il loro lato fisico e approfittano delle risorse di cui dispongono come se fosse un patrimonio inesauribile, ma prima o poi questo comportamento rischia di trasformarsi in malesseri da stress e disagi. Per questo, ti consiglio di non trascurare troppo quest'area e di prestarle una costante attenzione, che vedrai ripagata con maggiori energie e un generale aumento del benessere, grazie ai quali potrai dedicarti a migliorare tutti gli altri ambiti presenti nella ruota.

Ecco alcune domande importanti che dovresti porre a te stesso:

- *Sei soddisfatto del tuo corpo?*
- *Quanto ti prendi cura di te?*
- *Quante ore dormi? Riposi bene? Come ti svegli la mattina? Già stanco o carico per affrontare la giornata che ti aspetta?*
- *Hai sufficienti energie per fare tutto ciò che ti proponi?*
- *Ti senti abbastanza tonico e allenato? Consideri giusto il tuo peso? Ti piace la tua immagine allo specchio?*
- *Godi di buona salute o ti ammali di frequente?*
- *Provi spesso dei malesseri fisici o sei quasi sempre in forma?*
- *Assumi molti medicinali?*
- *Hai vizi poco salutari?*
- *Rispetti sane abitudini alimentari?*
- *Fai qualche sport?*
- *Conduci una vita dinamica o sedentaria?*
- *Quanto sei soddisfatto della tua salute ed energia nel complesso?*

L'area della crescita personale (stato mentale e spirituale)

Quest'area include tutto ciò che ha a che fare con la crescita mentale e spirituale e con la possibilità di migliorare la nostra conoscenza, la nostra comprensione e la capacità di elaborazione, nell'ottica di un continuo arricchimento della nostra qualità di pensiero e di ragionamento.

Il nostro spirito e la nostra mente crescono grazie alla formazione, intesa come strategia che organizza, pone basi e consolida conoscenze nuove e preesistenti.

Se stai leggendo questo libro già meriti di darti almeno un 6: significa che stai investendo tempo ed energie sul tuo miglioramento personale.

L'utilità di questo obiettivo è fondamentale: quante più cose impari, quanto più le metti in pratica, tanto più migliora la tua vita.

I modi per riuscirci sono tanti: frequentare un corso, leggere un libro, andare a una conferenza o dedicare del tempo alla meditazione. La crescita personale è il più grande strumento in tuo possesso per ottenere una qualità di vita sempre migliore, anche nelle relazioni e nel lavoro.

Poche persone si prendono cura di quest'area in modo adeguato, ed è per questo che ti conviene ancor di più farlo se vuoi avere maggiori opportunità di successo.

Ecco alcune domande importanti per giudicare il tuo livello di crescita personale:

- *Dedichi un tempo sufficiente all'apprendimento?*
- *Che tipo di corsi frequenti?*
- *Riservi tempo alla lettura?*
- *Che genere di libri e di riviste preferisci?*
- *Quali argomenti approfondisci, per lavoro o per piacere personale?*
- *Ti piacerebbe specializzarti in qualche campo specifico?*
- *Sei soddisfatto delle cose nuove che impari? Ti caricano di idee, energie e voglia di fare?*
- *Quanto riesci a mettere in pratica ciò che apprendi?*

Quanto sei soddisfatto?

Ora che abbiamo esplorato le aree della ruota è il momento di esprimere un giudizio sul livello attuale a cui senti di essere.

Colora ogni spicchio attribuendogli un voto da 1 a 9, in base alle percentuali di soddisfazione, cercando di essere il più possibile onesto e obiettivo.

Ricorda che l'unico parametro di cui tenere conto sono i tuoi standard personali e ricorda che non si tratta di una valutazione assoluta, ma solo di un risultato del momento: una specie di fotografia della tua vita a oggi.

Proprio per questo, ti consiglio di ripetere l'esercizio periodicamente, all'incirca ogni due mesi. La vita è fatta di fasi diverse, con periodi in cui le priorità cambiano e le situazioni si modificano.

Completare gli spicchi della ruota della vita può essere utile per avere un immediato colpo d'occhio sulla situazione del momento: invece di rifletterci sopra in modo astratto, permette di dare uno sguardo globale ai vari aspetti che compongono la qualità di vita di ciascuno.

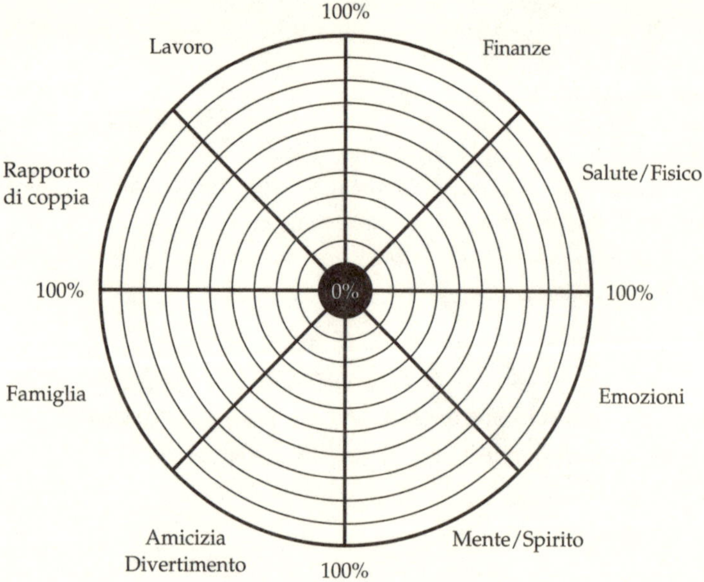

Una volta completato l'esercizio, osserva il risultato. Che forma ha? Se fosse una ruota ci andresti in giro?

Molto probabilmente la tua risposta è no, eppure si tratta della tua vita: ti muovi su di essa ogni giorno. Nel caso il disegno che hai davanti non ti soddisfi, è ora di cominciare a cambiare le cose.

È molto probabile che i voti più bassi siano destinati agli ambiti che hai trascurato di più negli ultimi tempi, mentre i giudizi alti siano nelle aree su cui ti sei impegnato maggiormente. Se non è così, potresti aver sbagliato strategia: ti conviene correggere la rotta e continuare a investire le tue migliori energie. Raramente l'impegno resta senza risultati, se accompagnato dalla tenacia.

Qualunque sia la tua ruota, l'obiettivo deve essere quello di farla crescere e darle la massima uniformità possibile: solo così ti avvicinerai all'equilibrio che cerchi.

Ovviamente capita di vivere dei periodi in cui ci si dedica a un'area sola, trascurando le altre: la maggior parte dei liberi professionisti sa di cosa parlo. A chi non è capitato di lavorare dalla mattina alla sera, senza trovare tempo né energie per tutto il resto? Non è una tragedia, in alcuni casi è inevitabile. L'importante è esserne consapevoli, pianificando le cose con intelligenza, in modo da limitare queste fasi.

I veri problemi nascono nel momento in cui determinate aree vengono messe da parte in modo cronico e sistematico, senza mai prendere le redini della situazione per compensarne le mancanze.

Oppure, le condizioni di una crisi si creano quando l'impegno in un settore della vita diventa morboso e ossessivo, anche per compensare carenze negli altri settori: c'è chi annulla tutto per dedicarsi alla vita di coppia e chi si immerge totalmente nel divertimento o nel lavoro per sfuggire a tutto il resto. Vedi il caso già citato delle donne che, dopo aver investito tutto sulla famiglia e sui figli, si sono ritrovate sole e disorientate, quando il loro matrimonio è naufragato o la prole è diventata adulta.

Per ottenere un successo equilibrato e un benessere che duri nel tempo bisogna saper dare spazio a ogni aspetto della nostra esistenza, individuando quelle che sono le priorità del momento e lavorando su di esse.

Dobbiamo focalizzare i bisogni che abbiamo in ciascuna area, affrontandoli uno alla volta con fiducia, con un atteggiamento mentale positivo e una pianificazione mentale intelligente. In questo modo, negli anni, riusciremo senz'altro a spingerle tutte vicine al voto massimo.

Ti anticipo subito che le possibilità di avere sempre un cerchio perfetto con tutte le aree al livello 9 sono pressoché nulle: a volte capita di arrivarci per brevi fasi, ma la vita è fatta di alti e bassi inevitabili.

Inoltre, augurarsi di riuscire a far sì che ogni cosa funzioni in modo impeccabile costantemente e per tutta la vita è una prospettiva quasi ansiogena: anche mollare il colpo ogni tanto fa bene. Ci ricorda che siamo umani, non superuomini o superdonne invincibili e a prova di fallimenti.

Questo però non esclude assolutamente una piena consapevolezza di poter portare al livello 9 ciascuna delle aree della propria vita: è sufficiente focalizzarsi in modo costante su di essa e monitorare con regolarità il livello di soddisfazione raggiunto.

Per farlo, devi superare le credenze limitanti.

In uno dei prossimi capitoli di questo libro ti parlerò più a fondo di una delle più diffuse e dannose: la convinzione che «non si può avere tutto dalla vita».

Certo, forse non si può avere tutto sempre e allo stesso tempo, ma ti assicuro per esperienza che se punterai al massimo otterrai moltissimo, migliorando enormemente la tua qualità di vita.

Anche perché, come avrai notato, ogni ambito della vita è legato in qualche modo a tutti gli altri e, migliorandone uno, ne derivano conseguenze benefiche che si ripercuotono su tutto il resto.

Il modello del successo equilibrato

La ruota della vita è uno strumento utilissimo per fare un bilancio della propria vita ed evitare quegli squilibri che possono costare caro.

Come puoi intuire, le varie aree della ruota sono legate tra di loro e l'andamento di una può influenzare l'andamento di un'altra. Per esempio, se le cose non vanno bene al lavoro o in famiglia è inevitabile che anche la sfera emozionale ne risenta; ma può anche valere il contrario, ovvero che dalla capacità di gestire le emozioni può dipendere la qualità delle relazioni in famiglia e al lavoro.

Di nuovo, abbiamo visto che il tempo dedicato agli svaghi non è necessariamente sottratto alla produttività e al lavoro, ma, al contrario, può rivelarsi un ottimo investimento per migliorare la produttività. Lo stesso vale per quello dedicato alla cura del corpo e della forma fisica.

Ma cosa viene prima? Ci sono delle aree che, se ben sviluppate, possono sorreggere le altre o consentirci di ottenere più risultati nelle altre?

Ora potresti pensare che porsi questa domanda sia un po' come chiedersi se viene prima l'uovo o la gallina, ma non è così. In realtà rispondere a questa domanda ci porterà a sfruttare meglio le nostre energie.

Se ti ricordi, nel primo capitolo, quando abbiamo individuato le dimensioni del successo abbiamo anche detto che un conto è «avere successo» e un conto è «essere di successo», e che l'«essere» viene prima dell'«avere». Siamo soliti pensare che le nostre emozioni dipendano dall'esterno, da ciò che ci accade nel corso della vita, dal fatto di avere o meno ciò che desideriamo, ma nel capitolo precedente abbiamo visto che non è così. Ti ho anche raccontato le storie di personaggi famosi che, pur avendo tutto ciò che una persona possa desiderare per vivere una vita felice, sono stati trascinati nel baratro da emozioni negative.

La prima dimensione è quella del «fare per avere». Il successo è una conquista e non il puro possesso, è la realizzazione di obiettivi.

Ma abbiamo anche visto che questo non basta per essere felici: alla fine la vera misura del successo è interiore. Puoi avere successo, puoi raggiungere grandi risultati, ma se nella tua vita le emozioni negative prevalgono su quelle positive, se hai dovuto rinunciare alla soddisfazione dei tuoi bisogni più profondi, allora hai raggiunto solo un successo superficiale e precario. È come se avessi costruito un castello di carte che potrebbe cadere al primo soffio. Ne sono prova le storie tragiche di personaggi ricchi e famosi. Ma ci sono molte storie di persone non famose che, pur avendo raggiunto risultati straordinari, non riescono a goderne appieno e rincorrono la felicità pensando che si trovi nel raggiungimento di un nuovo obiettivo. Investono tutte le loro energie nel fare ciò che è necessario per conseguire dei risultati.

Se dovessi rappresentare questa forma di successo userei un triangolo rovesciato che pretende di reggersi sulla punta.

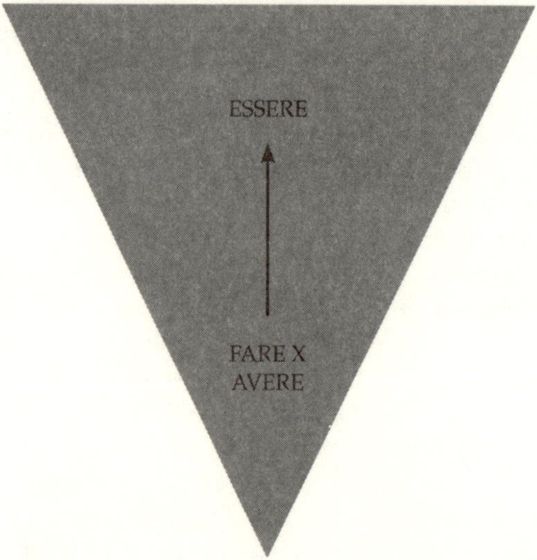

Questo non sembra essere un grande esempio di equilibrio, vero?

Senza contare che questo modello esclude alcune dimensioni importanti per essere felici. Innanzitutto esclude la dimensione dello «stare insieme». Nel capitolo precedente abbiamo parlato di relazioni intime e abbiamo visto che il «vincitore solo» perde la partita più importante della vita, quella più difficile, che si gioca sul terreno impervio dei sentimenti, dove non ci sono prove di forza da superare e dove la vulnerabilità può essere la via che conduce alla conquista di un bene prezioso: la felicità condivisa. Ma lo «stare insieme» può essere concepito, in senso più ampio, come il modo in cui entriamo in relazione con gli altri. L'essere umano è un animale sociale e quindi la qualità della sua vita dipende anche dalla qualità delle relazioni che ha con gli altri.

Ora ti propongo un modello di successo più stabile di quello che abbiamo visto prima.

Prova a immaginare di rovesciare il modello che hai appena visto, mettendo l'«essere» alla sua base.

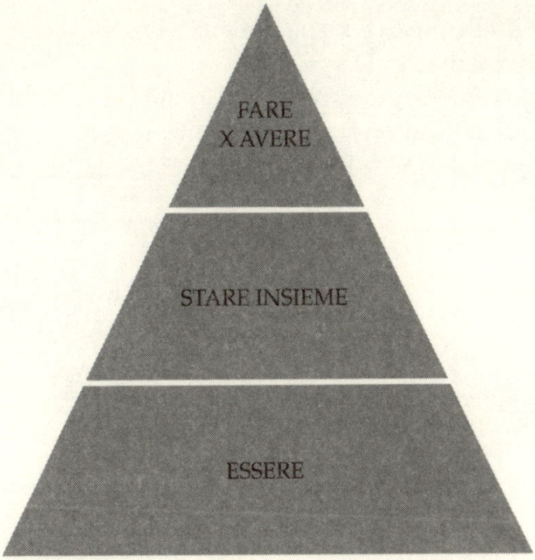

Questa dimensione comprenderà la gestione delle emozioni, l'autostima e anche le credenze e le convinzioni personali: in pratica tutto ciò che ci rende noi stessi e su cui si fonda la nostra personalità.

Una personalità su cui lavorare in un'ottica di continua evoluzione personale, senza alibi e giustificazioni del tipo «sono fatto così». (Ma se stai leggendo questo libro do per scontato che tu questo lo sappia già.)

Il gradino immediatamente successivo all'«essere» sarà lo «stare insieme», ovvero la dimensione relazionale in tutte le sue forme, dai legami familiari alle amicizie, ai legami sentimentali, ai rapporti di lavoro. Non conta il numero, ma la qualità di queste connessioni, la loro profondità.

Infine abbiamo il «fare per avere»: l'azione pratica che esprime la nostra capacità di muoverci con efficacia verso un obiettivo, individuando le priorità da perseguire e gestendo efficacemente il tempo anche attraverso la delega.

In questo modello non ho inserito la dimensione spirituale.

Per capire quale posto occupa nel modello del successo equilibrato dovrai arrivare al capitolo 6.

Nelle prossime pagine approfondiremo la conoscenza di ciascuna di queste dimensioni e vedremo meglio come l'applicazione di questo modello può portarci a raggiungere il vero successo.

Punti chiave

L'essere umano è complesso. Abbiamo un corpo, una mente, proviamo delle emozioni, entriamo in relazione con altri esseri che sono, al tempo stesso, simili a noi ma anche diversi. La nostra vita è fatta di vari momenti: lo studio, il lavoro, lo svago... E la nostra soddisfazione dipende dall'andamento equilibrato di questi momenti.

Per fare un bilancio uno strumento utile è sicuramente la ruota della vita.

Il modello del successo equilibrato vede alla base la dimensione dell'essere (che comprende la gestione delle emozioni, l'autostima e anche le credenze e le convinzioni personali: in pratica tutto ciò che ci rende noi stessi e su cui si fonda la nostra personalità).

Poi c'è lo stare insieme (che corrisponde al modo in cui entriamo in relazione con gli altri in ogni ambito della nostra vita, da quello professionale a quello privato delle amicizie e degli affetti).

Infine c'è la dimensione del fare per avere (che corrisponde agli obiettivi, alle azioni, alla gestione del tempo e ai risultati concreti che otteniamo).

Scheda di lavoro

In questo capitolo hai già lavorato abbastanza per comporre la ruota della vita.

Aggiungo solo due domande:

Se pensi alla tua vita in questo momento, la sua forma sarebbe più vicina a quella del triangolo che si regge sulla punta o a quello che si regge su una base solida?

____

____

____

____

____

Su cosa hai concentrato maggiormente la tua attenzione fino a questo momento?

____

____

____

____

____

____

____

____

III

Essere di successo

«Sono fatto così»: il mito della personalità

«Sono fatto così, è il mio carattere», «Non ci posso fare niente se sono un tipo impulsivo...». Probabilmente hai sentito (o detto) molte volte frasi simili.

È interessante notare che per il senso comune la personalità tende a essere considerata immutabile. La maggior parte della gente è convinta di restare sempre uguale e impermeabile ai cambiamenti. Si crede perfino che, con il passare degli anni, i nostri tratti caratteriali si irrigidiscano e diventino ancora più difficili da modificare.

Non è affatto così. Certo, è vero che i tratti della personalità di base si formano fin dall'infanzia (alcune teorie li ritengono addirittura innati) per poi restare stabili nel tempo, ma è altrettanto vero che gli esseri umani vivono in una perenne evoluzione e si adattano ai cambiamenti.

Le esperienze di vita ci plasmano e modificano come onde che cambiano l'aspetto delle rocce di una scogliera: i traumi emotivi e gli eventi della vita ci trasformano, gli eventi importanti, le sfide e perfino i ruoli sociali modificano le nostre percezioni e reazioni. Restare sempre gli stessi è più difficile, faticoso e nocivo che cambiare.

Uno studio condotto dall'Università del Michigan e dell'Illinois, pubblicato sulla rivista «Journal of Personality and

Social Psychology», ha misurato la capacità di un gruppo di persone esaminate in un certo arco di tempo di sviluppare un particolare tratto della propria personalità.

Gli individui presi a campione dovevano stabilire degli obiettivi di cambiamento e poi provare a realizzarli. I progetti erano i più diversi: alcuni avrebbero voluto essere più espansivi, altri più autonomi, altri ancora più capaci di affrontare le novità e così via. Quindi, per un arco di quattro mesi sono stati sottoposti a test di personalità settimanali per monitorare gli eventuali cambiamenti.

I risultati hanno portato alla conclusione che qualità come la socievolezza, la positività e la stabilità emotiva sono oggettivamente cresciute nei soggetti che hanno messo in atto soluzioni concrete per cambiare: qualcuno, per aumentare la sua estroversione, ha cominciato a organizzare occasioni di incontro con altre persone; qualcun altro, nel desiderio di essere più indipendente, ha provato a fare da solo cose che era abituato a fare con il supporto di altri.

La morale è che, se lo vogliamo davvero, possiamo ottenere dei cambiamenti nel nostro modo di essere, a patto di lavorare con impegno e consapevolezza cercando misure concrete per agire sugli aspetti che ci stanno a cuore.

Sia chiaro, non basta fare cose diverse per diventare/essere la persona che desideriamo. Per plasmare la nostra personalità è necessario credere che sia veramente possibile cambiare.

«Sono fatto così. Punto!» «Se voglio posso cambiare, posso diventare la persona che desidero…» sono credenze. Ovvero sono certezze su noi stessi e le nostre potenzialità che, come vedremo tra poco, influenzano i nostri comportamenti e i nostri risultati.

Se ascolti le storie delle persone di successo (tra poco te ne racconterò una) scoprirai che, oltre ad avere le idee chiare riguardo a cosa vogliono, hanno degli obiettivi, sono mosse da credenze produttive che le spingono a esprimere il meglio di sé.

Credere in ciò che ad altri sembra impossibile e realizzarlo

Ricordi gli studi di Martin Seligman sull'impotenza appresa e le credenze limitanti? O la storia del piccolo elefante che veniva legato a un bastone dal quale era convinto di non potersi liberare, nemmeno una volta diventato grande? Ecco, quelli sono esempi di come le credenze che abbiamo riguardo a noi stessi (oltre a quelle relative a come va il mondo) possono essere limitanti.

Ora è arrivato il momento di parlare di «credenze potenzianti», ovvero di convinzioni che ci permettono di evolvere e di allargare la nostra percezione di noi stessi, degli altri, delle cose, del mondo e in generale delle possibilità di realizzare i nostri obiettivi in modo sano ed equilibrato.

Prima che tu possa pensare che parliamo di motivazione spicciola «credi più in te stesso e conquisterai ciò che vuoi» o di tecniche new age, se vuoi puoi leggere un testo scientifico che tratta questo tema che, per altro, ha vinto nel 2006 il premio come miglior testo scientifico divulgativo: *La biologia delle credenze. Come il pensiero influenza il* DNA *e ogni cellula* di Bruce H. Lipton.

Le credenze potenzianti aumentano le nostre risorse e, di conseguenza, ci consentono di sviluppare ed evolvere le capacità di cui disponiamo. Possono essere rese reali, trasformandole in energia, scelte, azioni e fatti.

Come ho già detto, influenzano il nostro comportamento, l'uso che facciamo delle potenzialità e, di conseguenza, i risultati che otteniamo. Le nostre credenze vivono e agiscono in tutto quello che accettiamo o che rifiutiamo e nelle cose che pensiamo di potere o di non poter fare.

Tutti noi abbiamo credenze che spaziano in ogni ambito: dalla vita, l'amore e le relazioni fino ad arrivare al lavoro, agli altri, alle nostre capacità e a quelle di chi ci circonda.

Le credenze plasmano ogni nostra percezione: difficilmente si guarda il mondo in modo oggettivo. La tendenza è quella di cercare conferme rispetto a ciò che già si crede. Come diceva Henry Ford: «Che tu ci creda o no, comunque avrai ragione». Proprio per questo è importante imparare a gestire le nostre credenze: le convinzioni che abbiamo sono alla base della realtà in cui decidiamo di vivere.

«Sono troppo vecchio per cambiare lavoro...», «Non sono un tipo fortunato, non avrò mai successo nella vita...», «Se avessi più tempo farei più sport e allora sì che tornerei in forma...»: probabilmente avrai sentito frasi simili un sacco di volte. Sono esempi di credenze limitanti che vengono usate come giustificazioni di uno scarso impegno nel raggiungere degli obiettivi.

Se ci mettessimo a elencarle tutte potremmo scriverci un libro, ma di certo non sarebbe utile quanto quello che stai leggendo ora. Le credenze limitanti sono davvero tante e la loro ampia diffusione spiega perché sono poche le persone di successo.

Tra le persone di successo ce ne sono alcune che avrebbero avuto dei buoni motivi per rinunciare ai propri sogni, che hanno vissuto traumi fisici o psicologici importanti e che il senso comune definirebbe «sfortunate», eppure queste persone hanno scelto di dar retta a credenze potenzianti e per questo hanno realizzato ciò che a molti sembra impossibile. Questo è il caso di Kendra Scott.

Kendra Scott: la forza di chi parte svantaggiato

Kendra Scott è una delle più note designer di gioielli negli Stati Uniti. A soli 42 anni, nel 2016, è diventata una delle self-made women più ricche d'America quando la sua azienda è stata valutata un miliardo di dollari. Ecco la sua storia.

Tutto ha inizio quando Kendra ha 19 anni e il suo patrigno si ammala di cancro al cervello. Lei va in ospedale ogni giorno per stare con lui. Lì incontra molte donne malate. Parlare con loro la colpisce e la commuove al punto di aprire un negozio di cappelli disegnati da lei stessa per aiutare le donne in chemioterapia a sentirsi più belle. Il suo obiettivo è donare i proventi alla ricerca sul cancro. Questo suo primo tentativo di business fallisce in poco tempo, ma in seguito Kendra spiegherà di aver imparato molto anche dagli errori commessi.

Anni dopo, a causa di complicazioni durante la sua prima gravidanza, Kendra è costretta a restare a letto per mesi. A quel punto, ritrovandosi con molto tempo libero a disposizione, decide di sfruttarlo per dedicarsi al suo hobby preferito: ideare e produrre gioielli. Ne nascono i disegni per un'intera collezione e, una volta partorito, prova a realizzarla.

All'inizio è molto dura perché non ha soldi da investire. Comincia vendendo porta a porta (con il neonato nel passeggino) i pezzi della sua collezione alle boutique della zona, incassando un numero impressionante di rifiuti, ma anche qualche attestato di fiducia.

Ciononostante, sembra che la sua attività non riesca a decollare. Kendra però non si dà per vinta: malgrado la stanchezza e le difficoltà, mantiene un atteggiamento positivo e non perde occasione per promuovere il suo lavoro.

Finalmente, tre anni dopo la fondazione, il suo brand affronta il punto di svolta: dopo aver attratto l'attenzione dei maggiori *department stores*, come Bloomingdale's, le boutique che vendono i suoi gioielli aumentano esponenzialmente. A quel punto le sue creazioni vengono scelte anche per la sfilata primavera-estate del 2006 di Oscar de la Renta.

Nel 2010, quando Kendra apre finalmente il suo primo negozio, il suo lavoro è già famoso grazie all'entusiasmo mostrato da stilisti e personaggi noti dello showbusiness. La sua idea è decollata.

Hai colto dove voglio arrivare con questo esempio?

Kendra avrebbe avuto tante ragioni per abbattersi irrimediabilmente: in un primo momento per via del suo amato patrigno gravemente malato, poi per le difficoltà riscontrate e gli iniziali fallimenti dei suoi tentativi imprenditoriali. Avrebbe potuto arrendersi alle prime difficoltà, o forse non partire nemmeno, abbattersi, accontentarsi e credere semplicemente di essere stata sfortunata. Eppure ha saputo trasformare la sua tristezza e le sue difficoltà in creatività e voglia di mettersi in gioco, e gli insuccessi in lezioni di cui fare tesoro e in opportunità per crescere con nuova grinta e più consapevolezza.

Questa storia di successo è emblematica per una serie di ragioni: a livello superficiale si potrebbero apprezzare la tenacia e la creatività che Kendra è riuscita a mettere a frutto nonostante i fallimenti e i problemi, ma credo valga la pena analizzare più a fondo gli elementi emotivi che l'hanno portata al successo.

In primo luogo, il condizionamento positivo. Come ha raccontato in una bella intervista a «Forbes» nel 2018, lei ha sempre creduto nelle potenzialità del suo lavoro e ha avuto una famiglia pronta a supportarla e a credere in lei.

Spesso è proprio questa convinzione a fare la differenza tra chi ottiene il successo e chi si dà per vinto prima di raggiungere la meta. Come spiega Kendra, la fiducia in se stessa le ha permesso di assimilare anche un consiglio difficile ma prezioso, che per lei è stato uno dei più importanti: non accettare mai un «no» come risposta.

Di fronte alle tante porte chiuse e alle risposte scoraggianti, ha sempre provato a instaurare un dialogo con le persone che aveva di fronte. Con una certa ironia, racconta che si faceva forza pensando: «Per lo meno stiamo ancora chiacchierando!».

Tante di quelle conversazioni non hanno portato a nulla, ma di certo il suo è stato un atteggiamento vincente.

Oltre a fare tesoro dei condizionamenti positivi, Kendra ha sempre cercato di focalizzare la sua attenzione sulle soluzioni più che sui problemi: dalla malattia del suo patrigno al primo fallimento imprenditoriale, fino ad arrivare a una gravidanza a rischio e al bisogno di costruire una professione che le permettesse di dedicarsi ai suoi bambini facendo ciò che amava, si è sempre chiesta: «Cosa posso fare di utile per rendere meno insormontabile questo ostacolo, o per lo meno per trarne qualcosa di positivo?».

L'aspetto migliore di un atteggiamento di questo tipo è che, se praticato con costanza e convinzione (una convinzione che inevitabilmente si rafforza quando i risultati cominciano ad arrivare), diventa parte della personalità e si rivela ancora più prezioso per raggiungere e mantenere l'equilibrio quando finalmente arriva il successo.

Oltre a essere un'imprenditrice di rilievo, Kendra è diventata un grande esempio di filantropia e di gestione del personale nella sua azienda: fortemente sostenitrice del concetto di «*giving back to the community*», con il suo brand dona più di cinque milioni di dollari l'anno per progetti umanitari a favore di donne e bambini.

Dei suoi circa 2000 dipendenti, il 96 per cento sono donne, e godono di tutti gli incentivi possibili per potersi dedicare alle proprie famiglie: pare che Kendra stessa le incoraggi a lasciare l'ufficio per assistere alle recite e agli incontri sportivi dei loro figli. Sostiene che la libertà e la fiducia migliorino la produttività e la passione per il lavoro, generando un atteggiamento propositivo che è la vera forza della sua azienda.

E i fatti sembrano darle ragione.

Il vero «think positive»

Arrivati a questo punto, mi sembra evidente che, quando parliamo di un successo che dura nel tempo, ci sia dietro un identikit specifico. Si tratta di qualcuno che ha sviluppato delle caratteristiche, un modo di pensare e un atteggiamento in grado di sostenere quel successo.

Non riguarda solo qualità particolari che permettono di eccellere in un ambito (o, per fare riferimento alla ruota della vita, in una specifica area), ma un modo di pensare e vedere le cose che va oltre le abilità pratiche.

Ciò che colpisce nella storia di Kendra è la sua fiducia, è il suo credere in ciò che altri potevano ritenere impossibile. Può sembrare un luogo comune, ma credere che le cose siano possibili ci permette di avvicinarci un po' di più a esse.

Inoltre, chi riesce a mantenere un atteggiamento positivo anche nei momenti più complessi, ne ricava un ulteriore beneficio che a molti sfugge: la possibilità di assaporare il presente e ciò che offre, restando in equilibrio perfino nei periodi più burrascosi e apprezzando le piccole soddisfazioni che la vita ci regala ogni giorno.

Non si tratta dell'atteggiamento ingenuo di chi vede tutto rosa e ignora (o finge di ignorare) le difficoltà. Il vero pensiero positivo è quello di chi, pur rendendosi perfettamente conto delle difficoltà, orienta la propria attenzione sulle soluzioni e si chiede: «Come devo pensare o ragionare per ottenere quello che voglio?» o «In che modo dovrei comportarmi per essere una persona migliore?».

Ma davvero «non si può avere tutto»?

Come osserva saggiamente Roberto Re nel suo libro *Leader di te stesso*, le nostre credenze sono una sorta di regolamento assolutamente arbitrario che, senza che ce ne accorgiamo, determina buona parte dei nostri stati d'animo ed è una delle ragioni principali del nostro essere o no felici e soddisfatti.

Una delle convinzioni più diffuse è riassumibile in una semplice frase: «Non si può avere tutto».

Immagino che nasca come insegnamento consolatorio, ma personalmente l'ho sempre considerata una frase irritante, che non significa granché, dal momento che può essere vera o falsa in base a ciò che tu decidi di includere in quel «tutto». Più spesso diventa un pretesto per non dare il massimo, per non puntare abbastanza in alto o per non pretendere il meglio.

Fin da piccola ho odiato con tutta me stessa le varie declinazioni di questo concetto, soprattutto una delle sue versioni più limitanti: «Scegli, o questo o quello, non si può avere tutto dalla vita!».

Chi lo ha detto?

Perché no?

E se si potesse?

Queste sono le domande che mi sono sempre posta anche perché, a torto o ragione, non ho mai creduto che fosse impossibile avere tutto, e ho sempre puntato a quel risultato onnicomprensivo.

Vuoi sapere quali sono per me gli elementi di questo «tutto»?

Di certo serenità profonda, armonia, successo professionale, una vita personale appagante e soddisfacente, un rapporto di coppia bello e ricco d'amore e rispetto, in cui lo scambio aiuti la crescita, tempo per me stessa e per le persone che amo, armonia con colleghi e collaboratori, benessere, lusso, ma anche la capacità di godere delle piccole cose con immensa gratitudine, e infine una profonda vita spirituale.

Ti sembra troppo? Io invece ho la sensazione di aver dimenticato qualcosa! A parte gli scherzi, non penso che puntare ad avere tutto sia la cosa più facile del mondo e mi rendo conto che implica parecchia fatica e impegno, ma sono convinta che sia possibile e anzi, proprio per questo, doveroso.

La vita è un dono talmente grande da non poterla sprecare per sognare in piccolo!

Eppure, uno dei motivi per cui la maggior parte delle persone non si avvicina nemmeno all'equilibrio che desidera è perché intimamente non ritiene possibile questo obiettivo.

Ci hanno insegnato che non si può avere «la botte piena e la moglie ubriaca». Come per tante cose che, a forza di venire ripetute, sembrano diventare vere, quest'idea della scelta tra due estremi è entrata a far parte delle nostre credenze più profonde: pensiamo che non si possa essere ricchi e onesti, corretti e di successo negli affari, spirituali e amanti del lusso, e così via. Oppure pensiamo che, pur potendo ottenere ciò che vogliamo, la felicità non sia destinata a durare.

Allora, nel timore di puntare troppo in alto per poi perdere ogni cosa, si finisce per puntare a un risultato mediocre, ma più certo e solido.

Basta pensare alle tante persone che restano attaccate al classico «posto fisso» pur ammettendo che sognerebbero di fare altro, o a quelli che trascinano relazioni ormai finite, senza azzardarsi a chiuderle per concedersi opportunità migliori.

È probabile che questa mentalità nasca dal bisogno di giustificare la rassegnazione e prevenire il mancato raggiungimento di un obiettivo: ci protegge dalla tentazione di metterci in gioco, di uscire dalla nostra comfort zone, di rischiare di fallire.

Non è facile accettare una sconfitta, ed è ancora più difficile ammettere che avremmo potuto provare a conquistare qualcosa di importante, ma abbiamo scelto di rinunciare. In quanti sono capaci di assumere la piena responsabilità dei propri fallimenti?

Pochi sono in grado di riconoscere «Non ci ho messo il giusto impegno», «Non ho saputo trovare la giusta determinazione» oppure «Ho sbagliato strategia».

Accettare le sconfitte richiede un grado di autoconsapevolezza e maturità davvero elevato e raro. È più facile nascondersi dietro a pretesti e giustificazioni.

Perciò il «Non si può avere tutto dalla vita» è un ottimo alibi se non vuoi fare un po' di sana autocritica, cominciando a lavorare sui tuoi limiti.

Detto questo, è importante puntualizzare che voler avere sempre tutto in ogni momento è una specie di utopia. Come scrivevo a proposito della ruota della vita, la nostra esistenza è piena di alti e bassi, oltre che di aspetti che non è possibile controllare, gestire o prevedere del tutto.

Perciò è normale avere momenti no. Anche la persona più in equilibrio al mondo, la più capace di gestirsi al meglio, si trova in situazioni che preferirebbe evitare. La vera abilità da acquisire è quella di superarle senza smettere di puntare a quel «tutto» fatto di equilibrio tra tante cose diverse.

«A ognuno la sua croce»

A proposito delle credenze che ci vengono inculcate voglio raccontarti un fatto che per me è stato illuminante.

Anni fa, durante un soggiorno in Calabria dai miei genitori, in occasione delle vacanze di Pasqua, ho accompagnato mia madre in chiesa.

Durante la messa, il parroco fece un discorso che mi colpì molto. La sua omelia era incentrata sul fatto che tutti noi portiamo una croce: c'è chi la porta nella malattia, chi nella fatica di un lavoro, chi è bambino e si fa carico dello studio e delle prove conseguenti, e così via. Insomma, secondo lui ciascuno di noi, in un modo o nell'altro, sarebbe oppresso. La sua conclusione mi provocò un brivido lungo la schiena: «Tutti i buoni cristiani hanno la loro croce». Magari non intendeva dire proprio questo, ma l'ha detto.

Capisci la pericolosità di un messaggio del genere? È un po' come dire che, se non hai problemi, non sei un buon cristiano / una brava persona.

Certo, volendo interpretare questo discorso in positivo, si potrebbe dire che i guai e le sofferenze andrebbero affrontati e vissuti in modo da diventare individui migliori, ma il rischio è che in tanti finiscano per accettare passivamente le difficoltà, considerandole come pesi necessari per essere degni di comprensione e stima.

Si tratta di una credenza estremamente rischiosa per i suoi risvolti consolatori e assolutori: se i problemi ti aiutano a essere più degno agli occhi di Dio (e quindi anche del mondo), che senso ha risolverli?

Inoltre, un'idea come questa ci preserva dalla paura e dalla fatica che comportano i rischi e le sfide: non ha senso lottare per essere felici, se la chiave per il Paradiso sta nel dolore.

Ma davvero vuoi aspettare di ritirare nell'aldilà un premio per le tue sofferenze? Non sarebbe meglio trasformare la tua vita terrena nel paradiso che desideri?

Liberarsi dalle false credenze senza il timore di risultare antipatici

Ricordo nitidamente di una volta in cui feci una serata sulla gestione del denaro dal titolo *Felicemente ricchi* dove, da esperta di comunicazione e di gestione personale, spiegavo come la comunicazione con noi stessi e la comprensione delle nostre credenze più profonde ci possano guidare verso la ricchezza, e su come siamo noi a scegliere se essere ricchi o poveri.

Cercavo di spiegare concetti astratti con esempi che mi riguardano, un po' come sto facendo con te in questo libro. Quando parlo di me lo faccio non per ergermi a saccente rompiscatole che, dall'alto della sua conoscenza, tutto sa e tutto può. Cerco semplicemente di portare me stessa come esempio di persona che, partendo da un inizio non proprio memorabile, ha scelto di lavorare su se stessa per raggiungere ciò che sognava.

Così raccontavo di come, da studentessa squattrinata, sono passata a essere una manager con ottimi guadagni e con una vita appagante ed equilibrata.

Arrivata a questo punto, una donna sulla quarantina intervenne con tono scherzoso: «Ma almeno la cellulite ce l'hai, vero?». Tutti ci abbiamo riso su ma mi è servito per spiegare meglio il concetto: una parte di noi fa davvero fatica a pensare che si possa avere tutto.

E non è l'unico problema che ci impedisce di cambiare mentalità.

A rendere ancora più difficile un lavoro in questo senso, ci sono i sensi di colpa correlati al successo. Ci hanno insegnato che se siamo troppo ricchi stiamo togliendo denaro a qualcun altro (secondo il principio del «Non ce n'è abbastanza per tutti»), che se le cose vanno bene ma vuoi ancora di più è una specie di affronto nei confronti di chi sta peggio di te.

Ti dirò di più, ci hanno insegnato a coltivare un'istintiva antipatia e diffidenza verso le persone di successo per mascherare l'invidia che proviamo per loro.

Pensaci: quando incontri una persona e racconti di avere un problema si attiva immediatamente un meccanismo di grande empatia e accoglienza nell'interlocutore. Molto spesso scatta anche la condivisione, si fa a gara a chi mette in campo il guaio più grave, ci si consola a vicenda, si riportano aneddoti simili e possibili soluzioni... insomma, ci si sente vicini e solidali. Al contrario, è molto più difficile che qualcuno ti racconti che le cose gli vanno a meraviglia e che non è mai stato così felice.

Sai perché succede?

Provo a spiegartelo con un esempio. Pur amando viaggiare, più o meno fino ai 30 anni non me lo sono potuta permettere. Come ogni classica squattrinata, mi concedevo giusto qualche piccola fuga low cost in destinazioni vicine, dove avevo amici che mi potessero ospitare.

Quando poi ho cominciato a lavorare e guadagnare abbastanza, ho deciso che era ora di iniziare la mia esplorazione del mondo. Perciò oggi mi regalo almeno quattro viaggi l'anno in posti che una volta avrei potuto solo sognare. Entusiasta di queste esperienze, ho sempre pubblicato su Facebook immagini dei luoghi meravigliosi che finalmente posso visitare.

Eppure, in diverse occasioni, ho ricevuto il consiglio di non farlo. Si trattava di suggerimenti in buona fede, amici e conoscenti mi invitavano a non mettere in mostra questa straordinaria possibilità, per evitare di suscitare l'invidia di chi guarda le foto, con la motivazione che l'invidia non porta bene.

Ecco un'altra credenza da scardinare: è meglio non attirare l'invidia di nessuno.

Se ci rifletti bene, anche questa credenza è molto comune, tanto che pochi osano dire: «Sto benissimo! Mai stato meglio, sotto tutti i punti di vista». Si preferisce rispondere in modo più cauto e pacato: «Be', dai... non c'è male», «Ho passato momenti peggiori», oppure, a voce bassa: «Facendo le corna, diciamo bene».

Si vive in una specie di sacro terrore di esternare una piena soddisfazione, il timore che, se la si racconta, la propria felicità potrebbe durare poco, a causa dell'invidia e dell'istintiva antipatia di chi non sta altrettanto bene.

Meglio esprimersi con prudenza, cercando di risultare più simpatici, magari anche nascondendo i propri successi per non attirare troppo l'attenzione e il rancore di un mondo di persone convinte che non si possa, e quasi non si debba, avere tutto.

Pensaci bene: vuoi davvero essere così?

Non sarebbe meglio condividere con gli altri i nostri successi e gioire dei loro, magari approfittandone per conoscere persone realizzate e di successo, e per imparare qualcosa di utile per migliorare la nostra vita? Non sarebbe più bello poter essere di ispirazione anziché causa di invidia?

Volere tutto godendosi il presente

Un'altra credenza limitante riguardo al volere «tutto» consiste nella convinzione che puntare sempre più in alto precluda la capacità di godere delle piccole gioie quotidiane.

In parte dipende dal fatto che siamo cresciuti con la cultura del «lavorare sodo». Ricordo che, quando ero piccola, sentivo spesso l'espressione «È un gran lavoratore» per definire una persona per bene, rispettabile, che si spacca la schiena per guadagnarsi da vivere e mandare avanti la baracca. Per contro, coloro che avevano tanto tempo per se stessi e che si godevano la vita, erano catalogati come dei fannulloni.

Questo dice molto riguardo a un certo senso comune, un'impostazione secondo cui se non fai altro che lavorare sei degno di stima, se invece ti diverti sei considerato un lavativo e un buono a nulla.

Tale credenza si intreccia pericolosamente con l'idea di quel parroco di cui ti ho parlato poco fa, quella secondo cui ciascuno ha la sua croce da portare. Secondo lui, ma anche secondo tanta altra gente, il lavoro e lo studio fanno parte delle sofferenze di cui ognuno di noi deve farsi carico.

L'idea che qualcuno si possa divertire svolgendo la sua professione non sembra nemmeno contemplata, e neppure la possibilità di darsi da fare con impegno in ogni situazione difficile, traendone allo stesso tempo gioia, entusiasmo e felicità.

Invece il cuore delle credenze potenzianti sta proprio in questo: nella capacità di fare entrambe le cose, guardando lontano per puntare a grandi obiettivi mentre si vive con gioia il presente.

Cosa c'è di più bello del sentirsi soddisfatti di se stessi e di quello che si fa? Perché non dovrebbe essere possibile anche quando la meta è ancora lontana e la strada che abbiamo davanti sembra lunga e faticosa?

È probabile che te lo sia sentito dire mille volte e forse ti sembrerà banale, ma spesso dietro ai concetti più semplici si nascondono le grandi verità: devi essere felice *adesso*! Non quando avrai... quando otterrai... quando accadrà questo o quello... No: adesso!

Qualunque cosa tu stia facendo, qualunque sia la tua situazione personale o professionale, solo se imparerai a essere felice del tuo presente e riuscirai a godere di quello che hai, potrai puntare al «tutto» di cui abbiamo parlato fino a ora: quell'equilibrio in ogni area della tua vita che ti permetterà di lavorare con passione ed energia per accrescere ancor di più i tuoi livelli di soddisfazione.

Prova ad apprezzare ogni istante, ogni attimo, ogni situazione, e con questo spirito di gioia e gratitudine punta sempre più in alto, senza mettere freni ai tuoi desideri: è l'unico modo che hai per costruire la versione migliore di te stesso.

L'*ikigai*: la via felice per l'autorealizzazione

La capacità di godere del presente costituisce quindi uno degli elementi fondamentali per un successo solido ed equilibrato. Ma come si coltiva questo atteggiamento?

Per provare a rispondere a questa domanda vorrei parlarti dell'*ikigai*.

Non so se hai già sentito questo concetto giapponese privo di traduzioni letterali in altre lingue. *Ikigai* è una parola che viene tradotta come «ragione di vita» o «ragion d'essere». In altre parole, rappresenta la ragione per cui vale la pena svegliarsi al mattino. È un termine che incarna l'idea di «gioia di vivere».

I giapponesi credono che ognuno di noi abbia dentro di sé il proprio *ikigai*, e che sia essenziale farlo emergere. Solo così diventa possibile impegnarsi al meglio e superare le difficoltà in cui tutti si imbattono.

Nella folta letteratura giapponese dedicata a questo tema, c'è un libro in particolare che affronta l'*ikigai* in modo illuminante: *Ikigai-ni-tsuite* (Sull'*ikigai*), pubblicato per la prima volta nel 1966. L'autore, lo psichiatra Mieko Kamiya, spiega che l'*ikigai* avrebbe delle analogie con l'idea di felicità, anche se contiene in sé una differenza determinante: *ikigai* è ciò che permette di guardare con gioia al futuro, anche se in alcuni momenti non si è completamente felici.

Per capire il senso di tale distinzione è importante comprendere che, mentre in italiano il termine «vita» corrisponde all'esistenza in sé, ma anche alla vita quotidiana, in giapponese i due concetti sono separati.

È come se, per la filosofia del Sol Levante, le piccole gioie della vita quotidiana avessero un valore a sé, dovuto alla loro capacità di rendere l'esistenza più appagante anche quando non tutto va come vorremmo, regalandoci la serenità necessaria per definire meglio i traguardi, gli ideali e gli obiettivi che danno un senso alla nostra esistenza. È questo il vero significato dell'*ikigai*: la capacità di dare valore al presente, che stiamo costruendo giorno dopo giorno.

Perché, alla fine, il vero successo non si misura tanto dalla meta raggiunta, ma da quanto ci siamo goduti il viaggio.

Le emozioni: motore e misura del nostro successo

Godersi il viaggio è una delle caratteristiche fondamentali delle persone di successo.

Nel primo capitolo abbiamo detto che avere successo non significa essere persone di successo. E abbiamo raccontato molte storie di persone che hanno avuto successo ma non sono state di successo, persone che si sono lasciate trascinare nel baratro da emozioni negative.

La storia di Kendra Scott invece è la dimostrazione del fatto che si possono anche vivere emozioni negative, ma senza lasciare che prendano il timone della nostra vita.

Un'altra bella storia è quella di Joanne Rowling, l'autrice di fama internazionale grazie alla saga di Harry Potter, inserita da «Forbes» ai primi posti nella classifica delle donne più facoltose del Regno Unito.

Il suo successo è nato da una serie di fallimenti che l'avevano portata a perdere ogni punto fermo: prima il matrimonio, poi il lavoro e quindi la sicurezza economica. Per cinque anni ha vissuto da madre single in una situazione finanziaria disastrosa, manteneva se stessa e la figlia solo grazie a sussidi statali e il peso della vita l'aveva trascinata in una terribile depressione.

La sua unica cura per quella profonda crisi era proprio il romanzo che aveva deciso di scrivere, il primo di una lunga serie, che l'ha trasformata nella scrittrice più famosa del mondo, permettendole di vivere nel lusso facendo ciò che ama.

Kendra e Joanne sono riuscite a uscire da uno stato emotivo negativo come la depressione e hanno dimostrato che non sono le condizioni materiali che determinano le nostre emozioni, ma semmai vale il contrario.

La loro storia ci insegna anche che noi possiamo, anzi dobbiamo guidare le nostre emozioni, un po' come un addestratore di cavalli (che potrebbe rappresentare la razionalità) che cerca di domare un animale selvaggio. In questo caso, l'uomo non può e non deve sopprimere la natura impetuosa del cavallo, deve solo riuscire a renderlo meno pericoloso, addestrandolo a rispettare gli ordini.

Questo paragone è importante perché molte persone interpretano nel modo sbagliato la gestione delle emozioni, sopprimendole e finendo per agire unicamente secondo i dettami della razionalità. Quando le emozioni sono troppo forti e travolgenti può sembrare la soluzione più semplice, ma lo è solo nel breve termine. Nel lungo periodo, invece, rischia di generare conseguenze peggiori.

Prima di vedere come si gestiscono le emozioni, prendiamo in considerazione due approcci sbagliati, spesso adottati dalle persone che hanno raggiunto il successo agli occhi della gente, ma che in realtà non sono di successo.

C'è chi sceglie un totale autocontrollo, nascondendosi sotto una corazza rigida, che non lascia spiragli per l'istinto. Qualunque cosa accada, questo tipo di persona «tiene duro», non molla e non si lascia andare, totalmente chiuso nella propria armatura. Una sicurezza illusoria, che prima o poi rischia di portare all'esaurimento delle energie e a una bella mole di stress. Anche perché le corazze pesano, stringono e non sono semplici da indossare in continuazione.

C'è poi chi riconosce le emozioni, le teme e per reazione le sfugge, finendo per dirigersi in luoghi ben diversi da quelli verso cui lo spingerebbe l'istinto.

Ricordi la storia di Ettore che ti ho raccontato nel primo capitolo? Quel manager di successo aveva scelto di trascorrere la sua vita accanto a una donna forte, rigida e organizzata. Una parte di lui aveva deciso di unirsi a qualcuno che comandasse nella sfera domestica con la stessa tempra da lui applicata sul piano professionale.

A livello logico ha un senso e può sembrare il modo migliore per far funzionare bene sia l'area del lavoro sia quella della famiglia. Ma a che prezzo?

Le emozioni più genuine di Ettore, il suo bisogno di leggerezza, divertimento e spontaneità non avevano spazio all'interno di un rapporto simile, e quando avevano finito per emergere lo avevano spinto a condurre una doppia vita. Così aveva iniziato una relazione parallela, in cui finalmente poteva giocare come un bambino, libero dai rigidi condizionamenti e dalle gabbie razionali in cui si era rinchiuso.

Senza arrivare a esempi estremi come questo, sappiamo che a chiunque è capitato di lasciarsi andare a gesti apparentemente inconsapevoli e incontrollati. Hai presente quando un'innocente discussione si trasforma in un feroce litigio? O quei momenti in cui acquistiamo d'impulso cose inutili, che non ci servono e che magari nemmeno vogliamo veramente? E che dire di quando diciamo o facciamo cose che, a pensarci prima, non ci sarebbero mai saltate in mente?

L'unico antidoto a situazioni del genere è la capacità di riconoscere i nostri bisogni profondi e provare a soddisfarli in modo sano ed equilibrato.

Tornando alla metafora del cavallo selvaggio, l'emotività è come un animale che segue il suo istinto. Ma fa parte di noi, va governata e addomesticata e, per riuscirci nel modo più positivo, bisogna conoscerla, capirla e rispettarla. Anche se è più saggio che sia la ragione a stabilire la direzione verso cui muoversi, lo deve fare con attenzione e riguardo nei confronti delle emozioni. Altrimenti la nostra parte emotiva potrebbe imbizzarrirsi quando meno ce lo aspettiamo: proprio come un cavallo selvaggio.

Più azioni e meno reazioni: esercizi di «fitness emozionale»

Ora che abbiamo stabilito quanto sia delicata e importante la nostra sfera emozionale, è ora di capire come diventare più lucidi e consapevoli di ciò che proviamo, migliorando il rapporto con noi stessi e con gli altri.

In primo luogo, dobbiamo dire che gestire le proprie emozioni è ben diverso dal controllarle: l'obiettivo non è quello di depotenziare un aspetto fondamentale del nostro essere, bensì quello di trasformarlo in uno strumento per agire con più equilibrio, evitando di farsi travolgere a sorpresa dall'impeto dell'istinto (che è quello che definiremo «reagire»). Solo così potremo essere davvero padroni di noi stessi, scegliendo intenzionalmente i nostri comportamenti, in modo da ottenere gli effetti migliori su noi stessi e sugli altri.

La questione è semplice: o tu impari a gestire le tue emozioni o loro gestiranno te!

Va da sé che chi riesce a farlo vive tutto con più entusiasmo e positività, senza perdere la testa e senza temere la potenza impetuosa del proprio lato emotivo. Chi invece le teme, o più semplicemente non ha confidenza con loro, tende a soffocarle invece di governarle. Così facendo, spesso anestetizza anche quelle positive, rinunciando alle enormi risorse che provengono dal nostro mondo emozionale.

Attenzione: usufruire delle proprie emozioni, non significa attuare soluzioni irrazionali o abbandonarsi all'istinto, bensì convivere con ciò che proviamo, esprimendolo in modo consapevole ed equilibrato.

«Essere» è anche «sentire», e la nostra vita merita emozioni vissute pienamente, e non depotenziate. Per riprendere la metafora del cavallo selvaggio: perché dovresti andare al passo, se puoi correre al galoppo?

Certo, non tutte le emozioni sono benefiche e piacevoli da sperimentare. A maggior ragione è importante riconoscerle, soprattutto se negative, per imparare a trasformarle in opportunità di miglioramento.

Si tratta di una capacità che va costruita, affinata e allenata proprio come si fa con la forma fisica quando si comincia un training. Permettimi di dirti che siamo esperti in tante cose, ma una di quelle che conosciamo meno è proprio come gestire i nostri stati d'animo.

L'esercizio di gestione delle emozioni è frutto di un fitness emozionale, che si basa su una serie di regole che Roberto Re spiega in modo magistrale in un percorso unico di 3 giorni, dal nome appunto «Emotional Fitness», dedicato specificamente a sviluppare la sensibilità e la padronanza della propria vita emotiva. Ecco alcune di queste regole:

- *Riconoscere chiaramente le proprie emozioni.*

Le emozioni spiacevoli possono trasformarsi in emozioni belle da vivere solo dopo aver imparato a riconoscerle chiaramente. Viviamo costantemente in contatto con ciò che proviamo, ma siamo poco abituati ad analizzarlo e soprattutto a ricordarlo. Se provassimo a riepilogare le emozioni che abbiamo sperimentato nell'ultima settimana, probabilmente sarebbero molte meno di quante ne abbiamo effettivamente vissute e probabilmente ci tornerebbero in mente con più facilità quelle negative, come rabbia, dolore, preoccupazione e paura.

Questo succede perché la gente tende istintivamente a dare più spazio a ciò che la fa soffrire, sottraendo risorse ed energie alle emozioni appaganti.

Per migliorare il nostro stato d'animo dobbiamo imparare a riconoscere le nostre emozioni, sia positive che negative. Dobbiamo imparare quali sono gli «interruttori» delle nostre emozioni, ovvero in quali situazioni ci arrabbiamo oppure siamo in ansia, e cosa ci permette di sentirci sereni e in pace con noi stessi.

- *Accettare, esprimere e verbalizzare le proprie emozioni.*

Una delle capacità più importanti per migliorare noi stessi e trovare un equilibrio nella nostra vita è quella di prendere atto delle emozioni che proviamo e dar loro un senso. È importante non giudicarle, riconoscendo la loro importanza e il senso che hanno. Solo così potremo arrivare a capirle e a riconoscerle come parte di noi, anziché sentirle ostili e incontrollabili.

Dopo averle sentite e accettate, è il momento di verbalizzarle, dando loro un nome. Può sembrare secondario, ma in realtà si tratta di un passaggio fondamentale. «Dare un nome alle cose è la grande e seria consolazione concessa agli umani», ha scritto il Nobel per la letteratura Elias Canetti.

Dare un nome è infatti segno di riconoscimento, di familiarità e anche di controllo, fin dall'antichità. Basti pensare che, nella Genesi, la facoltà umana di esercitare un dominio sugli altri esseri viventi è associata all'attribuire loro un nome, così come negli esorcismi riconoscere un nome al demone serve a placarlo. È per questo che chiamare per nome un'emozione la rende meno spaventosa e potente.

Inoltre, parlare in modo chiaro di ciò che si prova lo trasforma in qualcosa di reale di cui si è consapevoli, evitando che rimanga ignorato o negato, con il rischio di avere poi comportamenti e reazioni fuori dal nostro controllo.

- *Prendere le redini delle emozioni al momento giusto.*

Come in tanti altri aspetti della nostra esistenza, anche il lavoro sulle emozioni va fatto in un momento e in un contesto appropriato.

Se vogliamo capirle meglio, dobbiamo approfittare di un momento tranquillo, di piena lucidità. È inutile provarci quando l'emozione da analizzare è tanto forte da sembrare travolgente, quando l'unica cosa saggia da fare è cercare di uscirne nel modo meno doloroso possibile.

Ti faccio un esempio per spiegarmi: pensa di essere alla guida su una strada in inverno, e di perdere il controllo della tua auto, che all'improvviso slitta sul ghiaccio. Potresti essere tentato di controsterzare, per rientrare nella tua corsia. Così facendo, rischieresti però di perdere definitivamente il controllo del mezzo, perché sterzare di scatto favorisce la spinta centrifuga e potresti facilmente finire fuori strada. L'unica cosa è cercare di fare in modo che l'auto si fermi da sola, magari scalando le marce per rallentarla attraverso la progressiva frenata del motore.

Ecco, con le emozioni la situazione è molto simile: nel momento in cui ti fanno sbandare puoi solo cercare di placarle, in attesa di un momento più tranquillo per analizzare con maggior freddezza l'accaduto.

- *Essere onesti con se stessi e assumersi le proprie responsabilità.*

Quante volte sentiamo storie in cui si dice che qualcuno ha agito «accecato dalla rabbia» o «ha perso il controllo per colpa delle emozioni».

A meno che non ci sia un disturbo mentale conclamato, questi sono solamente alibi e scuse.

È fondamentale capire che siamo i soli responsabili delle nostre reazioni emotive.

Sembra un concetto semplice, ma nella pratica non lo è affatto, la maggior parte delle persone tende a scaricare questa responsabilità sugli altri o sugli eventi esterni che hanno determinato le loro reazioni.

Con questo non sto negando che ci possiamo imbattere in persone e situazioni estremamente irritanti, preoccupanti, spaventose o difficili da affrontare.

Dico solo che non è l'evento in sé a determinare come starai, ma il modo in cui lo vivrai e lo interpreterai.

Sei tu a scegliere se essere succube o reattivo di fronte a ciò che provi, essere in preda a un'emozione non significa liberarsi dalla responsabilità del tuo comportamento.

A questo punto potresti dirmi: «Ok, Gabriella, ma non hai ancora spiegato come in concreto si gestiscono le emozioni». Lo farò nelle prossime pagine, prendendo in esame la paura e lo stress, due emozioni che possono agire come zavorre o come motori del successo.

Guardare in faccia la paura e farsela amica

La paura è uno dei più potenti alleati delle persone di successo.

Hai letto bene. Ho scritto che la paura può essere un potente alleato. Al tempo stesso però può essere il nostro peggiore nemico, il freno che limita le nostre potenzialità, dipende da come la usiamo. E solitamente viene vista proprio come nemica.

Prima di tutto però, mettiamo in chiaro una cosa: tutti hanno paura, anche i più coraggiosi. L'unica differenza tra chi è coraggioso e chi non lo è sta nel fatto che il primo sceglie di agire lo stesso, superando ogni dubbio e timore.

«Farsi coraggio» non è solo un modo di dire, è l'unico modo in cui riusciamo a non restare bloccati e spaventati, e passiamo all'azione. Questo però non significa affatto annullare completamente la paura o fingere che non ci sia.

La paura esiste per difenderci e metterci in guardia, rappresenta una specie di allarme pronto ad attivarsi quando la nostra mente pensa di essere in una condizione di pericolo.

Il punto è che, preso atto che lei è lì per proteggerci, possiamo scegliere di agire, tenendo conto del pericolo, oppure di rimanere fermi, per paura delle conseguenze. Magari ho un'azienda e vorrei espandere la mia attività, ma ho paura di fare il passo più lungo della gamba. Paura lecita? Probabilmente sì. Solo che a questo punto c'è chi si ferma e rimane dov'è, per il timore di fare qualcosa che possa peggiorare la sua condizione, e chi invece, preso atto di quella paura fondata, si attiva per imparare, crescere, conoscere e diventare più grande del problema, perché possa espandere la propria attività, correndo meno rischi possibile di fallimenti.

La vera funzione della paura non è fermarci, impedirci di fare ciò che desideriamo e che appunto in qualche modo ci spaventa, ma è spingerci a fare attenzione e a prepararci, raccogliendo le nostre forze e mettendo a punto i migliori strumenti per passare all'azione, una volta superata la fase più emotiva.

Ecco una serie di consigli per cominciare a gestire la paura:

- *Razionalizzare la paura per imparare a capirla meglio.*

  Il primo passo fondamentale è accettare che abbiamo paura, senza cercare alibi o accampare pretesti e comprendere che averne non è sinonimo di debolezza, ma è del tutto normale in soggetti sani di mente.

  La paura è normale in chiunque si stia spingendo oltre la sua «comfort zone», quello spazio (fisico, ma soprattutto mentale) in cui troppe persone si adagiano alla ricerca di sicurezze. Nella comfort zone lo stress, i rischi e le novità che potrebbero metterci in gioco sono ridotti al minimo.

  La comfort zone crea quindi dei confini invisibili che in molti scelgono di non oltrepassare, restando legati ad abitudini e certezze ben conosciute, evitando qualunque stato d'ansia o disorientamento.

  E se invece decidessimo di oltrepassare le frontiere del nostro mondo?

  Perché non sperimentare il brivido della novità, provando a domandarci quali sono i nostri veri timori, da cosa dipendono e quali sono le risorse che ci possono aiutare a superarli?

  Tutti abbiamo dei limiti e può farci bene capirli e analizzarli, senza considerarli come delle colpe. La paura è una grande occasione per capire meglio noi stessi: approfittiamone.

- *Chiamare la paura con un altro nome.*

  Ho già accennato all'importanza del dare nomi alle cose per poterle dominare con maggiore serenità. Le emozioni però non hanno un significato di per sé, siamo noi a interpretarle, e così facendo filtriamo la realtà attraverso le nostre percezioni.

  Ma se invece ti dicessi che la paura non è altro che eccitazione mascherata?

A livello fisiologico non ci sono grandi differenze tra queste due emozioni, sotto l'effetto di entrambe il nostro corpo produce un ormone (la ben nota adrenalina) che intensifica le funzioni fisico-cognitive, innalza il livello di attenzione oltre ad aumentare la frequenza cardiaca e respiratoria e la tensione muscolare.

Perché allora non cambiare etichetta alla paura, dandole un altro significato?

Alison Wood Brooks, professoressa della Harvard Business School ha messo a punto una tecnica che consiste proprio in questo. L'ha chiamata «rivalutazione cognitiva» (*anxiety reappraisal*) e, dopo averne testato l'efficacia in laboratorio, l'ha descritta in un articolo pubblicato su «The Atlantic». In pratica, consisteva nel modificare il nome che diamo alle nostre paure prima di provare a superarle.

I partecipanti all'esperimento erano divisi in due gruppi e dovevano esprimere il proprio stato d'animo in modo negativo («Ho paura», «Sono in ansia», «Sono nervoso», ecc.) o positivo («Sono emozionato», «Non vedo l'ora di provarci», ecc.) prima di cantare in pubblico, parlare davanti a una telecamera o fare un test di matematica. Indovina quale gruppo ha ottenuto i risultati migliori?

Secondo la professoressa Brooks, una verbalizzazione delle nostre emozioni in chiave positiva aiuta a entrare in uno stato d'animo che permette di immaginare le conseguenze positive del superamento di una prova difficile, invece di soccombere alla preoccupazione di un fallimento.

Ovviamente questo non garantisce il successo, ma per lo meno consente di superare la propria comfort zone con un atteggiamento più sereno e concentrato, un atteggiamento che trasforma la paura in obiettivo.

- *Scomporre in tanti piccoli passi una grande prova.*

Una volta trasformata la paura in eccitazione, non è detto che tutti i problemi siano superati. Quante volte ci siamo sentiti paralizzati di fronte a una prova che ci sembrava troppo grande per noi, come una montagna immensa, troppo alta per essere scalata, e ci siamo dati per vinti prima ancora di provare a muovere il primo passo?

Ciò che a volte ci blocca è l'incapacità di vedere oltre il quadro generale. Così facendo, la maggior parte delle prove appaiono ostacoli titanici, mentre sarebbe più opportuno provare a scomporle in piccole azioni da mettere in atto: sotto-obiettivi di difficoltà minore, a cui rapportarsi in modo graduale, dal più facile al più difficile.

Come diceva Lao Tze: «Anche un viaggio di mille miglia inizia con un piccolo passo». Il primo passo fuori dai confini conosciuti è una mossa fondamentale per cambiare le convinzioni e avviare un processo di miglioramento.

Il solo fatto di fare qualcosa (anche se piccolo) che non ritenevi possibile, ti trasforma ai tuoi occhi, svelando nuove risorse che ti renderanno più preparato ad affrontare le sfide della vita.

Ricorda: a separarti dalla versione migliore di te stesso c'è solo una lunga sequenza di piccoli passi.

- *Circondarsi di persone incoraggianti.*

L'ambiente in cui ci muoviamo ha un grande impatto su di noi.

Ricordi la storia di Kendra Scott? Lei stessa ha ammesso che, nonostante i fallimenti, ha sempre tratto una grande forza dalla fiducia che la sua famiglia riponeva in lei.

Condividere le nostre paure con persone che ci supportano e credono in noi è una risorsa preziosa. Se poi si tratta anche di qualcuno pronto ad affiancarci in una nuova impresa, oltrepassare un limite diventa ancora più semplice.

Tanto per fare un esempio alla portata di tutti, prova a pensare di voler cominciare un nuovo sport, quanto sarebbe più facile se qualcuno dei tuoi amici, familiari o vicini di casa volesse allenarsi insieme a te? Questa condivisione sarebbe uno stimolo per entrambi e vi spingerebbe a vincere la pigrizia, a sorridere insieme dei vostri limiti iniziali, per poi superarli anche attraverso il sostegno reciproco.

Le persone incoraggianti sono fondamentali, ci aiutano a sentirci meno soli di fronte a una prova difficile e ci offrono il loro supporto, ricordandoci che vale sempre la pena di impegnarsi, senza farsi paralizzare dalla paura di fallire.

- *Scavare più a fondo nella propria memoria.*

La maggior parte delle persone ha una straordinaria capacità di ricordare i fallimenti o le delusioni, dimenticando o dando per scontati invece la maggior parte dei successi.

Per superare la paura, però, è necessario guardarsi indietro e pensare a tutte le volte in cui ci siamo sentiti pieni di energia inarrestabile, o in cui magari abbiamo anche avuto dei timori, ma abbiamo deciso di andare avanti lo stesso, raggiungendo l'obiettivo sperato. È importante farlo, perché abbiamo bisogno di ricordare che se ce l'abbiamo fatta altre volte possiamo farcela ancora.

Vuoi un sistema utile per tenere a mente i piccoli e grandi traguardi raggiunti? Celebrarli. Un festeggiamento si ricorda con più facilità e, inoltre, accresce le sensazioni positive di ogni successo.

Per esperienza professionale, so che una delle paure più grandi è quella di soffrire. Parlo di dolore emozionale, più che di dolore fisico. Ci sarebbero davvero tante cose da dire sulle emozioni, ma per ora ti svelo la mia personale strategia per affrontare meglio una situazione che mi fa paura, perché so che mi porterà dolore emozionale (come, per esempio, decidere di separarsi da qualcuno): credo profondamente che, per quanto intenso possa essere quel dolore, prima o poi passerà e mi lascerà migliore di quando mi ha trovata.

Sembra una cosa da poco, ma non lo è affatto. Se affronti una situazione che hai deciso tu o che ti trovi a dover subire per circostanze che non hai scelto, la cosa migliore da fare è resistere alla tentazione di fuggire dal dolore e distrarsi per non sentirlo, anche perché lui rimarrebbe in attesa per poi presentarti il conto. Ti consiglio invece di entrarci a piedi pari in quel dolore, per viverlo fino in fondo, ma con quella profonda e assoluta certezza: passerà e tu, poi, sarai migliore di prima.

Lo stress sano o malsano

Tra le emozioni che possono mettere alla prova la nostra positività e di conseguenza l'equilibrio che ci serve per raggiungere, mantenere e vivere al meglio i nostri successi, c'è anche lo stress.

Si tratta di un'emozione che rappresenta la reazione istintiva del nostro organismo quando si sente messo sotto pressione per qualcosa. Sotto stress, si ha la sensazione di dover fare appello a tutte le proprie facoltà fisiche e mentali per cavarsela in una situazione complessa e impegnativa.

Oltre ad avere molti punti in comune con la paura, lo stress ha anche delle sostanziali differenze che lo rendono più insidioso. Tante persone imparano a gestire i loro timori, ma poi soccombono di fronte a situazioni esterne che non riescono a gestire adeguatamente.

Lo stress è infatti un disagio che si attiva come conseguenza di eventi esterni o sfide difficili, che ci costringono a cercare soluzioni nuove, mettendo alla prova le nostre capacità e (come succede con la paura) obbligandoci a uscire dalla comfort zone.

Ti ho già parlato della comfort zone, ma ora vorrei approfondire un punto importante: tutti noi abbiamo bisogno di uscire dalla nostra comfort zone, dal momento che in essa le nostre prestazioni sono piatte. Non c'è apprendimento, né miglioramento, lì c'è già tutto quello che conosciamo. La comfort zone si attiva per soddisfare il nostro bisogno di sicurezza (ricordi la teoria dei bisogni fondamentali?)

Uscirne ci permette di acquisire nuove abilità, nuove abitudini, migliorare le nostre prestazioni o trovare il coraggio di cambiare una situazione, ma questo comporta anche mettere in crisi quella sensazione di sicurezza, di stabilità, che inevitabilmente viene meno.

Nella comfort zone siamo a nostro agio, ma manca lo stimolo che ci permette di dare il meglio di noi stessi. Non appena un evento esterno ci mette sotto pressione, per una scadenza sul lavoro, un traguardo da raggiungere, una prova da superare o un problema di difficile soluzione, ci troviamo all'improvviso fuori dalla comfort zone. A quel punto l'incertezza, la tensione e il bisogno di superare questo disagio ci rendono particolarmente vigili e attenti.

Questa è la zona ottimale di apprendimento, dove impariamo più velocemente cose nuove, miglioriamo e superiamo i nostri limiti, affinando e ampliando le nostre capacità. Ecco perché in questo caso, possiamo dire che si tratta di stress positivo. Si parla infatti di «eustress».

Ricorda, non c'è successo senza cambiamento e non c'è cambiamento senza stress.

Se ci pensi, se voglio far crescere un bicipite, devo allenarlo con un carico che metta il muscolo in stress. Cosa accadrebbe se il peso fosse leggero per quello stesso muscolo? Semplice, non crescerebbe.

A questo proposito c'è un'interessante ricerca dello psicologo svedese Anders Ericsson sul talento e sulla pratica deliberata. Quasi quindici anni fa il dottor Ericsson portò avanti uno studio su un gruppo di violinisti del Conservatorio di Berlino, scoprendo che la differenza tra un buon violinista e uno eccellente è la quantità di «pratica deliberata».

Cosa intendeva Ericsson per pratica deliberata? Un esercizio intenso e diretto in modo intenzionale a superare i propri limiti e punti deboli. In concreto, i violinisti migliori non erano quelli che si limitavano a suonare il violino per il puro piacere di farlo, ma quelli disposti a uscire dalla propria comfort zone musicale, spingendosi ogni giorno un po' oltre, in territori che ancora non erano capaci di padroneggiare adeguatamente.

Anche Alasdair White, esperto di management e autore dell'articolo *From Comfort Zone to Performance Management*, sottolinea il legame tra lo stress e la qualità delle prestazioni.

Sia la ricerca di Ericsson che l'articolo di White confermano l'idea che una certa dose di stress è inevitabile, e addirittura necessaria, per puntare all'eccellenza, uscendo dalla propria comfort zone ed esponendosi al rischio di sbagliare.

Errore dopo errore, però, le prestazioni migliorano, si apprendono nuove abilità e si superano scogli che, fino a poco tempo prima, sembravano insormontabili. Quindi ci si abitua nuovamente, e ciò che abbiamo imparato diventa parte della nostra comfort zone.

Tanto per rendere l'idea, ricordi la prima volta che hai preso in mano uno smartphone? Quanto ti sembravano complesse operazioni che ormai potresti eseguire quasi a occhi chiusi?

Questo perché, imparando a usarlo, la tua comfort zone si è

allargata e adesso comprende anche capacità che, un tempo, ti sembravano fuori dalla tua portata.

Ecco, la cosa interessante è proprio questa: la nostra comfort zone può crescere continuamente. Tutto ciò che in questo momento ci è ignoto, che si tratti di una lingua straniera, maggiori competenze tecniche, prestazioni atletiche o abilità personali, un giorno potrebbe appartenerci.

Dipende solo dalla nostra volontà e dalla disposizione ad affrontare e superare l'insicurezza e lo stress che proviamo entrando in territori sconosciuti.

È per questo che lo stress non è affatto nemico del successo, anzi ne è parte: devi solo imparare a dominarlo e a usarlo a tuo favore.

Distinguere lo stress positivo da quello negativo

Una volta stabiliti gli effetti benefici di una certa dose di stress e della sua gestione nel miglioramento personale, è importante mettere in chiaro che ci sono dei casi in cui lo stress non è affatto utile né produttivo.

In questi casi diventa fondamentale prenderne coscienza, per evitare di soccombere alla tensione e al disagio, ritrovando l'equilibrio di cui abbiamo bisogno per vivere al meglio.

Ecco due delle principali situazioni di stress che non portano nulla di buono:

- *Panic zone.*

Il termine, coniato da Alasdair White nell'articolo di cui ho già parlato, indica l'estremo opposto rispetto alla comfort zone.

Quindi, una certa dose di stress positivo risulta funzionale a rendere ottimali le nostre prestazioni. È la situazione in cui ci si trova quando si è preparati e pronti ad affrontare una riunione importante, un esame o una gara. Lucidi, concentrati e tesi verso l'obiettivo.

Se però lo stress supera una soglia ottimale, l'ansia può farci scivolare in una situazione di panico che rischia di rivelarsi controproducente: è la panic zone, e in essa la situazione si ribalta, generando confusione e difficoltà di concentrazione.

Ti è mai capitato di andare nel pallone o fare errori stupidi a causa dell'agitazione?

Nella panic zone non c'è apprendimento o miglioramento, ma solo confusione. Ovviamente, il sottile confine tra utile superamento di una comfort zone e panic zone ha dei limiti del tutto soggettivi, diversi per ciascuno.

Sta a noi capire dove si trovano di preciso, provando a fare un passo indietro se siamo andati troppo oltre.

- *The devil you know.*

C'è poi un altro tipo di stress, che non ha niente a che vedere con il superamento della comfort zone: è quello che viviamo a causa di situazioni conosciute da cui non abbiamo nulla da imparare.

L'ho definito *the devil you know*, ispirandomi al vecchio proverbio inglese «*better the devil you know than the devil you don't know*» (meglio il diavolo che conosci di quello che non conosci).

È ciò che tante persone si dicono per convincersi a restare in una situazione negativa che conoscono bene, invece di affrontare l'incertezza di un cambiamento. Succede con lavori che non si amano, rapporti di coppia stanchi o conflittuali, amicizie che in realtà risultano tossiche e abitudini malsane.

Questa è la vera trappola della comfort zone: in tanti si ostinano a restare al suo interno anche quando è tutt'altro che confortevole.

Sembra paradossale, eppure molte persone sembrano preferire una situazione sgradevole o stressante a un'alternativa sconosciuta. Si accontentano del fatto che sia familiare. È come se si sentissero a loro agio nel disagio, semplicemente perché ormai ci sono abituati e non richiede sforzi nuovi.

La stessa cosa può accadere con altre emozioni negative. Rabbia, ansia, preoccupazione e depressione possono diventare fedeli compagne di vita per chi si è disabituato a stare bene, convivendo con un malessere interiore per talmente tanto tempo da non ricordare più cosa significhi stare bene.

Si tratta di individui che ormai sembrano più a loro agio in un perenne stato di infelicità e stress, e che paiono aver sempre bisogno di lamentarsi o di preoccuparsi per qualcosa. Questo genere di stress è la loro comfort zone, mentre stare bene li fa sentire strani, li disorienta.

Queste situazioni vanno riconosciute per tempo, evitando di confondere uno stress abituale con situazioni di stress positivo. Le domande giuste da farsi sono: questo stress mi serve a qualcosa? Sto lavorando concretamente per superarlo? È una sensazione ormai consueta, o una prova da risolvere affrontando l'insicurezza e l'ignoto?

E ricorda sempre che, come ha scritto Neale Donald Walsch in *Conversazioni con Dio*: «La vita comincia dove finisce la tua comfort zone».

Siamo giunti al termine di questo capitolo dedicato alla dimensione dell'«essere», quella su cui bisogna lavorare per costruire un successo equilibrato e duraturo. In questa dimensione abbiamo trovato le credenze e le emozioni. Le prime influenzano il nostro comportamento, le nostre scelte e, di conseguenza, i risultati che otteniamo. Le emozioni possono essere il motore oltre che la misura del vero successo.

Come vedremo nel prossimo capitolo, due elementi hanno un ruolo determinante anche nelle relazioni, la seconda dimensione del successo che abbiamo definito «stare insieme».

Punti chiave

Gli esseri umani vivono in perenne evoluzione e si adattano ai cambiamenti. Le esperienze ci plasmano e ci influenzano; gli eventi della vita ci trasformano, le sfide e perfino i ruoli sociali modificano le nostre percezioni e le nostre reazioni. La nostra esistenza cambia nel corso di tutta la vita e la nostra personalità muta di conseguenza. Restare sempre gli stessi è più difficile, faticoso e nocivo.

Oltre ad avere le idee chiare riguardo a cosa vogliono, le persone di successo sono mosse da credenze produttive che le spingono a esprimere il meglio di sé.

Il pensiero positivo non è l'atteggiamento ingenuo di chi vede tutto rosa e ignora (o finge di ignorare) le difficoltà. Il vero pensiero positivo è quello di chi, pur vedendo le difficoltà, orienta la propria attenzione sulle soluzioni. Il vero pensiero positivo è quello di chi si chiede: «Come devo pensare o ragionare per ottenere ciò che voglio?».

«Non si può avere tutto» è una credenza limitante, un alibi per chi non vuole impegnarsi per ottenere il meglio dalla vita.

La vera abilità da acquisire è quella di superare le credenze limitanti puntando a quel «tutto» fatto di equilibrio tra tante cose diverse.

La capacità di godere del presente costituisce uno degli elementi fondamentali per un successo solido ed equilibrato.

Il vero successo non si misura tanto dalla meta raggiunta, ma da quanto ci siamo goduti il viaggio.

L'emotività è come un animale che segue il proprio istinto. Ma fa parte di tutti noi, va governata e addomesticata e, per riuscirci nel modo più positivo, bisogna conoscerla, capirla e rispettarla.

O tu impari a gestire le tue emozioni o loro gestiranno te!

I passi fondamentali per una buona gestione delle emozioni sono:

- Riconoscerle chiaramente.
- Accettarle, esprimerle e verbalizzarle.

- Prendere le redini nel momento giusto.
- Essere onesti con se stessi e assumersi le proprie responsabilità.

La paura può essere il nostro più potente alleato o il peggior nemico.

La vera funzione della paura non è quella di fermarci, di impedirci di fare quello che desideriamo e che appunto in qualche modo ci spaventa, ma è quella di spingerci a fare attenzione e a prepararci, raccogliendo le nostre forze e mettendo a punto i migliori strumenti per passare all'azione, una volta superata la fase più emotiva.

Non c'è successo senza cambiamento e non c'è cambiamento senza stress.

Lo stress non è affatto nemico del successo, ne è parte: devi solo imparare a dominarlo e a usarlo a tuo favore.

Scheda di lavoro

- Ripensa all'immagine del meglio di te che hai descritto nel capitolo precedente.

Cosa credi riguardo a te stesso?
Completa la frase «Io sono…» indicando alcuni punti di forza e limiti

___

___

___

- Da dove derivano quelle credenze che hai riguardo a te stesso?

Ne sei convinto tu e basta o hai avuto conferma da altri?

___

___

___

- Fai un check delle possibili credenze limitanti.

  - ❑ Io sono fatto così.
  - ❑ Non sono destinato ad avere successo.
  - ❑ Sono una persona sfortunata.
  - ❑ Non si può avere tutto dalla vita.
  - ❑ Se hai successo non hai amici.
  - ❑ Per avere successo devi fare patti con il «diavolo» e rinunciare ai tuoi valori.
  - ❑ Per avere successo in campo professionale devi trascurare la famiglia.

Elenca altre possibili credenze che ti stanno limitando.

___

___

___

___

- A questo punto analizza queste credenze e chiediti a cosa hai dovuto rinunciare per tenervi fede.

____

____

____

____

- Quanto potresti sentirti più libero di muoverti nella direzione di ciò che vuoi se le sostituissi con credenze più potenzianti come queste?

  - ❑ Posso cambiare, crescere, evolvermi.
  - ❑ Fortunati si diventa. Il destino si può creare.
  - ❑ Il «vero» successo sta nell'equilibrio.
  - ❑ Per avere ciò che desidero in ogni ambito della vita devo costruire su basi solide e partire dalla sfera dell'essere (emozioni, credenze, bisogni profondi).
  - ❑ Il «vero» successo non allontana gli amici, permette di distinguere le vere amicizie dalle semplici conoscenze e di vivere tutte le relazioni con più equilibrio.
  - ❑ C'è un tempo per ogni cosa: lavoro, famiglia, svago. Basta riconoscere le priorità.

Fai un elenco di altre credenze potenzianti (cose in cui credi o frasi che hai sentito pronunciare da persone di successo che ti hanno ispirato).

____

____

____

____

Ora ripensa a tue esperienze personali o cerca storie di persone che confermano queste credenze potenzianti.

Se vuoi scoprire come funzionano le credenze e come puoi sostituire una credenza limitante con una potenziante ti suggerisco di leggere il libro di Roberto Re, Leader di te stesso.

- Ripensa a una tua giornata tipo degli ultimi tempi ed elenca le emozioni che provi.

____

____

____

- Riesci a stimare con una percentuale quanto spazio occupano le emozioni negative e quanto quelle positive?

  emozioni positive: ____________
  emozioni negative: ____________

- Ti piacerebbe aumentare la percentuale delle emozioni positive? Di quanto? Non si tratta di eliminare totalmente le emozioni negative dalla tua vita, perché anche le cosiddette emozioni «negative» hanno una funzione positiva. Si tratta solo di migliorare la qualità della tua vita, dando più spazio alle emozioni positive.

- Cosa ti fa stare maggiormente bene? In quali occasioni provi gioia, calma, soddisfazione…?

____

____

____

- Cosa ti frena in questo momento? Di cosa hai paura?

____

____

____

- Come puoi trasformare le tue paure in potenti alleate?

____

____

____

- Da 1 a 10 quanto è il livello di stress che stai vivendo in questo periodo della tua vita?
  Si tratta di uno stress positivo o negativo? È una sensazione ormai consueta che ti affatica, o una prova da risolvere affrontando l'insicurezza e l'ignoto?

IV

Stare insieme

Nessun uomo è un'isola,
completo in se stesso;
ogni uomo è un pezzo del continente,
una parte del tutto...

John Donne

Relazioni di qualità per una vita più lunga e felice

Hai mai visto un TED Talk?

TED sta per Technology Entertainment Design ed è un marchio che identifica una serie di conferenze di circa 15-20 minuti, e il cui spirito è riassunto nella formula «*ideas worth spreading*», idee degne di essere diffuse, tenute da relatori provenienti da comunità e discipline diverse che affrontano un'ampia gamma di temi di divulgazione scientifica, artistica, sociale e tecnologica. Le migliori conferenze sono pubblicate sul sito www.ted.com, che per me è diventato un ottimo strumento di formazione. Una di queste è tenuta da Robert Waldinger, l'attuale responsabile di uno studio di Harvard iniziato nel 1938.

Robert Waldinger è il quarto direttore in ordine di successione di una ricerca, forse la più lunga al mondo, sullo sviluppo e sulla felicità degli esseri umani. Per più di 75 anni alcuni ricercatori hanno seguito la vita di 724 uomini americani, analizzandone ogni area e monitorandone ogni evoluzione.

Si trattava di due grandi gruppi di diversa provenienza sociale: il primo gruppo era formato da matricole di Harvard che hanno finito gli studi durante la seconda guerra mondiale e che, per la maggior parte, hanno combattuto al fronte; il secondo gruppo comprendeva ragazzi delle periferie di Boston, poverissimi e provenienti da famiglie problematiche. Ognuno di loro si è sottoposto a colloqui, esami medici e incontri che hanno coinvolto anche i familiari.

Le storie che la ricerca ha raccolto sono state davvero varie: molti sono diventati operai, avvocati, muratori e medici, uno perfino presidente degli Stati Uniti, qualcuno alcolista e qualcun altro schizofrenico. C'è chi ha scalato la piramide sociale dal basso fino alla cima, mentre altri hanno fatto lo stesso viaggio, ma nella direzione opposta.

La presentazione di Robert Waldinger prova a sintetizzare la lezione di vita racchiusa in quelle 724 storie e arriva a un risultato semplice ma sorprendente: l'insegnamento più importante non riguarda la ricchezza, la fama o il lavorare sempre più sodo. Il messaggio più evidente che traspare da questo studio è che le buone relazioni ci mantengono più sani e felici a lungo, anche a livello mentale.

L'evidenza statistica ha dimostrato che le persone più connesse alla famiglia, agli amici e alla comunità sono state di gran lunga più serene e sane fisicamente, e hanno vissuto un numero maggiore di anni, rispetto alle persone sole o con poche relazioni mal gestite. Addirittura hanno goduto perfino di una migliore memoria.

Secondo la ricerca, inoltre, non è tanto importante il numero di amici che si ha o la presenza di una relazione stabile, ma la qualità delle relazioni più strette.

Vivere circondati di buone relazioni calorose è protettivo. Non è necessario che si tratti di rapporti idilliaci (che forse nemmeno esistono), l'importante è sapere di poter contare su una persona amata in caso di bisogno.

L'aspetto più paradossale è che, nella maggior parte delle loro interviste realizzate in giovane età, gli uomini presi in esame pensavano che fama, fortuna e grandi conquiste fossero priorità da inseguire per avere una vita felice ed equilibrata.

Una volta in pensione, però, i più felici sono stati coloro che avevano lavorato per trasformare i rapporti di lavoro in rapporti personali e che avevano investito sulle relazioni con la famiglia, gli amici e la comunità.

A qualcuno potrà sembrare un concetto scontato, eppure non sono tante le persone che scelgono di dare la dovuta importanza ai rapporti umani. Come commenta giustamente Robert Waldinger: «Le relazioni sono caotiche e complicate. Il duro lavoro di prendersi cura della famiglia e degli amici non è né sexy, né popolare. Dura tutta la vita, non finisce mai».

Eppure ci rapportiamo con gli altri ogni giorno, basterebbe guardare un po' meno lo schermo del cellulare e un po' di più negli occhi le persone che abbiamo di fronte, chiedere come stanno e provare a empatizzare con loro. Basterebbe chiamare un amico o un parente che non sentiamo da tempo, invece di accendere la tv, e soprattutto bisognerebbe imparare a superare i litigi, le rese dei conti e i rancori che ci assorbono energie che potremmo usare per vivere meglio.

Ne guadagnerebbero la nostra qualità di vita e la possibilità di costruire un successo equilibrato.

Comprendere le dinamiche di relazione per migliorarle

Entrare in relazione con l'altro significa inevitabilmente stabilire un contatto con un'identità diversa, cioè con qualcuno che vede, vive e affronta il mondo in modo differente da noi. Tramite le relazioni umane, oltre a sviluppare maggiore coscienza della nostra identità, possiamo arricchirci attraverso nuove idee e punti di vista. Per riuscirci, dobbiamo però imparare ad accettare e accogliere le differenze, senza averne paura.

Questo processo ha delle forti analogie con un tema già affrontato in precedenza: quello della comfort zone.

Così come ogni nuova impresa, anche le relazioni umane possono mettere alla prova la nostra capacità di uscire da dimensioni sicure e conosciute, per affrontare dinamiche nuove e inaspettate. Se ci rifiutiamo di farlo, accettando solo rapporti che si sviluppano secondo nostri schemi già consolidati, ci priviamo di preziose possibilità per imparare qualcosa di nuovo sugli altri, ma anche su noi stessi.

Entrare in contatto profondo con un altro essere umano è un viaggio in territori sconosciuti, che ci porta fuori dalla nostra comfort zone. E, come ogni viaggio, si tratta di un'occasione per cambiare, scoprire, imparare e soprattutto vivere con pienezza, accogliendo stimoli e idee nuove.

Purtroppo capita che la diversità tra noi e l'altro venga spesso affrontata con istintiva chiusura. Il «diverso» ci minaccia, la sua esistenza stessa è percepita come una sfida all'equilibrio della nostra vita. È per questo che molte persone si chiudono al mondo esterno, sopraffatte da sentimenti di paura, ansia e sospetto.

Certo, non tutti i legami meritano un investimento emotivo, può succedere di imbattersi in persone che offrono occasioni di rapporto malsane e poco utili per la nostra crescita emotiva. Spesso il disagio che proviamo è dovuto proprio a questo.

Ma come distinguere le relazioni che ci mettono alla prova da quelle che invece dovremmo evitare? Come capire se il senso di smarrimento che ci provocano merita di essere affrontato, oppure deve essere evitato?

L'unico modo per riuscirci consiste nel conoscere e capire le possibili dinamiche relazionali, provando ad analizzare con la massima obiettività possibile i nostri atteggiamenti e quelli di chi abbiamo di fronte. Nella mia carriera di formatore e coach ho appreso una serie di strumenti che uso a seconda delle situazioni. Uno dei più potenti è l'analisi transazionale.

Nelle prossime pagine ti illustrerò molto brevemente gli elementi essenziali di questa teoria e poi vedremo come applicarla nelle relazioni di coppia, con i figli e nelle relazioni in senso lato.

Ho scelto di approfondire in questo libro due tra i temi generalmente più sentiti, ovvero quello delle relazioni di coppia e quello delle relazioni familiari, perché hanno un'implicazione emotiva molto forte e, proprio per questo, risultano più complesse da gestire. Diciamo che se impari a padroneggiarle, il resto sarà sicuramente in discesa.

Parlandoti di analisi transazionale cercherò di essere il più chiara possibile, per renderti questo argomento semplice e concreto.

Trovo sia un tema, oltre che affascinante, utilissimo per conoscere meglio se stessi e gli altri e poter guidare con efficacia dinamiche tanto importanti quanto impegnative. Se vuoi approfondire questo tema in modo pragmatico e non solo didattico, ti consiglio fortemente di informarti su dove e quando ci sarà la possibilità di partecipare a una serata FLY in Italia.

L'analisi transazionale: uno strumento per capire e gestire meglio le relazioni

Nel 1951 un neurochirurgo, il dott. Wilder Penfield, nel corso di interventi chirurgici sul cervello di pazienti affetti da epilessia, condusse una serie di esperimenti durante i quali, con una sonda galvanica, provocò alla corteccia temporale del cervello una debole stimolazione elettrica. Il paziente, sottoposto ad anestesia locale, era in grado di comunicare in modo cosciente e questo permise di fare scoperte sorprendenti. A ogni stimolazione in un punto preciso della corteccia temporale corrispondeva un determinato ricordo, puntuale e assolutamente dettagliato. Cambiando il punto della stimolazione, cambiava il ricordo associato.

In breve, la scoperta scientifica rivelò che:

- Il cervello funziona come un registratore ad altissima fedeltà.
- Il cervello registra con precisione tutti gli stati d'animo associati alle varie esperienze.
- Le esperienze registrate e le emozioni associate possono essere rievocate in qualsiasi momento, cioè non solo ricordo il mio stato d'animo, ma lo rivivo tale e quale.

Immagina un registratore che si attiva al momento della nascita. Le prime registrazioni che farà saranno legate al mondo circostante (genitoriale) e alle emozioni che vive (bambino) per poi attivare negli anni, maturando la coscienza critica, la componente del raziocinio e dell'analisi (adulto).

L'analisi transazionale, teorizzata dallo psicologo canadese Eric Berne negli stessi anni, parte da queste conoscenze per studiarne le implicazioni comportamentali.

Se due o più persone s'incontrano, prima o poi uno inizierà

a parlare (*stimolo transazionale*), l'altro farà o risponderà qualcosa, in relazione allo stimolo ricevuto (*reazione transazionale*). L'analisi transazionale esamina questa transazione in cui qualcuno fa e qualcun altro reagisce.

La teoria di Berne spiega gli stati dell'Io come un insieme di pensieri, sentimenti ed esperienze direttamente correlati alle registrazioni avvenute nei primi anni di vita. Sebbene ogni persona possieda infiniti stati dell'Io, lo psicologo canadese li raggruppa in tre grossi insiemi chiaramente distinti e osservabili, ognuno con le proprie funzioni: bambino, genitore e adulto.

Ogni individuo possiede e utilizza tutti gli stati dell'Io in momenti della vita e in situazioni diversi ma può manifestare la tendenza a utilizzarne uno in maniera privilegiata, nel rapporto con noi stessi, ma soprattutto nelle relazioni con gli altri. In cosa consiste ciascuno di essi?

Proviamo ad analizzarli in modo generale, in modo da avere una comprensione nuova e più profonda delle dinamiche relazionali e delle storie viste insieme fino a qui.

Il bambino

Lo stato dell'Io bambino è fondato su spontaneità ed emotività, che rappresentano la parte più vitale della personalità di ogni individuo. In esso sono racchiusi pensieri, emozioni e comportamenti che risalgono alla nostra infanzia. Lo stato del bambino incorpora le prime esperienze di vita e le relazioni che il bambino ha vissuto in rapporto a se stesso e agli altri.

Non ci comportiamo come un bambino in generale, ma come il bambino che eravamo noi da piccoli. L'analisi transazionale divide lo stato del bambino in diverse sottocategorie:

- Adattato: docile e collaborativo, si rapporta inconsciamente a un genitore, accogliendo critiche, divieti e pregiudizi che ha ormai interiorizzato.
  Il bambino può essere adattato in modo positivo, quando accetta le regole, collabora e agisce per farsi accettare, o negativo, quando si sottomette alle regole, si compiange e subisce per farsi accettare.

- Spontaneo: allegro ed estroverso, attiva comportamenti autonomi, senza alcuna interferenza da parte del genitore. Anche lo stato del bambino spontaneo può essere positivo o negativo: nel primo caso esprime spirito d'iniziativa e si lascia andare liberamente, senza pregiudizi o timori, mentre nel secondo tende a essere inopportuno, fuori luogo, poco incline a rispettare le regole.

- Ribelle: forte e con grande personalità, respinge le regole e tira fuori il suo punto di vista controcorrente. Nell'accezione positiva il bambino ribelle è un idealista che ragiona in modo autonomo, che apporta innovazione e cambiamento e che dice ciò che pensa con coraggio, mentre in quella negativa è nemico delle regole, difficile nel lavoro in squadra e contestatore.

Il genitore

Lo stato del genitore è l'insieme di pensieri, sentimenti e comportamenti che apprendiamo dall'esterno durante la nostra infanzia e adolescenza attraverso la relazione con figure adulte significative: genitori, parenti, maestri, e – in generale – tutte le persone autorevoli con cui instauriamo un legame negli anni della nostra formazione. Il suo compito è insegnarci a sopravvivere e conoscere le regole del gioco della vita.

A chi non è mai capitato di accorgersi di aver assunto un comportamento simile a quello dei propri genitori? Ciò accade quando si utilizza in modo automatico il proprio stato dell'Io genitore.

Nelle relazioni interpersonali, l'attivazione di questo stato dell'Io si esprime di frequente nei comportamenti, critici, protettivi, dove il giudizio è spesso presente.

In base a come viene trasferita la modalità comunicativa del genitore può essere di due tipi:

- Normativo: (se trasferito in modo imperativo) lo mettiamo in atto quando ci occupiamo di stabilire regole, divieti e comandi.

Può essere positivo, ovvero una guida autorevole che insegna e trasmette valori, oppure negativo, quando si comporta in modo autoritario, impone, rimprovera, punisce e svaluta. Ci insegna il giudizio.

- Affettivo: (se trasferito in modo affettuoso) lo incarniamo quando ci prendiamo cura di qualcuno mostrando attenzione, premura e comprensione e offrendo sostegno.
  Nella sua accezione positiva cura e incoraggia, mentre nella sua accezione negativa è iperprotettivo ed esercita controllo attraverso un aiuto non richiesto e invasivo. Ci insegna il senso di colpa.

L'adulto

Lo stato dell'adulto è fondato da pensieri e comportamenti che si focalizzano sulla situazione che stiamo vivendo (qui e ora) e si esprime attraverso la nostra capacità di elaborare continuamente nuovi dati.

È uno stato funzionale a gestire la nostra realtà attuale attraverso strategie efficaci e comportamenti liberi da interferenze che ci portiamo dietro dal passato o che abbiamo incorporato da esempi esterni.

L'adulto è la parte più razionale e pragmatica di tutti noi: elabora le informazioni, le esamina e sceglie la strategia più opportuna. Rappresenta una dimensione in cui le emozioni passano in secondo piano rispetto all'efficacia di un ragionamento finalizzato all'azione.

Come ho già detto, tutti noi adottiamo i diversi stati dell'Io in momenti diversi della giornata e nessuna delle modalità è inutile o dannosa, dipende solo da *quando* e *come* viene utilizzata. Normalmente siamo tutti un po' tutto, ma i problemi nascono quando:

1. Siamo poco consapevoli della modalità che attiviamo, perché è solo una reazione a uno stimolo, in cui qualcuno, con il suo comportamento, riattiva quell'antica registrazione. Quindi *reagiamo*, anziché *scegliere* la modalità più utile.

2. Alcune modalità sono meno allenate di altre. Se, per esempio, sono abituato a essere normativo e non alleno altrettanto la parte affettiva, rischierò di essere sempre troppo duro, poco indulgente e incline alla comprensione. Se invece sono troppo accomodante (adattato), rischierò di non far valere la mia posizione quando ce ne sarà bisogno.
3. Spesso passiamo da un estremo all'altro non sapendo come calibrare le varie modalità: «Talvolta sono troppo accomodante, altre, quando perdo la pazienza, mi ribello in modo esageratamente aggressivo» (adattato/ribelle).
4. Siamo facilmente manipolabili e le nostre emozioni sono nelle mani altrui, dal momento che siamo troppo suscettibili e reattivi, alle stimolazioni esterne («Tu fai questo e io reagisco così»).

Nelle prossime pagine ti spiegherò meglio cosa significa tutto questo nei rapporti di coppia e con i figli, partendo da esempi già trattati per capirli ora, alla luce di nuove conoscenze, in modo più approfondito e preciso.

Rapporti di coppia

Uomini e donne di successo anche in coppia

Abbiamo quindi visto che ognuno di noi interiorizza ogni stato dell'Io, ma spesso finiamo per esprimerne solo alcuni. Questo genera uno squilibrio nelle relazioni che può portare all'infelicità.

Quando ciò accade sul piano sentimentale diventa complesso costruire rapporti capaci di metterci alla prova in modo costruttivo, spingendoci a superare i nostri limiti, in un processo di continua e necessaria crescita personale.

Proviamo a pensare all'esempio dell'uomo o della donna affermati sul lavoro, che faticano ad avere relazioni sentimentali appaganti.

Come ho già detto, per quel che ho avuto modo di constatare, questo genere di persona tende a essere attratta da partner di carattere, creature interessanti che stimolano la loro passione per le sfide e innescano scintille che accendono la loro voglia di conquista. L'intenzione sembra quindi quella di mettere in atto delle relazioni di tipo paritario tra due genitori normativi.

Eppure, come accade spesso negli esempi che ho fatto nei capitoli precedenti, tali rapporti si rivelano troppo complicati da gestire. L'uomo di solito finisce per ripiegare su donne più pacate e concilianti, che secondo l'analisi transazionale potrebbero rientrare nella categoria del bambino adattato o del genitore affettivo, obbediente, docile e collaborativo.

In casi più rari, come nella storia di Ettore che ti ho raccontato nel capitolo relativo alle emozioni, vengono scelte donne determinate e materne, che amministrano la casa e la famiglia in modo impeccabile e marziale, come un genitore che alterna sapientemente la modalità normativa e quella affettiva.

Ettore si era costruito un'esistenza apparentemente perfetta, che gli permetteva di dedicare tutte le sue energie al lavoro. Quando poi tornava a casa, ogni cosa era già decisa, programmata e organizzata al meglio, senza alcun carico domestico o familiare per lui. Per ottenere tutto ciò però aveva dovuto cancellare ogni traccia di gioco, reprimendo il suo Io bambino e l'allegra spontaneità che questo stato può portare a chi lo sperimenta. A un certo punto, quando si è reso conto di non riuscire più a farne a meno, ha cercato una situazione in grado di compensare il forte squilibrio che si trovava a vivere.

Perché, anche se non sempre siamo in grado di comprendere e identificare chiaramente tutti i nostri bisogni profondi, è impossibile cancellarli.

Ora pensiamo alla storia di Petra e rileggiamola attraverso la lente dell'analisi transazionale.

Se ricordi, Petra è la mia amica che dopo essersi messa duramente alla prova è riuscita a raggiungere il successo aprendo un ristorante a Manhattan.

Come ho raccontato, la maggior parte delle storie sentimentali di Petra è stata con uomini affermati e volitivi, e si è conclusa piuttosto in fretta e male.

Questo perché gli uomini che piacciono a Petra tendono a cercare donne meno faticose, scegliendo perlopiù persone che rispecchiano lo stato dell'Io del bambino adattato. Mogli e compagne che si adeguano ai loro ritmi, ne accettano le scelte senza discutere e li aspettano a casa, accoglienti e materne.

Qualcun altro, come Ettore, sceglie di stare con donne più simili al genitore normativo, una figura in grado di garantire ordine e sicurezza sul piano domestico e familiare. Donne che, come ho appena spiegato, risparmiano al compagno qualunque onere o seccatura relativo alla casa o ai figli. Tutt'altro genere di donna rispetto all'inquieta e ambiziosa Petra.

Lei (modalità spiccata del genitore normativo) è attratta da chi ha la sua stessa tempra caratteriale ma questo, dopo un primo momento stimolante, finisce per creare tensione e scontri continui, mentre la tranquillità e la serenità diventano un lontano miraggio. Così quelle storie turbolente sono finite disastrosamente.

Al contrario, i tipi di uomini più mansueti, calmi, accomodanti (bambino adattato) o quelli più dolci e comprensivi, premurosi e presenti (genitore affettivo) creavano a Petra una sorta di insoddisfazione per una modalità comportamentale molto lontana dalla sua, che le ricordava quella di sua madre, che rifuggiva da sempre. Petra ha bisogno della piena affermazione anche nella coppia, un genere di cosa che lei crede si ottenga anche attraverso lo scontro, la sfida e la capacità di tenere testa a uomini tosti e volitivi.

Come già accennato in precedenza, la soluzione per le donne come Petra e gli uomini come Ettore sarebbe quella di prendere consapevolezza delle proprie rigidità, accettando anche di abbassare le armi di fronte a un partner, in una reciprocità in cui si è disposti ad abbandonare a turno il ruolo dell'adulto (del quale parleremo tra poco) o del genitore normativo, per esplorare dinamiche nuove, fuori dalle zone di comfort, concedendosi la possibilità di essere anche genitori affettivi e bambini in momenti diversi.

Solo in questo modo saranno in grado di innescare una modalità di relazione in cui entrambi gli elementi della coppia potranno essere davvero pienamente se stessi. E avranno modo di manifestare tutti i bisogni, le fragilità e le emozioni di cui necessita ogni essere umano per sentirsi vivo e completo.

La scelta di ruoli rigidi, che diventano di fatto armature nelle quali nascondersi senza mai provare a mettersi in gioco su un piano diverso, rappresenta l'intima rinuncia a un rapporto veramente equilibrato tra due persone complete, che sia in grado di racchiudere ogni forma di relazione, quella tra due adulti consapevoli e solidali così come quella che esprime gli aspetti più spensierati e giocosi del bambino che è in noi, fino ad arrivare a momenti in cui ciascun componente della coppia può interpretare il ruolo di genitore per l'altro, magari in un momento difficile, offrendo protezione, consigli e sostegno.

Potremo crescere davvero solo attraverso rapporti costruttivi ed equilibrati, ricchi di sfaccettature e capaci di mettere in gioco e armonizzare tutte le diverse parti del nostro Io.

L'interdipendenza: la formula dell'equilibrio di coppia

Le relazioni sentimentali ci possono regalare una vita appagante, piena, ricca e che aiuta la nostra crescita, a condizione però che siano equilibrate.

Bisogna fare subito un distinguo tra i casi in cui si stabilisce un equilibrio che io definisco «precario» e quelli in cui si crea un rapporto davvero appagante, come tutti ci auguriamo.

Perché, in una coppia, 1+1 dovrebbe fare molto più di 2, ma siamo cresciuti con il principio dell'«altra metà della mela», perciò spesso cerchiamo qualcuno che compensi e integri il nostro modo di essere e di fare, così da realizzare quest'idea di completezza.

Ecco, quando abbiamo bisogno dell'altro per raggiungere la nostra pienezza, l'equilibrio non è per nulla stabile.

Conosciamo tutti il concetto per il quale dobbiamo prima essere in equilibrio con noi stessi per poter avere equilibrio con gli altri, peccato che tra il dire e il fare spesso ci sia di mezzo... un oceano!

Ciò che accade in moltissimi casi è legato ai bisogni fondamentali di cui ti parlavo nei capitoli precedenti. Per esempio, nel momento in cui una persona ha poca fiducia in se stessa e teme di essere lasciata (magari perché ha fatto esperienza dell'abbandono), allora è facile che si trovi in difficoltà nell'affrontare e consolidare una relazione libera.

Avere accanto qualcuno di completo, che basta a se stesso, che si sente e vuole sentirsi autonomo e che non ha intenzione di instaurare dipendenze emotive, manda in crisi una persona che invece ha certe paure.

La situazione in cui uno dei due vive profonde insicurezze e l'altro no genera tumulti non indifferenti nella persona più fragile, perché le sue ferite hanno bisogno di amore e cura.

Quindi basterà che la persona più forte e stabile dia all'altro cura e amore, giusto? Non proprio, purtroppo. Perché le paure non sono sempre fondate e razionali, spesso sono immotivate e irragionevoli, astratte e non realistiche, per cui quello che fa l'altro è poco rilevante. C'è un buco che va colmato, e colmarlo con l'altro è spesso la scelta sbagliata. Può accadere e può funzionare, ma ha delle controindicazioni che analizzeremo più avanti.

Cosa succede quando uno dei due è quindi insicuro e cerca conforto nell'altro?

Immagina che l'altro sia una persona forte e sicuro di sé, abituato a star bene con se stesso, in altre parole, indipendente (adulto). Una persona che ha queste caratteristiche tenderà ad agire con naturalezza e senza volerlo rischierà di non dare all'altro ciò di cui ha bisogno, nel modo in cui ne ha bisogno.

Non conto le volte che ho sentito storie di lei che era stata abbandonata dal padre, tradita dal compagno precedente, ferita in qualche modo nel suo passato e quindi, inevitabilmente, il nuovo fidanzato doveva darle sicurezza (sono più spesso storie al femminile, ma non sempre).

Il punto è che non posso pretendere dall'altro di avere qualcosa che io stesso non riesco a dare a me stesso. In primo luogo perché le regole cambiano per ognuno e, poi, perché se fosse possibile, il nostro equilibrio sarebbe subordinato all'azione di qualcun altro, al comportamento che qualcuno, che non siamo noi, deve avere. Quindi non saremmo padroni di noi stessi. Capisci cosa intendo? Può funzionare a breve termine, ma stabilisce una situazione di dipendenza che alla lunga non è in grado di dar vita a una relazione davvero sana, equilibrata.

Se applichiamo la teoria dell'analisi transazionale, possiamo dire che questa coppia è formata da un adulto e un bambino. Magari per un periodo si trova una sorta di equilibrio apparente e le cose funzionano. Magari, all'inizio della storia, l'entusiasmo porta l'adulto ad avere più premure per l'altro, ma appena la situazione si fa più tranquilla e le premure diminuiscono, cosa accade?

Disastro. L'equilibrio crolla, smette di esistere. Perché, in realtà, era un equilibrio instabile. È come dire che se mi sono fatto male a una gamba, sono in equilibrio con una stampella. Certo, mi aiuta e mi permette di non cadere, ma vivere con la stampella non è essere in equilibrio.

Se poi la stampella è il tuo lui o la tua lei... Credimi, essere la stampella di qualcuno prima o poi diventa molto faticoso, ed è facile che la persona sulla quale ti appoggi a un certo punto finisca per sentirsi soffocata, appesantita da questa dinamica e scelga di proseguire la sua vita senza di te, che ti appoggiavi troppo su di lei.

È in assoluto poco produttivo cercare negli altri l'equilibrio che non siamo riusciti a creare in noi stessi, perché questo ci pone in una situazione di maggiore rischio e vulnerabilità nella quale la nostra felicità è subordinata alla capacità dell'altro di darci ciò di cui abbiamo bisogno.

I rapporti che funzionano, quelli che durano nel tempo ma che allo stesso tempo sono felici e fanno crescere le persone sono quelli che partono da una condizione di equilibrio personale. Io basto a me stesso. Non ho bisogno di te per essere felice, appagato e sicuro, io sono già completo, ma con te è tutto più bello. Sviluppano cioè quello che è stato definito «principio di interdipendenza».

Per provare a spiegare meglio questo concetto, vorrei che pensassi alla corsa a staffetta. Hai presente quelle gare di atletica leggera in cui si deve portare a turno un testimone che ci si passa uno con l'altro? Gli atleti che la affrontano sono una squadra, l'obiettivo è lo stesso per tutti e tutti devono collaborare per raggiungerlo.

In una corsa a staffetta ogni atleta deve contribuire personalmente, correndo alla massima velocità, prestando grande attenzione al momento del passaggio del testimone e incoraggiando i compagni di squadra. I singoli membri del team non possono né devono affrontare la competizione in modo individualistico, al contrario, hanno il dovere di affrontare la gara traendo il meglio dall'interdipendenza reciproca.

«Interdipendente» significa quindi che nessuno è dipendente dall'altro, ma neanche del tutto indipendente. «Sono indipendente» spesso è sinonimo di «Io faccio la mia vita, vado per la mia strada, se vuoi vieni con me, ma non intralciarmi, io so dove voglio andare e ci vado anche senza di te».

Discorso giustissimo, dove però la totale indipendenza crea insicurezza o distanza. Insicurezza nella misura in cui, se sono troppo focalizzato su me stesso e ciò che voglio per me, rischio di perdere di vista il «nostro» bene, quello che tiene conto anche dell'altro. Questo genera nella persona che ho accanto un naturale senso di vuoto: manca la coppia. E crea distanza, perché qualora ci trovassimo di fronte a due individui, entrambi indipendenti, ognuno con la propria vita, ecc., rischierebbero di diventare con il tempo «distanti», di nuovo poco coppia. Ognuno corre per sé e vince o perde per se stesso.

Non ti è mai capitato di incontrare coppie e avere l'impressione che ognuno pensi a sé e che non ci sia nessuno dei due che pensi davvero anche all'altro? Viste da fuori non sono di solito un modello al quale tendere.

Magari le persone in questione stanno anche bene, hanno trovato un loro equilibrio, ma in sostanza si tratta di quello che definisco «equilibrio precario» perché configura una relazione di mondi paralleli, che non si incontrano mai, con il rischio che ogni tentativo di avvicinarsi distrugga quella stabilità.

Interdipendenza significa invece che i partner, sulla base di una condizione di indipendenza, bastano ciascuno a se stesso da ogni punto di vista, soprattutto emozionale, non hanno bisogno dell'altro per essere felici, sono già felici, ma insieme lo sono ancora di più.

Ci saranno momenti in cui uno dei due avrà bisogno di appoggiarsi all'altro, di trovarne conforto e sostegno, per potersi risollevare e partire con più slancio di prima. In una coppia in equilibrio, ogni componente si sostiene con attenzione e amore, avendo cura di sé e del compagno.

Genitori e figli

Filtri mentali tramandati di «padre» in figlio

Una delle scoperte più incredibili che ho fatto in questi anni di formazione è il potere che un genitore ha sul figlio e sul suo sviluppo come adulto.

L'analisi transazionale è, a questo proposito, un validissimo supporto per comprendere da dove arrivano alcune dinamiche, per capire insieme come gestirle e padroneggiarle anziché subirle passivamente.

Se ti dicessi che siamo liberi di dire quello che vogliamo, cosa penseresti?

Be', forse che è così in parte, perché non sempre possiamo dire quello che ci pare. Se, per esempio, in un momento di rabbia fossimo verbalmente aggressivi con un appartenente alle forze dell'ordine o simili, rischieremmo una condanna per offesa a pubblico ufficiale. Ma anche senza scomodare la legge, converrai con me che non sempre possiamo dire quello che pensiamo.

Non siamo completamente liberi nemmeno di scrivere quello che vogliamo, per gli stessi motivi di cui sopra: ma almeno siamo liberi di *pensare* quello che vogliamo? Sulla libertà di pensiero, siamo tutti d'accordo?

E invece nemmeno quella!

Una scoperta che mi ha affascinata prima, preoccupata poi, e che alla fine mi ha permesso di attivare le soluzioni più efficaci attraverso delle strategie di comunicazione, è stata proprio quella di come ognuno di noi sia mosso, anche nei pensieri più reconditi, da una sorta di background che si crea nei primi anni di vita, esattamente a partire dai riferimenti genitoriali.

Parlo di quelle «registrazioni» che nei primi anni di vita avvengono «ad alta fedeltà», senza possibilità di vagliarle, perché la parte del raziocinante (adulto), come hanno mostrato Penfield e Berne, nei primi anni di vita è molto debole e non è in grado di scindere cosa è vero da cosa non lo è. Le informazioni vengono assimilate dal bambino come verità assolute, e alcune di queste ci guideranno da adulti in modo inconscio.

Ti faccio un esempio: se un bambino ha visto l'attività paterna fallire a causa di un investimento sbagliato e magari il genitore morire a causa dello stress generato dalle pressioni relative, è facile che abbia registrato un'informazione in modo molto semplicistico: attività imprenditoriale=fallimento/dolore (o addirittura morte).

Così l'equivalenza fatta dalla mente di un bambino diventa che fare impresa porta al fallimento e quindi al dolore e alla morte. Poco importa che le cose non stiano realmente così. Magari il padre ha solo sbagliato per negligenza, per ignoranza, per superficialità o per circostanze precise che, se conosciute, potrebbero indurre un ragionamento diverso ed essere di insegnamento: voglio avere un'azienda che funzioni, ora so cosa devo evitare o cosa devo fare, affinché io, al contrario di mio padre, possa avere successo e farlo durare. Ma quello che abbiamo appena fatto è un ragionamento frutto della parte adulta che nel bambino non è ancora presente.

Aggiungo che, anche se si trattasse di un ragazzo già cresciuto, che vive questa situazione in un'età in cui è ormai presente un certo grado di ragionamento di tipo adulto, sarebbe facile che l'emotività della situazione cancellasse la parte razionale e lasciasse spazio solo alle paure irrazionali.

Quindi il punto è che una simile registrazione forte ed emotivamente molto traumatica finirebbe per generare nel figlio la paura di creare un'attività tutta sua.

Risultato? Per quanto il soggetto in questione, a parole o nei desideri, possa volere un'attività che funzioni e da gestire in autonomia, è facile che inconsciamente attivi meccanismi di sabotaggio, per il profondo timore di ripetere l'errore del padre.

Altro esempio. Due genitori, caratterialmente molto diversi tra loro, non fanno altro che litigare, discutere e alla fine, a causa di una relazione che non funziona, decidono di dormire in camere separate. Hanno due figli e per amor loro, stabiliscono che la cosa più giusta sia continuare a stare insieme, fingere che tutto vada più o meno bene, evitare gli scontri e proseguire nella gestione familiare come se niente fosse. È possibile che i rapporti si raffreddino, che ognuno trovi consolazione fuori, ma che in casa, sempre per amore dei bambini, si finga che tutto sia al proprio posto. Risultato? Il forte rischio è che i bambini imparino che quello sia il modello di relazione di coppia. Una volta cresciuti, potrebbero decidere che vorranno una famiglia felice a tutti i costi, pur non sapendo come fare perché non ne hanno avuta una di riferimento, oppure potrebbero preferire restare soli, per evitare quel genere di relazione dei loro genitori insoddisfatti, o ancora potrebbero finire per ripetere le stesse dinamiche, tali e quali. Una cosa è certa: quell'esperienza non è passata inosservata e ha lasciato un segno che, in un modo o in un altro, avrà un'influenza che impedirà al bambino, una volta adulto, di scegliere in vera libertà.

Quindi ricorda: la nostra mente registra tutto e il ragionamento di un bambino spesso è un'equivalenza lontana dalla realtà, che però lo condizionerà per tutta la vita, se non ne diventa consapevole.

Ho conosciuto persone, nel mio lavoro di coach, che hanno fatto tutto in funzione di compiacere un genitore. Non si trattava necessariamente di un despota aggressivo e severo, magari solo di un padre o una madre con una forte e importante personalità che, a causa delle modalità comunicative piuttosto dirette e perentorie, ha suscitato senza volere questo genere di risposta dal proprio figlio.

Oppure, in un figlio può manifestarsi una modalità di reazione completamente opposta: la modalità ribelle. Lo dice la parola stessa, «ribelle» è colui che disobbedisce alle regole, colui che va contro corrente e che tira fuori la sua personalità con forza, a volte anche troppa. Questo tipo di personalità è molto faticosa da gestire, perché è il cosiddetto «bastian contrario», dice quello che pensa senza girarci tanto intorno, ma è facile che quello che pensa sia, guarda caso, opposto a quello che hai detto tu.

In entrambi i casi, il comportamento è mosso da una vera e

propria pulsione inconscia, non è una scelta ragionata ma una spinta emotiva, nata a un certo punto della vita infantile allo scopo di sentirsi amato.

Quando io ho studiato queste cose, ricordo che il primo pensiero è stato: «Oh, cavolo, sono rovinata!». La seconda è stata: «Come la fai, la sbagli!». Poi ho capito che invece avevo una grandissima opportunità davanti a me, diventare più consapevole delle mie relazioni istintive, riconoscerne le origini e imparare a gestire me stessa in modo più equilibrato.

Normativo vs affettivo: qual è il genitore migliore?

Se hai seguito i ragionamenti fatti passo a passo, c'è del buono in ogni modalità. Il problema nasce quando, anziché *scegliere* la modalità più utile alle circostanze, *reagiamo* d'impulso, generando azioni che poi fatichiamo a gestire e che portano i figli nella direzione sbagliata.

Quindi quale modalità usare? Entrambe. Ma per usarle entrambe, devi conoscerle entrambe.

Perché se tendenzialmente una delle due modalità ci viene più spontanea, è altrettanto facile che l'altra ci crei qualche resistenza in più. Non ci viene naturale applicarla e forse la riteniamo addirittura sbagliata.

In realtà possiamo scegliere solo quando le sappiamo padroneggiare tutte due, anche perché ci sono innumerevoli situazioni in cui è importante dare la prevalenza a una in particolare. Vanno quindi mixate in modo consapevole e strategico, e soprattutto bisogna scegliere in base alle circostanze.

È ancora più probabile, invece, che tu sia un giusto mix di entrambe le modalità: severo a volte e accogliente altre. Il problema è che spesso siamo troppo severi e poco comprensivi quando non è utile esserlo, e altre volte troppo comprensivi e poco fermi sulla posizione presa. Ti ricordo che il «quando» gioca un ruolo determinante.

Ma esiste un'altra modalità, quella che ha più efficacia nella maggior parte delle situazioni: la modalità adulta.

Inizia a svilupparsi nei primi dieci mesi di vita, quando il bambino comincia a muoversi in autonomia, a camminare o gattonare, a manipolare gli oggetti e a scoprire il mondo con la sua personale esperienza. È caratterizzata dal ragionamento, dall'analisi delle informazioni, senza emotività o doveri, solo 1+1=2. La sua caratteristica fondamentale è che non si fonda sulle emozioni, ma solo su un ragionamento logico.

E se ora ti chiedessi: «Quante volte fai delle scelte basate sui ragionamenti logici, senza metterci le emozioni?».

A qualcuno capita troppo spesso. Magari sono persone che usano troppo la testa e sono poco inclini a lasciarsi andare alle emozioni, anche quando dovrebbero. Per altri la risposta è: «Praticamente mai». In troppi si lasciano influenzare da paure o emozioni che alterano la natura di un ragionamento davvero logico.

Tiriamo le somme.

Molti genitori prestano grande attenzione a cosa dicono e a come lo fanno. Questo è indice di attenzione, oculatezza e intelligenza, ottimo lavoro!

In alcuni casi, però, non si presta altrettanta attenzione ai comportamenti. «Ciò che sei urla più forte di quello che dici» ha detto Ralph Waldo Emerson, e mai frase fu più azzeccata.

Il problema è che se diciamo ai nostri figli di essere sinceri e un attimo dopo mentiamo, la registrazione è che si può dire una cosa e farne un'altra, perché ti ricordo che nei primi anni di vita la componente adulta che porterebbe al ragionamento «Generalmente non si mente ma, in questo caso, la mamma lo ha fatto per proteggermi» ancora non è sviluppata appieno.

Più l'educazione è impartita con regole rigide, più l'adulto farà fatica a metterle in discussione, anche quando quelle regole non saranno più valide né utili. A questo si aggiunge la pericolosa tendenza a far leva sui sensi di colpa, che rischia di minare la fiducia in se stessi dei figli.

Spesso si danno indicazioni contrastanti. In alcuni casi diciamo: «Ti ho detto di fare così: punto e basta!» e, poco dopo: «Ma caspita! Ragiona con la tua testa, non sei una pecora!». Magari qualcuno obietterà: «Be', dipende dai casi, in alcune circostanze è utile ragionare, in altri affidarsi», ed è verissimo. Ecco perché dovremmo insegnare l'importantissimo «quando», mentre troppi insegnamenti sono impartiti come regole assolute, senza tener conto delle diverse circostanze.

D'altra parte, ormai sempre più spesso scopriamo che, da troppe regole rigide che c'erano una volta, siamo passati a un mondo in cui sempre più genitori fanno fatica a far rispettare le regole ai loro figli. Dal tutto al troppo poco, con il disorientamento che ne consegue.

Ricordo un intervento che ho seguito anni fa in cui lo psicologo Crepet raccontava che, da bambino, spesso la domenica partiva in macchina con i genitori per qualche gita fuori porta. Quando, con curiosità infantile, lui chiedeva: «Dove andiamo?», la risposta secca di suo padre era: «Zitto, e vedi di non vomitare!». Il commento di Crepet a questo scambio mi è sempre parso illuminante: «Io ero comunque un bambino felice, perché avevo un capitano, e quel capitano era alla guida della nostra berlina».

Riesci a cogliere il senso di quest'affermazione?

Secondo lui, un rapporto sano tra genitori e figli non implica necessariamente il pieno coinvolgimento dei secondi nelle scelte dei primi. La totale leadership di suo padre, anche se a volte forse poteva essere fastidiosa, otteneva comunque su di lui il risultato più importante: infondere un senso di sicurezza, spingendo il bambino ad affidarsi pienamente alle mani di un'autorità superiore.

Spesso, invece, si compie l'errore di lasciare quest'autorità in mano ai bambini.

Ricordo che una volta invitai una mia amica a venire a pranzo da noi con marito e figlia il sabato seguente. Incerta, mi rispose: «Vediamo se Giulia è in vena. Se lei vorrà, va bene». Per la cronaca, Giulia aveva due anni e mezzo.

Sono sicura che la mia amica fosse spinta dalle migliori intenzioni. Probabilmente voleva incoraggiare l'autonomia della bambina e assecondare i suoi desideri, nella speranza di contribuire alla sua felicità. Ma come sostengono molti psicologi e pedagogisti, i figli non vogliono decidere: il loro vero bisogno è quello di sentirsi al sicuro.

Come si costruisce questa fiducia? Attraverso le decisioni.

Una decisione presa con fermezza, anche se non offre garanzie e certezze incrollabili, ha il potere di infondere sicurezza.

Provo a spiegartelo con un altro esempio. Immagina di essere in macchina con un amico. Dovete raggiungere un ristorante, ma non c'è segnale e non potete affidarvi al navigatore. Vi siete persi, nessuno dei due ha idea di dove dirigersi e non ci sono passanti a cui chiedere. Eppure sapete di essere piuttosto vicini: dovrebbe essere lì, nei paraggi. A un certo punto vi trovate fermi a un bivio, senza sapere se andare a destra o a sinistra. Dopo un momento di disorientamento, lui ti guarda deciso e dice: «Vai a destra!». Molto probabilmente finirai per ascoltarlo, pur sapendo che potrebbe sbagliarsi. E sai anche perché?

La ragione profonda che ci spinge ad affidarci a qualcuno non è la certezza della sua infallibilità, ma il potere benefico e rasserenante che un atteggiamento determinato suscita in ognuno di noi.

Immagina che, di fronte a un problema angosciante, qualcuno a cui tieni ti dica con ferma serenità: «Andrà tutto bene. Ora ci penso io». Non ti sentiresti più rassicurato?

Per quanto possiamo essere di indole forte e volitiva, tutti noi abbiamo bisogno di punti di riferimento solidi e affidabili. Questa necessità è ancora più profonda e radicata negli anni dell'infanzia, quel periodo della vita in cui iniziamo a esplorare il mondo e a costruire, tentando e ritentando tra mille errori, la nostra sicurezza e autonomia.

Ma la costruzione di una personalità autonoma ed equilibrata non può prescindere dalla fiducia in qualcuno che, con autorità e fermezza, ci sostiene e ci guida fino al momento in cui saremo capaci di camminare da soli.

Sapevi che...

Non approfondirò ora un tema che da solo richiederebbe molto più tempo, ma ti regalo qualche chicca che possa servirti da riflessione:

- Sapevi che una modalità molto normativa genera con molta probabilità come reazione la modalità adattata o quella ribelle? Un capo di azienda molto rigido e severo è facile che generi, più o meno consapevolmente, un team di soldatini che fanno tutto in modo rigoroso ma senza usare la testa quando occorre (adattato: «Tu mi dici cosa devo fare e io lo faccio»), oppure innesca meccanismi di rivolta (ribelle: «Tu mi dici cosa fare? E io non lo faccio»). Spesso si passa dal primo per arrivare al secondo, quando la goccia fa traboccare il vaso (adattato che si trasforma in ribelle: «Sono sempre stato zitto, ora basta!»).
- Se lo rapporti alle dinamiche familiari, è facile che da un genitore normativo venga fuori una di queste due modalità nei figli e, facci caso, dove ci sono almeno due figli e uno dei genitori ha regole particolarmente rigide, spessissimo uno dei due è adattato e l'altro ribelle.
- La modalità genitoriale affettiva, per antonomasia quella più amorevole, dolce e accogliente, quando è troppo oppressiva genera insicurezza e insegna i sensi di colpa che, ahimè, ci perseguiteranno per tutta la vita.

L'equilibrio nella relazione con i figli

L'equilibrio è in poche regole, ma rigide. Ma come sceglierle, utilizzarle, valutarle? Una delle difficoltà da gestire in primis è la componente emozionale associata.

La modalità adulta prevede il ragionamento scevro dall'emotività, ma quando ci sono di mezzo i figli i sentimenti si scatenano in tutta la loro forza e quindi diventa particolarmente difficoltoso ragionare senza lasciarsi trasportare dalle paure.

Per questo prima la componente adulta va allenata con noi stessi, per poi cercare un equilibrio nelle strategie di educazione e nella relazione che si instaura con il bambino.

Soprattutto, l'obiettivo di un genitore dovrebbe essere sempre di più di insegnare al proprio figlio come ascoltare se stesso, come e cosa sperimentare senza rischi inutili, ma anche con il coraggio di chi sa di aver posto delle solide basi.

Come esempio mi viene in mente la storia imparata sui banchi di scuola, che ci è stata spiegata secondo un solo punto di vista: il nostro.

Noi in guerra contro quelli o quegli altri. Una storia in cui, nemmeno a dirlo, i buoni siamo noi. La storia che raccontiamo ai nostri figli è così: «Questo è accaduto e questa è la visione che devi avere di ciò che è giusto e di cosa non lo è».

È difficile che l'insegnante riporti tutti i fatti, anche quelli controversi o sfavorevoli a noi, e le varie prospettive, comprese quelle degli «altri», da cui possono essere guardati. Quasi mai si approfondiscono le opinioni diverse, magari contrastanti, degli storici delle varie parti. E quanti docenti chiedono agli studenti un'analisi ragionata e libera degli avvenimenti storici?

Prova a pensare se invece domandassimo ai ragazzi: «Avete sentito tutto ciò che c'era da sapere su questo episodio, o almeno tutto ciò che siamo riusciti a scoprire. Che lezione traete da questa conoscenza? Se vi trovaste ad affrontare gli stessi problemi che furono risolti sganciando una bomba atomica, che cosa fareste? Sapreste trovare una soluzione migliore?».

La verità è che intimamente temiamo che creare menti in grado di analizzare criticamente le cose potrebbe portare alla perdita di controllo su di loro. Potrebbero, domani, criticare allo stesso modo il nostro operato.

Quindi come si fa? La soluzione sta nella solidità che dobbiamo raggiungere noi stessi.

Il bisogno di controllo sulle cose o sulle persone nasconde, oltre che una forma di rigidità (ecco che salta fuori il genitore normativo che è in noi), anche un insieme di paure latenti, per esempio di non essere all'altezza di gestire qualcosa se ne perdiamo il controllo.

Uno dei momenti che mette a dura prova un genitore è il periodo adolescenziale. Tecnicamente, quello che accade è che dalla fase del bambino che apprende e fa suo ogni insegnamento si passa alla fase in cui il ragazzo impara sperimentando la vita in prima persona e non più attraverso le indicazioni e le spiegazioni degli educatori.

Questo implica anche l'andare contro corrente e il tirar fuori la fase della ribellione, nella quale si sperimenta qualcosa di diverso. L'adolescenza è specificamente proprio la fase della ribellione, e il genitore non è sempre pronto a gestire un figlio del quale perde il controllo.

Inutile dire che il controllo di un adolescente non può più essere quello che si esercita nei confronti di un bambino, molto più bisognoso dell'autorità genitoriale e disposto ad accettarla.

Il cambiamento non riguarda quindi soltanto il ragazzo, che cresce e scopre i sentimenti (come l'innamoramento), le delusioni e i rapporti più profondi con il mondo degli adulti, ma il genitore stesso, che si trova a dover gestire un figlio che non è quello di prima.

Spesso è solo un momento, al quale segue una scelta più adulta: «Voglio essere così!». Ma non sempre la scelta è libera, più spesso è una decisione mossa dall'atavico desiderio di sentirsi accettati e amati, e quindi diventa: «Ecco chi *devo* essere per sentirmi amato».

Il compito (arduo, lo so) di un genitore è quello di lasciare lo spazio necessario affinché il giovane adulto possa fare profonda conoscenza di sé e scegliere chi essere, in totale autonomia e serenità.

Il tutto è possibile solo se ci si basa sulla fiducia nel lavoro fatto precedentemente, in quelle poche ma solide regole impartite delle quali parlavamo prima.

Non si può gestire efficacemente un figlio, se prima non si ha la gestione di se stessi. Questa frase me l'hai sentita dire a proposito di ogni argomento presente in questo libro, ma è così.

Prima la nostra solidità, sicurezza, comprensione, la guida di noi stessi, poi l'efficacia nella guida degli altri, in particolar modo nell'arduo compito di essere genitore.

Punti chiave

La qualità della nostra vita dipende dalla qualità delle relazioni che abbiamo con gli altri.

Entrare in contatto profondo con un altro essere umano è un viaggio in territori sconosciuti, che ci porta fuori dalla nostra comfort zone. E, come ogni viaggio, si tratta di un'occasione per cambiare, scoprire, imparare e soprattutto vivere con pienezza, accogliendo stimoli e idee nuove.

L'analisi transazionale studia le modalità con cui entriamo in relazione (transazioni) con gli altri.

Lo stato dell'Io bambino è fondato su spontaneità ed emotività, che rappresentano la parte più vitale della personalità di ogni individuo. Il bambino può essere libero o adattato e ogni modalità può esprimersi in modo positivo o negativo.

Il compito dello stato dell'Io genitore è insegnarci a sopravvivere e conoscere le regole del gioco della vita.

L'attivazione di questo stato dell'Io si può esprimere con comportamenti critici, protettivi, dove il giudizio è spesso presente. Il genitore può essere normativo o affettivo e ogni modalità può manifestarsi in modo positivo o negativo.

L'adulto è la nostra parte razionale e pragmatica.

Come ho già spiegato, tutti noi adottiamo i diversi stati dell'Io in momenti differenti della giornata e nessuna delle modalità risulta inutile o dannosa, dipende solo da quando e come viene utilizzata.

Possiamo crescere davvero solo attraverso rapporti costruttivi ed equilibrati, ricchi di sfaccettature e capaci di mettere in gioco e armonizzare tutte le diverse parti del nostro Io.

Le relazioni sentimentali ci possono regalare una vita appagante, piena, ricca e che aiuta la nostra crescita, a condizione però che siano equilibrate.

Quando abbiamo bisogno dell'altro per raggiungere la nostra pienezza, l'equilibrio non è per nulla stabile.

Con i figli è importante saper calibrare le modalità di genitore normativo, genitore affettivo e adulto.

L'equilibrio nella relazione con i figli sta nel porre poche regole ma rigide.

Non si può gestire efficacemente un figlio, se prima non si ha la gestione di se stessi. Prima la nostra solidità, sicurezza, comprensione, la guida di noi stessi, poi l'efficacia nella guida degli altri.

Scheda di lavoro

Facciamo un po' di pratica con l'analisi transazionale.

- In quali situazioni/circostanze usi lo stato dell'Io:

Bambino

– *spontaneo (positivo/negativo)*

– *adattato (positivo/negativo)*

– *ribelle (positivo/negativo)*

Genitore

– *normativo (positivo/negativo)*

– *affettivo (positivo/negativo)*

Adulto (positivo/negativo)

- Ora pensa a situazioni particolari (nei rapporti di coppia, con i figli, al lavoro) che vorresti gestire meglio. Quale degli stati dell'Io usi di solito e quale potrebbe essere quello più efficace?

V

Relazioni professionali

Scegliamo gli amici e, in linea di massima, scegliamo anche che lavoro fare. Ma ci sono cose che non sempre possiamo scegliere, come la famiglia, i clienti, alcune persone con le quali lavoriamo.

Magari se sei un libero professionista hai un margine di scelta maggiore, ma non sempre, e comunque se anche potessi decidere clienti e collaboratori, saper gestire efficacemente i rapporti con queste persone non sarebbe sempre facile, immediato e automatico.

La qualità delle nostre relazioni
è direttamente proporzionale
alla nostra capacità
di gestire le dinamiche con gli altri.

L'obiettivo è quindi comprendere le diverse dinamiche, essere consapevoli degli errori che commettiamo e soprattutto capire cosa fare e come per migliorare sensibilmente la qualità delle nostre relazioni professionali.

Parlo di rapporti con un eventuale superiore/responsabile/capo, con un socio, con i clienti, con i colleghi e con i collaboratori. Non li ho messi in questo ordine a caso. Il primo, infatti, è colui che è «sopra di noi», qualcuno cioè che per gerarchia professionale ci guida e dal quale in parte dipendiamo. Il socio è un nostro pari in linea generica, indipendentemente dalla quota societaria, il rapporto è più orizzontale che verticale, clienti e collaboratori, invece, sono le persone che noi siamo chiamati a guidare e sui quali abbiamo più potere di gestione.

Sono dinamiche spesso molto diverse e vanno affrontate in modo differente, pur avendo, vedremo tra poco, aspetti in comune. Partirò al contrario, perché in qualche modo gestire chi sta «sotto» è, o dovrebbe essere, un pochino più semplice. Il grado di difficoltà sale rapportandosi via via con chi, nella scala gerarchica, sta in alto e ha, su di noi o sul nostro lavoro, più potere decisionale.

Le relazioni professionali con i collaboratori

In alcuni tipi di attività, se sei per esempio un imprenditore o un libero professionista, potrai scegliere i tuoi collaboratori e quindi decidere di circondarti, forse, di persone che la pensano maggiormente come te, che ti somigliano di più, perché con loro, diciamoci la verità, è più facile capirsi. È una possibilità.

Il limite però di questa scelta è che spesso non è la cosa davvero più conveniente da fare. Certo, selezionare una persona che abbia le caratteristiche comportamentali più in linea con le tue, ti agevolerebbe quantomeno il lavoro: è più facile lavorare e gestire chi è più simile a noi, ma la *sinergia* è spesso la chiave di un'attività di successo, ed è fatta di individui che, con la loro diversità, apportano ognuno un valore aggiunto. Pertanto, se il tuo obiettivo è avere un team di persone stimolanti, capaci e che facciano crescere la tua attività, allora, con molta probabilità, sarà molto più utile che abbiano caratteristiche culturali, esperienziali, personali e anche comportamentali differenti. Perché 1+1 deve fare molto più di 2. Ma se siamo identici, uno dei due forse è di troppo.

È interessante notare che, chi ha un'attività in proprio e deve assumere dei collaboratori, spesso, più o meno volontariamente, sceglie personalità vicine al bambino adattato, per voler usare un termine dell'analisi transazionale. Ovvero il bravo collaboratore che dove lo metti sta, che fa esattamente quello che gli chiedi, quando glielo chiedi, senza obiettare, senza perdere tempo ma soprattutto senza farti sprecare inutilmente energie preziose.

Il che va abbastanza bene se nella tua azienda serve più una figura deputata a eseguire ordini precisi rispetto a una che contribuisca con un pensiero proprio.

Se devo dirtela tutta, però, probabilmente nemmeno in quel caso andrebbe poi così bene. Perché il valore aggiunto di un collaboratore è proprio la sua personalità e più ne ha da mettere in campo meglio sarà per te... a patto che tu sappia gestirla in modo proficuo per entrambi.

L'idea di scegliere invece una persona con un forte carattere viene spesso vista, da un datore di lavoro, come un rischio troppo alto. Perché in quel caso è facile che le sue modalità comunicative si avvicinino di più al bambino ribelle, al bambino spontaneo o al genitore normativo. E questo genere di personalità sono più difficili da gestire.

È pur vero, però, che per quanto faticose sono anche quelle che apportano un contributo maggiore alla crescita e al cambiamento.

Ma devi saperle gestire perché loro, a differenza dei primi, gli adattati, vanno guidati sapientemente altrimenti rischiano di costituire un problema nella quotidianità.

Un esempio? Pensa a tutte le volte che un imprenditore, un professionista o un manager deve rivolgersi a un suo collaboratore. Sai cosa vorrebbe? Che fosse adattato quando serve, ma con la capacità di essere ribelle quando è utile che dica la sua, ma anche normativo se dovrà farsi rispettare dai colleghi e dai clienti, capendo perfettamente quando imporsi o quando essere affettivo e quindi carino e accogliente.

E sarebbe senza dubbio molto bello, lo penso anch'io, ma qui sorgono due problemi:

1. Se il tuo collaboratore avesse queste capacità, forse sarebbe al tuo posto e non al suo.
2. Possiamo arrivare molto vicini a questo obiettivo, ma dobbiamo essere davvero molto abili nella guida delle persone.

A prescindere dal rapporto che puoi avere nei confronti del tuo collaboratore, lui ha una storia che lo ha portato dov'è oggi e quella storia, bella o brutta che sia, gli ha lasciato dei segni che lo guidano in un modo di cui lui stesso non è del tutto consapevole. Se lui di suo è già una persona adattata, o tu lo alleni alla possibilità di tirar fuori il suo carattere, oppure continuerà imperterrito con le sue dinamiche. Se invece è ribelle, spontaneo, normativo, in egual modo puoi decidere di subire la sua modalità o di educarlo, un passo alla volta, perché impari a adattarsi quando è utile e a essere più accogliente e sensibile se necessario.

Ma hai capito bene: devi educarlo. E per educarlo intendo non solo spiegargli quale comportamento sia più giusto, ma essere per primo tu consapevole che ogni TUO comportamento genera in quella persona una risposta specifica.

Sei TU a determinare come lui reagirà!

Te lo spiego meglio con un esempio di fantasia. Abbiamo un'azienda, un sacco di cose da fare, e Maria, la nostra segretaria, ci assolve da mille incombenze burocratiche. Lei è addetta alle funzioni amministrative e si deve limitare a eseguire le procedure che sono state realizzate in modo perfetto da noi, grazie alla nostra esperienza. È capitato, in un paio di occasioni, che lei abbia preso un'iniziativa e che poi il risultato sia stato pessimo. In quelle situazioni, scocciati, l'abbiamo redarguita perché «ci sono già dei processi, non fare la creativa, non prendere troppe iniziative, fai quello che ti ho chiesto e stop. Attieniti alle indicazioni che ti ho dato!».

Magari in un'occasione o due l'ha fatta grossa, e a quel discorso si sono aggiunte parole infelici, rabbia o urla.

Maria ha capito: deve fare quello che le viene chiesto, come le viene chiesto e stop.

Poi un giorno chiamiamo Maria: «C'è da spedire il pacco che è sulla mia scrivania in ufficio, verifica che sia sigillato, metti questo indirizzo e invialo con la prioritaria».

Lei lo fa.

Tornati dopo il weekend, entrando nella nostra stanza inciampiamo nel pacco che doveva già essere arrivato al destinatario, invece è lì, sul pavimento del nostro ufficio.

«Maria!!! Ma questo pacco? Cosa ci fa qui? Non lo hai spedito?»

Al nostro richiamo, chiaramente alterato, Maria accorre e risponde prontamente: «Certo! Ho fatto esattamente come mi ha chiesto lei, ho spedito il pacco che c'era sulla scrivania!».

Il pacco sulla scrivania conteneva cancelleria varia, cianfrusaglie dell'ufficio che in un impeto di buona volontà, nel tentativo di mettere ordine, avevamo raccolto in una piccola scatola che avevamo poi abbandonato, dimenticandola, lì sopra. Il pacco da spedire, invece, era per terra, non sulla scrivania come ricordavamo.

Dimmi la verità, a quel punto, cosa diresti? Un bel «scusami è mia responsabilità? Ho sbagliato io a darti indicazioni?». Be', forse. È più probabile, invece, che la reazione sia: «Ma caspita! Come hai fatto a non accorgerti che quella era una scatola con le cianfrusaglie!!! Sapevi che era il pacco per il Sig. Rossi, e che dovevo mandargli il campionario!!! Ma secondo te gli mando la cancelleria??? Non potevi guardare, pensarci, riflettere e soprattutto chiamarmi se avessi avuto dei dubbi?».

Di' la verità… Scenario 1, mi assumo la responsabilità, oppure scenario 2, ti faccio la paternale?

Io, sia chiaro, concordo con te. Avrebbe dovuto capirlo, ragionare, riflettere e semmai chiamarci. Ma la questione qui è un'altra. Tu cosa vuoi da lei?

Che agisca esattamente come le chiedi senza farsi troppe domande ed ESEGUA, o che RAGIONI?

Perché l'adattato non ragiona, esegue, e il ribelle non si limita a eseguire, ragiona e prende molto spesso l'iniziativa. Lo so che tu vorresti che facesse entrambe le cose, caratteristica della modalità adulta. Ma se ciò accadrà o meno, in gran parte dipenderà da noi.

In che modo? Semplice, rieducando quella persona e diventando più consapevole tu stesso del potere che hai su di lei.

Se ti arrabbi quando sbaglia, inevitabilmente innescherai il timore legato all'errore. Per non sbagliare eseguirà le indicazioni senza riflettere. Se invece vuoi formare un collaboratore che dica la sua, che apporti valore, che sia più autonomo e meno dipendente da te, allora devi insegnarli che può sbagliare. Anzi, devi proprio insegnarli a sbagliare!

Indipendentemente da quello che farai tu con lui, da come ti approccerai e da quanto tu sia gentile nei modi, c'è da tenere in considerazione anche la storia dalla quale la persona con cui ti relazioni proviene.

Perché se è adattato per motivi lontani dalla nostra comprensione, risalenti alla sua infanzia, al suo passato, al suo vissuto, allora è fondamentale sapere che lui, per quanto possiamo essere non aggressivi nei confronti di un eventuale errore, potrebbe comunque essere tentato di non osare. In questo caso il nostro compito sarà insegnargli a sbagliare e a farlo senza il timore delle conseguenze. È un processo educazionale, dove alleniamo una nuova reazione a uno stimolo differente e questo richiede tempo e tanta pazienza.

Viceversa, se il nostro collaboratore ha una modalità ribelle, spontanea o normativa (li raggruppo solo perché sono simili nella gestione), servirà da parte nostra una grande maturità nel gestire caratteri che richiedono una guida molto diversa. Il rischio in questi casi è che si entri in sfida o addirittura, in alcune circostanze, di soccombere. In entrambe le situazioni il risultato è fallimentare.

Con loro sarà determinante la nostra componente adulta, quella che porta al ragionamento, che guida senza imposizioni o sensi di colpa, che spiega, accoglie e poi conduce con fermezza e risolutezza ma senza emozionalità e senza sfida. La cosa che conta in questi casi è ricordarsi che non è una gara di leadership, non ti servirà importi per fargli capire qui chi comanda. Al contrario, questo comportamento produrrebbe l'effetto opposto. La vera leadership è fatta di maturità emozionale e comprensione, assunzione di responsabilità e capacità comunicative.

Ascolta chi ti dice, seppur in malo modo, il suo parere. Impara a scindere contenuto da modalità: forse te lo sta dicendo malissimo e nel dirtelo sembra arrogante e presuntuoso, ma vai oltre e soffermati sul contenuto. È valido? Può servirti? Non entrare in sfida, ricorda sempre che non è una gara di leadership.

Poi, semmai, placa la sua emotività, ma fallo con modi delicati, senza alimentarla, solo a questo punto potrai guidarlo con le tue spiegazioni. Ringrazialo, incoraggialo a farlo ancora, magari facendogli notare che le modalità possono migliorare, ma agisci come se per te non costituissero il minimo problema, tu lo capisci anche se te lo dice male, ma in ogni caso è utile che migliori i modi, per se stesso. Ecco che sarai adesso la sua guida, il suo esempio e avrai posto un tassellino importante per un rapporto stimolante e di grande crescita reciproca.

Penso che la risorsa migliore per chi fa impresa, e in generale per chi ha dei collaboratori, sia rintracciabile proprio in personalità forti. Sicuramente però questi, come abbiamo visto, sono molto meno semplici da gestire, ecco perché diventa poi complesso il tema della delega.

Nella scelta di un collaboratore, la prima domanda da porsi dovrebbe essere relativa al suo ruolo. Quale compito deve assolvere? Quale tipo di personalità è più adatto al ruolo che deve ricoprire? Quale lavoro dovrò fare io con lui perché tiri fuori il meglio di sé?

Ci sono aziende nelle quali il bambino spontaneo gestisce l'amministrazione, il ribelle i clienti e l'adattato guida il team. Puoi immaginare il caos. Non sono persone sbagliate, sono nel posto sbagliato.

Immagina invece un adattato in amministrazione (eseguirebbe i compiti con precisione e regole ferree), uno spontaneo nel reparto creativo (apporterebbe novità), e un ribelle nell'analisi dei progetti (sarebbe in grado di notare cosa non va e risolverlo).

Ti ricordo che ogni modalità può essere vista sia nella sua accezione negativa sia in quella positiva. La componente negativa di queste modalità è deleteria sempre, mentre quella positiva può essere molto funzionale, se collocata nel posto giusto.

Quindi se hai difronte un collaboratore con una modalità adattata piuttosto spiccata, allena te stesso ad accettare l'errore da parte sua, anzi addirittura dovresti incoraggiarlo. Insegnagli che può e deve sbagliare per crescere, e che non succede nulla se accade (compatibilmente con il ruolo e la circostanza ovviamente). Ma fagli vedere nei fatti che apprezzi quando prende l'iniziativa, premialo quando lo fa anche se il risultato non è stato ottimale, incoraggialo a continuare con quell'atteggiamento e soprattutto guidalo nei ragionamenti con pazienza e amore.

Se invece ti relazioni con persone dal forte carattere, il primo allenamento dovrai farlo su te stesso. Non è una guerra a chi ha ragione, a chi comanda. Il vero leader non fa gare di dominio, ma ascolta, capisce e guida. Comprendere, in questi casi, è la cosa più complessa perché tendiamo a vivere sul personale alcune cose, ma la capacità di comprendere, a un livello più alto, quello che sta accadendo, ti permetterà, insieme a gestione emozionale e capacità comunicative, di guidare quella risorsa a essere un'opportunità per la tua attività.

Un inciso va fatto per i gruppi di lavoro dove i collaboratori non sei tu a sceglierli ma sono in qualche modo «imposti» dall'azienda o dal sistema.

Mi è capitato in più occasioni di lavorare con primari in ambito medico o responsabili di reparto, che tra tutti sono forse quelli più svantaggiati. Non solo non scelgono i loro collaboratori, ma se c'è qualcuno che lavora palesemente male non possono fare granché essendo, in quei contesti, complessa la burocrazia gestionale. Per altro capita spesso che chi stia a capo del gruppo sia stato nominato, ma non necessariamente il gruppo gli riconosce il ruolo. Così si trova a gestire persone che non hanno nessuna intenzione di ascoltarlo e seguirlo, e forse in alcuni casi lo scopo è, al contrario, dimostrare a chi sta sopra di aver sbagliato a non scegliere loro al posto del responsabile in carica.

In questo caso il rapporto è più simile a quello con un socio. Poiché non ci troviamo difronte a qualcuno che riconosce il suo e il tuo ruolo, la capacità di guida richiede abilità maggiori.

Ti faccio una domanda: tra genitore affettivo, genitore normativo, bambino ribelle, bambino spontaneo, bambino adattato e adulto, quale modalità ti servirebbe sviluppare per gestire efficacemente un team di collaboratori?

La risposta è: tutte. In momenti diversi, con utilizzi differenti e in base alle situazioni specifiche e alle persone.

Ma devi saperle padroneggiare davvero e molto bene. Alla fine di questo capitolo ho, a questo proposito, un esercizio per te.

Nel frattempo ti suggerisco la lettura di *Team leader* di Daniela Bonetti: potrai fare un percorso interessante e molto utile alla scoperta di come gestire un team di qualità.

Le relazioni professionali con i colleghi

Nell'esempio dei collaboratori e in quelli fatti finora riguardo l'analisi transazionale in generale abbiamo avuto modo di vedere come a un'azione corrisponda una reazione, e come questo avvenga a prescindere dal ruolo e dalla posizione personale o professionale. Il contesto professionale, tuttavia, dovrebbe essere contraddistinto da una maggiore componente adulta perché, indipendentemente da quanto ci piacciamo, da quanto siamo affini, ecc., dobbiamo svolgere alcune mansioni, coordinarci e cooperare e quindi, per interesse, possiamo farlo anche se non ci siamo particolarmente simpatici. Peccato che non sia sempre così. Spesso, infatti, la componente personale entra in campo e le emozioni rischiano di avere la meglio, pertanto il rapporto viene minato.

In molti gruppi di lavoro manca l'armonia che occorrerebbe. I motivi possono essere tanti e i più disparati. Il punto, in ogni caso, è che lavoriamo tante ore al giorno e farlo in un contesto in cui i rapporti sono tesi è tutt'altro che piacevole. Anche là dove tutto sembra filare liscio come l'olio, l'obiettivo è creare relazioni sane ed equilibrate che ci consentano di lavorare bene e con serenità. Magari qualcuno dei nostri colleghi diventerà anche nostro amico, ma se così non fosse, poco male, in ogni caso dovremmo essere nelle condizioni di lavorare bene l'uno affianco all'altro.

La componente fondamentale perché questo accada è sempre che, nelle situazioni potenzialmente conflittuali, diventiamo colui che sceglie di assumersi la responsabilità e guidare l'altro o gli altri. Non dobbiamo farlo sempre, e in un team che funzioni questa responsabilità sarà interscambiabile, ma se così non fosse, dobbiamo essere in grado di fare la differenza. Assumersi la responsabilità significa avere la maturità e la competenza di analizzare ciò che sta accadendo e agire di conseguenza con strategia e non certo, come spesso accade, per immediata reattività impulsiva. Ecco perché, come prima cosa, gestire emozionalmente se stessi, subito dopo comprendere le dinamiche a un livello più profondo e poi guidare con leadership sono e rimangono la strada più efficace per un ottimo risultato.

Ricordi la teoria dei bisogni di Maslow? Le persone agiscono in modo più o meno consapevole, alla ricerca di soddisfare qualcuno di quei bisogni. La nostra capacità dovrebbe essere quella di comprendere di quale bisogni si tratti e agire di conseguenza.

Il mio collega si comporta in modo arrogante elogiando se stesso e relegandomi in secondo piano? Cerca di mettermi in cattiva luce con i colleghi o con il capo dicendo cose non vere sul mio conto e distorcendo la realtà?

Puoi adeguarti al suo livello e giocare a braccio di ferro, tu hai ragione e lui sbaglia. Puoi polemizzare sui contenuti delle sue chiacchiere da bar, sparlare di lui a tua volta e arrabbiarti sfogandoti con capo e colleghi. Risultato: acuirai la sua aggressività, non risolverai il problema e soprattutto non vivrai in modo sereno il rapporto con lui.

Proviamo invece ad analizzare la cosa da una prospettiva diversa. Chi è questa persona? È felice nella sua vita privata? Ha relazioni soddisfacenti? È sicura di sé?

Perché, mediamente, le persone che si comportano in questo modo nascondono grandissime insicurezze. Magari è una persona che non ha una vita facile nel suo privato e sfoga la propria ira nell'ambiente di lavoro. O forse si sente non capace, o non abbastanza, e quindi, non sapendo fare di meglio, cerca di tirare giù te, che nella sua testa sei più in alto di lui. Probabilmente il bisogno che cerca di soddisfare è quello di importanza e poi di amore. Fai una prova: fallo sentire importante. Dagli amore e importanza a più non posso.

Dico sul serio, ma perché tu possa farlo davvero devi smettere di giudicare il tuo collega e cominciare a comprenderlo. Questo non significa che abbia ragione, comprendere è qualcosa di più profondo e nobile. Non condivido ma comprendo che nella tua posizione, con la tua mentalità, con il tuo background, ecc., si possa ragionare e poi comportarsi così.

Da persona matura, ma soprattutto da leader, comprendi e dagli quello che cerca. Sai cosa accadrà se saprai farlo bene e con costanza? Che disinnescherai i meccanismi che ha generato finora.

Riempilo di complimenti, ma che siano sinceri. Impara a vedere cosa fa di buono e come lo fa, e fagli sapere che lo apprezzi, dagli importanza e lui smetterà di agire con prepotenza.

Solo un'indicazione: i tempi. Non è detto che immediatamente a un'azione corrisponda la reazione che speri. Magari ci vorrà un po', ma tu persisti e educa quella nuova relazione con pazienza e fiducia.

Le relazioni professionali con i clienti

Prima di ogni altra cosa permettimi di ricordarti che io ho di media trecento clienti a settimana, e che lavoro come te su questo stesso pianeta terra e quindi, per questo, conosco benissimo le situazioni in cui i clienti diventano dei veri rompiscatole e so anche che, per quanto tu possa essere bravo, qualcuno fai prima e meglio a mandarlo... alla concorrenza.

Ciò detto, però, è anche vero che i clienti sono la nostra risorsa, quindi non solo sono importanti per la nostra crescita, ma anche per il nostro business se vogliamo stare in piedi.

Il rapporto nei loro confronti è ancora diverso perché i clienti non li scegli, sono loro, tendenzialmente, a scegliere te.

Intanto, sfatiamo un falso mito: se gli dai troppa confidenza, se ne approfittano, quindi meglio tenere le distanze e non mischiare i rapporti personali con quelli professionali.

Questo vale se non sai come gestire in modo efficace e con la giusta leadership qualcuno con il quale hai un rapporto di amicizia, ma permettimi di dirti che, in quel caso, il problema è tuo. Ti ricordo ancora una volta che noi siamo quelli che non si rifugiano nella soluzione più semplice solo perché l'altra è troppo difficile, ma semmai impariamo e agiamo con più efficacia!

Al contrario posso dirti con estrema certezza che, se sarai

bravo a creare il giusto rapporto con i tuoi clienti, loro davvero non ti lasceranno mai. Quindi avere un rapporto di amicizia non vuol dire in nessun modo perdere la leadership su di loro. Semmai, nei rapporti più stretti, quando qualcosa non va quello che ti è richiesto è di avere buone abilità comunicative e di gestione della situazione. Con degli estranei è più facile, ci sono meno implicazioni emotive, ma ti ricordo ancora una volta che questo libro nasce con l'obiettivo di creare il vero successo, quello caratterizzato da equilibrio e grande qualità della vita.

Nella gestione di un cliente, parti però da un presupposto: per lui tu sei colui che prima di tutto vuole i suoi soldi e che non ha realmente a cuore i suoi bisogni.

In Italia c'è una mentalità talmente radicata, per motivi che immagino ben conosci, basata sulla paura della fregatura, che ce l'aspettiamo quasi sempre e ci meravigliamo semmai quando qualcuno si comporta in modo totalmente etico e nel nostro reale interesse.

Per questo motivo, che magari esula da come sei tu, ma piuttosto è legato a un comune sentire, il cliente è prevenuto e ha paura. Paura di noi? Forse no, ma delle fregature sì!

Nelle relazioni valgono le stesse dinamiche viste finora: il cliente adattato sarà il più semplice da gestire ma, se quello che porta più soldi in azienda è quello normativo o ribelle, se vuoi che il tuo business cresca o che l'azienda per la quale lavori sia felice del tuo operato sarà importante che impari a gestire al meglio anche loro.

Un po' come nel caso appena descritto dei colleghi, ma che è applicabile in qualunque tipo di relazione interpersonale, l'osservazione è: quale bisogno vuole soddisfare?

Vuole essere rassicurato. Vuole sentire che può fidarsi di te e questo non avverrà in base a quello che gli dirai, ma in base al rapporto che si instaurerà.

La tua bravura sarà appunto nel comunicare nel modo più affine a lui, perché si senta a suo agio con te, ascoltato, capito. Verifica di aver compreso davvero le sue necessità, approfondisci e non dare l'idea di essere superficiale o frettoloso, calibrati sui suoi toni comunicativi, sul suo volume, ma soprattutto armati di tanta pazienza perché a te sta il compito di farlo sentire al sicuro e scardinargli credenze fin troppo radicate secondo le quali deve proteggersi da noi.

Le relazioni professionali con i soci

C'è una frase che recita: «Le società ben fatte sono quelle composte da un numeri dispari di persone e inferiore a due», che in simpatia suggerisce di fare le cose da soli. Non sono molto d'accordo con questa affermazione, seppure comprendo che, piuttosto che scegliere persone sbagliate o inadatte, sia meglio procedere soli.

Ma ti ho spiegato in questo libro che noi non vogliamo guardare gli estremi, il bianco o il nero, ma le situazioni ideali, imparando a crearne i presupposti in modo attivo.

Avere un socio può essere una grandissima opportunità, per il confronto che ne scaturisce, per la divisione di compiti e responsabilità e anche per le abilità che spesso si completano. La gestione di un socio è molto più delicata rispetto a quelle viste e analizzate finora, perché il rapporto è tendenzialmente più paritetico. Non puoi dettar legge aspettando che lui esegua, e se non vi trovate in accordo la tua parola conta quanto la sua (sempre che siate soci alla pari). E ci sono poi i casi in cui i soci sono più di due e lì le abilità richieste sono ancora maggiori.

Capire i bisogni che le persone vogliono soddisfare e comportarsi di conseguenza è la chiave di qualsiasi relazione di successo e che tenga in considerazione l'altro con la sua individualità. L'accortezza da avere in casi come questi è che spesso le controversie si giocano più su un piano di leadership che di problema pratico. Nelle dinamiche con i collaboratori ti ho chiesto di ricordare che «non è una guerra di leadership», ma qui la situazione si ribalta. Lo è eccome!

Spesso, infatti, si discute non tanto di contenuti, quanto di chi guida chi. Molto dipende dalla natura dei soci, ovviamente, e anche qui le cose dette finora riguardo l'analisi transazionale sono determinanti. In ogni caso, spesso il reale, profondo bisogno è quello di affermarsi e far prevalere la propria leadership.

La persona che ha equilibrio relazionale e vuole il successo in un rapporto che funzioni e che sia proficuo punterà a comprendere quando sia opportuno guidare e quando invece sia più opportuno farsi guidare.

Tempo fa mi è capitato di fare qualche esperienza di team building con l'ausilio di cavalli. Ho sempre amato andare a cavallo, trovo sia un animale possente e affascinante, e negli anni, grazie a qualcuna di queste esperienze, ho imparato da loro tantissimo. Questi animali sono, per loro natura, delle prede, e in quanto tali hanno sviluppato dinamiche di gruppo molto singolari. A differenza di altre specie in cui c'è il capobranco che guida e che con la propria forza conquista la leadership, tra i cavalli il capobranco non esiste. Per essere più corretti non ne esiste uno solo, lo sono tutti, ma non contemporaneamente. La loro leadership è interscambiabile: nascendo dalla necessità di essere sempre vigili per non essere attaccati dai predatori e poiché lo stress che sarebbe derivato dal prendersi cura di tutto il branco sarebbe stato troppo per un solo esemplare, hanno sviluppato la capacità di avere la leadership un po' per uno. I cavalli cambiano leader nel branco infinite volte e con estrema velocità.

Ecco, diciamo che dal regno animale possiamo imparare molto e in questo caso la lezione è che il leader è colui che è pronto in quel momento, in base alle circostanze, alla competenza, alla propria energia e possibilità, e non ha problemi a cedere la leadership se e quando è opportuno farlo. Questo non significa lavarsi le mani di quello che non mi compete o che non ho voglia di affrontare, perché per quanto i compiti possano essere divisi, le responsabilità sono sempre, interamente, di ogni socio. Ma diventare interscambiabili significa dare valore a quel numero maggiore di 1 ed essere reciprocamente un valore aggiunto e un supporto, senza contrasti ma con maturità, saggezza e intelligenza.

Qual è, secondo te, in una relazione tra soci, la modalità comunicativa più opportuna? Lo sono sempre tutte, ma in questo caso la modalità adulta è quella che deve prevalere.

Le relazioni professionali con il proprio superiore

Quando il gioco si fa duro, i duri cominciano a giocare.

Anche quando il tuo superiore è una persona illuminata, che si assume la responsabilità dei risultati di tutti, che si mette in discussione e che ascolta, guidarlo è il compito più arduo che richiede abilità da medaglia d'oro. Ma la realtà potrebbe essere ben diversa. Alla guida potrebbe esserci qualcuno che, preso da mille cose, non si accorga dei bisogni di chi è sotto e perda per questo di vista la gestione dei suoi collaboratori. In base a chi avremo di fronte, ciò che cambierà sarà in buona sostanza il livello di difficoltà, ma il processo è lo stesso.

Nella gestione di un superiore, sappiamo già a priori che, per la sua posizione e la tua, uno dei requisiti da soddisfare sempre e comunque è il bisogno di importanza. Non perché sia per forza una persona che ne senta la necessità, ma perché è doveroso che tu ti ponga nei suoi confronti in modo umile e in punta di piedi, ricordando a te stesso in primis che il capo non sei tu. Il rapporto, in questo caso, non è mai paritario. Il capo, il responsabile, il tuo superiore, chiamalo come vuoi, non sei tu, allora qui comanda lui, che ti piaccia o no.

Quando dico che comanda lui, però, non intendo che allora a noi spetterà il compito di eseguire in mesto silenzio. Ma nemmeno che dobbiamo impuntarci su qualcosa nel modo sbagliato per fargli vedere quello che lui non vede.

Se hai da dirgli qualcosa nel suo interesse e in quello dell'intera attività? È palese che è lui a sbagliare e tu hai ragione al cento per cento? Io non ti sto dicendo che, in quanto capo, comanda lui, al contrario sono qui a spiegarti che puoi, e in alcuni casi devi, guidarlo, ma per farlo devi ricordare a te stesso la posizione che ricoprite. Quindi una volta chiarito al tuo superiore che sai bene che chi «comanda» è lui, tu avresti, dal canto tuo, visto o pensato una certa cosa e... magari ti sbagli, perché lui di certo ne sa più di te (che molto spesso è per altro verissimo), solo hai pensato di farglielo presente nella speranza che possa essere di supporto.

Quello che sto cercando di dirti è che la guida qui deve essere molto adulta, molto in punta di piedi e in modo che traspaia sempre il massimo rispetto e anche il beneficio del dubbio per quello che stai per dire o proporre. È un atto di remissività? Tutt'altro! Semmai è un atto di grande intelligenza emotiva.

Il problema, a volte, è che chi sta su un piano fa fatica a vedere le cose da un piano diverso, e questo vale per entrambe le posizioni. Un collaboratore fatica a far comprendere la sua situazione a chi non vive la sua quotidianità e le difficoltà annesse, e un responsabile fa altrettanta fatica a mostrare al proprio collaboratore l'importanza di una visione d'insieme che tiene conto di più fattori. È solo una questione di prospettive, e per un collaboratore mettersi nei panni del proprio capo è più difficile, perché in quel ruolo sono richieste competenze e abilità che spesso non si possiedono e soprattutto una mentalità diversa.

Poi magari ci sono i casi in cui quello maturo è il collaboratore e non il superiore, ma poco importa, se vuoi guidarlo, ricorda, la regola è sempre la stessa: comprendi, analizza e agisci da guida.

Punti chiave

La qualità delle nostre relazioni è direttamente proporzionale alla nostra capacità di gestire le dinamiche con gli altri.

Non possiamo relazionarci nello stesso identico modo con tutti, e in ambito professionale devi tener conto del ruolo che rivesti tu e di quello di colui con cui ti relazioni.

Distingui se hai a che fare con un tuo collaboratore, un collega, un cliente, un socio o un tuo responsabile, la difficoltà cresce via via che la scala gerarchica sale, e con lei dovrai far salire di livello le tue abilità.

Individua la dinamica relazionale imparata dall'analisi transazionale, comprendi, distaccati emotivamente dalla comunicazione, scegli la modalità più utile alla circostanza e poi guida.

Ricorda sempre di essere tu stesso, per primo, a guidare la tua comunicazione in modo vincente per entrambi.

Scheda di lavoro

- Relazioni con i collaboratori.

Nelle relazioni con i tuoi collaboratori, quali difficoltà ti capita di riscontrare e con chi?

____

____

____

Quali bisogni credi che i tuoi collaboratori vogliano soddisfare con i loro comportamenti improduttivi?
(Meglio se fai una valutazione individuale per ognuno di loro)

____

____

____

____

Quale modalità dell'analisi transazionale usi solitamente con loro e quale invece sarebbe più opportuna e utile?

____

____

____

____

- Relazioni con i colleghi.

Nelle relazioni con i tuoi colleghi, quali difficoltà ti capita di riscontrare e con chi?

____

____

____

____

Quali bisogni credi che i tuoi colleghi vogliano soddisfare con i loro comportamenti improduttivi?
(Meglio se fai una valutazione individuale per ognuno di loro)

Quale modalità dell'analisi transazionale usi solitamente con loro e quale invece sarebbe più opportuna e utile?

- Relazioni con i clienti.

Nelle relazioni con i tuoi clienti, quali difficoltà ti capita di riscontrare e con chi?

Quali bisogni credi che i tuoi clienti vogliano soddisfare con i loro comportamenti improduttivi?
(Meglio se fai una valutazione individuale per ognuno di loro)

Quale modalità dell'analisi transazionale usi solitamente con loro e quale invece sarebbe più opportuna e utile?

- Relazioni con i soci.

Nelle relazioni con i tuoi soci, quali difficoltà ti capita di riscontrare?

Quali bisogni credi che i tuoi soci vogliano soddisfare con i loro comportamenti improduttivi?
(Meglio se fai una valutazione individuale per ognuno di loro)

Quale modalità dell'analisi transazionale usi solitamente con loro e quale invece sarebbe più opportuna e utile?

- Relazioni con il tuo responsabile/capo.

Nelle relazioni con il tuo capo, quali difficoltà ti capita di riscontrare?

Quale modalità dell'analisi transazionale usi solitamente con lui e quale invece sarebbe più opportuna e utile?

VI

Fare per avere risultati

È indispensabile avere un obiettivo definito?

Una delle regole alla base della formazione personale sta nel fatto che è indispensabile sapere dove vuoi arrivare per poterti muovere in modo efficace.

Si tratta di una prospettiva paralizzante per chi non ha le idee abbastanza chiare e si divide tra passioni e obiettivi diversi: «Quale scegliere? E se poi cambiassi parere? E se mi concentrassi sull'alternativa sbagliata?».

Ecco, se sei tra coloro che si fanno queste domande, rilassati. Ti svelo un segreto: non esiste un'alternativa sbagliata se il tuo proposito finale è quello di dare il meglio di te. Provo a spiegartelo meglio con una storia, la *mia*.

Come ti ho già raccontato quando ero poco più che adolescente, decisi che sarei diventata architetto. Ricordo di averlo stabilito a 13 anni in modo piuttosto inconsapevole, era solo un sogno, nato dal commento di uno zio secondo cui potevo essere portata per quella carriera. Non avevo la minima idea di cosa fosse l'architettura ma, in compenso, avevo già deciso che avrei studiato a Firenze. Anche se non c'ero mai stata, nel mio immaginario rappresentava il posto perfetto dove vivere e studiare.

Avevo le idee chiare e sapevo cosa volevo davvero? Niente affatto, ma andavo avanti lo stesso con entusiasmo e convinzione, come se quel sogno fosse davvero mio.

Fu così che, anni dopo, mi ritrovai iscritta alla facoltà di Architettura a Firenze. Detta così sembra facile ma, per arrivarci, avevo dovuto affrontare cinque anni di istituto tecnico per geometri (una scuola che non mi ha mai convinta più di tanto, ma che mi avevano suggerito come il diploma giusto per diventare architetto) e le resistenze della mia famiglia, che non se la sentiva di mandarmi a studiare così lontana dalla Calabria. Non so quale sia stato l'ostacolo più difficile, ma io ero pronta a tutto per realizzare quella che credevo essere la mia vocazione.

Una volta a Firenze, però, il mio sogno cominciò a mostrare le prime crepe: l'università era davvero impegnativa e certe materie mi sembravano prove insormontabili, alcuni di quei libri mi apparivano sempre più pesanti e ostici da affrontare.

Ciononostante faticavo ancora ad abbandonare il proposito che mi aveva guidata per circa sette anni.

Iniziai a lavorare quasi da subito in uno studio e scoprii che le cose non erano come le avevo immaginate quando fantasticavo che avrei progettato case meravigliose, avrei dato sfogo al mio estro e i committenti si sarebbero affidati a me per la realizzazione di capolavori architettonici. Invece mi ritrovai da mattina a sera chiusa in una stanza, davanti a un PC, e il lavoro riguardava per lo più ristrutturazioni nelle quali il mio contributo era minimo, e per la maggior parte consisteva nel disegnare al computer in base a progetti già bell'e fatti, nello sbrigare pratiche burocratiche al catasto e al comune, nel fare rilievi in posti improbabili. Più di tutto mi spiaceva rimanere tutto il giorno nello studio con il mio PC, io che ho sempre amato il contatto con la gente.

Mi era sempre piaciuto ballare, sono sempre stata portata e da bambina avevo fatto danza classica, ma poi avevo lasciato e riprendere da grande non era molto fattibile, con tutto il da fare che avevo. Perciò scelsi i balli caraibici, non certo rigorosi ed eleganti come la danza classica, ma comunque piacevoli e divertenti. Fu così che iniziai un corso, quasi per gioco, ma ben presto questo gioco si trasformò in una grandissima passione, che mi dava anche modo di conoscere un sacco di gente nuova.

Il mio impegno veniva dal puro entusiasmo, non avevo obiettivi concreti riguardo al ballo, non volevo diventare una professionista o vivere di quello, semplicemente mi piaceva e basta.

Eppure, da lì a poco il maestro mi propose di dargli una mano come assistente. Dopo aver approfondito i miei studi con insegnanti di tutto il mondo, mi ritrovai a vincere competizioni di ballo e a insegnare in più scuole.

Allo stesso tempo, per arrotondare, facevo la cameriera in un bar nel centro di Firenze. Era un locale di classe dove regnava un ordine severo dei ruoli, io servivo ai tavoli, mentre la gestione delle ordinazioni e dei clienti riguardava solo i responsabili più anziani ed esperti, incaricati di garantire un servizio impeccabile. Sai come è andata a finire? Dopo venti giorni ero una di loro e gestivo metà della sala.

Ero un genio? Una persona destinata a un successo sicuro in qualunque campo?

Ti assicuro che in quel periodo non mi sentivo affatto così, la mia carriera universitaria era praticamente ferma e io cercavo con tutta me stessa l'*ikigai* necessario per alzarmi dal letto la mattina.

Sia il ballo sia la gestione del locale non erano tra i miei obiettivi, ma mi aiutavano a vivere il presente con ottimismo e voglia di fare. Provavo solo un profondo, puro e semplice piacere nel fare le cose al meglio e volevo imparare a sfruttare al massimo le mie capacità.

Come ti ho già raccontato nell'introduzione, è stato più o meno in quel periodo che mi sono imbattuta nella formazione, dirigendo la mia rotta verso strade inaspettate.

Non avevo l'obiettivo di collaborare con Roberto Re, si è trattata di un'occasione che ho colto perché avevo bisogno di soldi per pagarmi i corsi in una delle sue scuole. Non immaginavo che, di occasione in occasione, sarei finita per diventare prima manager e poi direttore nell'azienda fondata da Roberto.

Ho solo cercato di dare il massimo in ogni situazione, perché era l'unico modo che conoscevo per fare le cose con piacere. Mia madre diceva di me: «È disordinata, ma quando le chiedo di pulire qualcosa, lei lo fa brillare. Ci mette l'anima e lo fa alla perfezione».

Quale è la morale della storia? Che non conta *cosa* fai, ma *come* lo fai. È questa la vera ricetta per l'autorealizzazione: fai tutto al meglio.

Che si tratti di lavoro, relazioni, tempo libero o crescita personale, l'importante è impegnarsi con dedizione, passione e cura dei dettagli. Non conta di che si tratta, né quanto sia importante o quanto sia vicino a realizzare il tuo sogno. Non serve *trovare* l'obiettivo giusto per investire finalmente tutto te stesso, bisogna piuttosto investire le migliori energie nelle cose che già hai, per *farle diventare* giuste.

Ho perso il conto delle persone che ho conosciuto e che facevano l'errore di aspettare la cosa giusta (l'opportunità o il lavoro giusto) per dare il cento per cento, invece di darlo in quel preciso istante impegnandosi fino in fondo in ciò che stavano facendo.

Ricordi il principio del avere-fare-essere? Ebbene tanta gente aspetta di «avere» la giusta opportunità per «fare» le cose al meglio e poi «essere» felici, ma non funziona così.

Se fai le cose al meglio e ci metti l'anima (il famoso *ikigai*), quando finalmente ti imbatterai nell'opportunità giusta per te sarai in grado di coglierla al volo, prima ancora di capire cosa stia accadendo.

E se poi ciò che stai facendo non si rivelasse quello che vuoi, potrai sempre cambiare con fiducia e ottimismo, l'importante è sapere che sei in grado di dare il meglio. Sempre.

Più tempo per fare di più?

Quante volte hai detto o pensato: «Mi piacerebbe dedicarmi di più a questa cosa, ma purtroppo non ho tempo», oppure: «Se avessi più tempo sarebbe tutto più facile!».

Vale per la vita professionale, per quella familiare, per la cura delle relazioni o di se stessi, insomma, per ogni area della ruota della vita: migliorare la gestione del tempo significa migliorare la gestione della nostra vita.

In altre parole, il tempo è la nostra risorsa più importante e, se non sai gestirla, non puoi essere efficace. I minuti e le ore che abbiamo a disposizione rappresentano la nostra stessa esistenza e abbiamo il dovere di usarli per renderla equilibrata, felice e piena. Perché sprecare un patrimonio così prezioso? Merita di essere gestito in modo saggio e oculato, anche perché buttare via il nostro tempo equivale a buttare la nostra vita.

Troppe persone sostengono di non avere abbastanza tempo per raggiungere i propri obiettivi. Ma davvero è così? Come è possibile allora che tanti altri, con lo stesso tempo a disposizione, riescano a fare grandi cose?

Le giornate hanno ventiquattr'ore per tutti, l'unica vera differenza tra un individuo e l'altro sta nella capacità di usare nel modo migliore le risorse a disposizione, in relazione sia al tempo che alle energie. Questo non significa diventare delle specie di macchine che compiono mille operazioni al secondo, in questo modo ci ritroveremmo inutilmente esauriti e stressati.

È necessario cambiare il nostro modo di pensare, perché sono i nostri schemi mentali che determinano le nostre azioni e i risultati conseguenti. Se vogliamo essere più produttivi nel minor tempo possibile, dobbiamo passare dalla mentalità del «fare» alla mentalità del «risultato».

Puntare a ottenere efficacemente un obiettivo è l'unico modo per evitare di diventare uno di quelli che potremmo definire gli «affaccendati». Si tratta delle tipiche persone che hanno sempre qualcosa da fare ma che, in cambio di tutta questa attività, ricavano poche soddisfazioni e ancor meno risultati.

Ci hanno sempre insegnato che «bisogna fare sacrifici» e che «l'impegno paga sempre», ma questa credenza ha trascinato molti di noi nella trappola di un'iperattività che somiglia quasi a un incessante muoversi a vuoto, un continuo agitarsi privo di direzioni chiare.

L'impegno è importante e ci può portare molto lontano, ma va accompagnato a obiettivi chiari e definiti. In ogni area della nostra vita le energie vanno investite e fatte fruttare il più possibile, senza disperderle in attività che non portano a nulla.

Come insegna il principio di Pareto (uno dei maggiori economisti e sociologi dei primi del Novecento) solo il 20 per cento delle cose che facciamo produce l'80 per cento dei risultati. Ti basta pensare alle cose che hai fatto settimana scorsa per renderti conto di quanto sia vero.

Alla fine il vero «segreto» della dimensione del fare per avere successo sta proprio qui, nel concentrare le proprie energie sulle cose che valgono veramente e ci portano a ottenere dei risultati.

Non è facile rivedere i propri schemi mentali, ma ci conviene capire in fretta che un successo equilibrato non dipende da quante cose riusciamo a fare, ma da quanto riusciamo a far rendere il nostro tempo per ottenere ciò che vogliamo in ogni ambito della nostra vita.

10 strategie per gestire al meglio il proprio tempo

Come fare quindi per ottimizzare il tempo e ottenere un successo in grado di dare equilibrio a ogni area della vita?

Ecco una serie di strategie utili che, volendo, puoi scegliere di approfondire attraverso uno dei corsi per la gestione ottimale del tempo che organizziamo alla Roberto Re Leadership School.

1. Sposta l'attenzione dalle attività agli obiettivi

Invece di chiederti: «Cosa devo fare oggi?», chiediti: «Quali risultati voglio ottenere?».

Questo è il primo cambio di mentalità indispensabile, non devi fare tanto, ma impegnare le tue migliori energie su ciò che conta veramente.

Per ottenere di più è necessario fare di meno, concentrando le nostre migliori energie sulle attività in grado di condurci verso i risultati più desiderabili e importanti, che si tratti di lavoro, famiglia, amore o altro, non fa differenza. Bisogna capire ciò che si vuole e concentrarsi su quello. Anche perché non ha molto senso chiudere una giornata dopo aver svolto mille attività, mentre la propria vita va a rotoli, non credi?

È molto più saggio *fare* meno e puntare a *far succedere* cose che soddisfano e che fanno stare bene.

2. Stabilisci le priorità

Una volta compreso il punto 1, è importante capire che non tutti gli obiettivi hanno lo stesso valore.

A questo punto diventa fondamentale stabilire le priorità, analizzando ogni area della propria vita, ponendosi le domande che davvero contano: «Cosa voglio veramente?», «Dove voglio andare?». Se non lo fai, rischi di percorrere in automatico la strada che hai già davanti, invece di quella che vuoi seguire davvero.

Priorità chiare e importanti saranno inoltre più semplici da raggiungere, attraverso micro-obiettivi da considerare come tappe intermedie in direzione della propria meta.

3. Segui il tuo scopo

L'obiettivo rappresenta un punto d'arrivo, mentre il motore per raggiungerlo sta nella ragione che ci spinge a sceglierlo. Perciò, una volta stabiliti obiettivi e priorità, è importante porsi un'altra domanda: «Perché voglio raggiungere quel risultato?».

Il motivo dev'essere abbastanza coinvolgente ed entusiasmante da procurare la spinta necessaria anche quando le cose si fanno più complicate o faticose. Quando il «perché» è abbastanza forte, il «come» non è mai un problema.

Hai presente quei momenti in cui senti di non avere sufficienti risorse, energie o forza di volontà per fronteggiare eventuali ostacoli? Ecco, una buona motivazione è ciò che serve per superare i limiti fuori e dentro di noi.

Attenzione, però: lo stimolo efficace non è legato all'obiettivo in sé, quanto piuttosto a quello che proveremo quando lo avremo raggiunto. Ciò che conta davvero sono le emozioni che sentiamo di poter provare una volta arrivati alla meta.

Perciò ti consiglio di puntare a bersagli appassionanti, in modo da procurarti la spinta necessaria per centrarli a ogni costo.

4. Ricorda di avere obiettivi per ogni area della vita

Quando si parla di obiettivi, progetti o strategie, le persone tendono a pensare che si tratti di sistemi utili al mondo degli affari. Eppure, come ti accennavo in precedenza, tutti noi dovremmo ragionare in questo modo anche nelle altre aree della ruota della vita.

Chi ha detto che un buon obiettivo, delle chiare priorità e uno scopo da seguire non servano anche per la sfera degli interessi personali o per quelle dell'amicizia, dei rapporti familiari, della forma fisica o degli hobby?

Ti dirò di più: forse è proprio la mancanza di strategie e propositi definiti che fa passare in secondo piano troppe questioni che riguardano la nostra vita personale, per cui rimandiamo il divertimento, sacrifichiamo i rapporti e trascuriamo la salute in attesa di trovare il tempo per occuparcene.

Ma, spesso, quel tempo non arriva mai.

Eppure è fondamentale lavorare su ogni ambito dell'esistenza per raggiungere l'equilibrio che può amplificare ogni piccolo e grande successo, aiutandoci anche a superare i fallimenti e le delusioni.

5. Concentrati su ciò che rientra nella tua sfera di controllo

Stephen Covey, autore delle *7 regole per avere successo* (FrancoAngeli, 2012), uno dei libri di management più venduti al mondo, indica tra le abilità proprie delle persone di successo la capacità di concentrarsi su ciò che rientra nella loro sfera di controllo.

Può sembrare un dettaglio, ma non lo è affatto: per gestire al meglio tempo ed energie dobbiamo capire su cosa vale la pena focalizzarsi e cosa conviene invece lasciar perdere. Spesso le persone perdono tempo occupandosi di cose che non rientrano sotto il loro controllo.

Più precisamente Covey distingue tre aree:

- *L'area del coinvolgimento:* in quest'area ci sono tutti i fattori sui quali non abbiamo né controllo né possibilità di influire, ma che in qualche modo ci coinvolgono. Il meteo, le tasse, avvenimenti accaduti a terzi, ecc. Che senso ha impegnarsi in tal senso, allora? Quanta gente perde energie e tempo per lamentarsi di situazioni che non dipendono minimamente da lei, per esempio scelte dei vertici aziendali, regolamenti e norme.
- *L'area dell'influenza:* che include tutte le situazioni che abbiamo il potere di influenzare, come le persone che abbiamo accanto. Abbiamo visto per esempio l'influenza di un

genitore su un figlio, ma vale anche per i collaboratori e per le relazioni in genere. Peccato che esistano tantissimi modi per avere un'influenza efficace e sinergica, ma spesso conosciamo molto poco di queste abilità comunicative.

- *L'area del controllo:* che comprende situazioni possibili da controllare e gestire attraverso le nostre azioni e scelte. Il ritorno concreto delle energie investite in tali attività è pertanto garantito. Nell'area del controllo rientrano le nostre azioni, i pensieri, le emozioni. Questa è l'area che merita la tua attenzione e il tuo tempo.

Prestaci attenzione perché, senza accorgercene, spesso investiamo troppo tempo a lamentarci di cose sulle quali non abbiamo potere e invece, là dove potremmo intervenire, non ci assumiamo la responsabilità dei nostri risultati e non agiamo. Di solito è più semplice notarlo negli altri che in noi stessi ma, fidati, è facile cadere in queste dinamiche.

Quante volte ti è capitato di sentire persone lamentarsi con frasi del tipo: «Le tasse sono troppo alte», «Con i nuovi lavori la mia attività ne ha risentito», «La gente non ha più i soldi di prima e gli acquisti online hanno rovinato il mercato», ecc.?, ma poi quando chiedi cosa possono fare loro per risollevare la situazione, la risposta è spesso: «Cosa c'entro io? Io faccio così da sempre. Non è colpa mia, e poi io sono fatto in questo modo». Quindi tanta energia investita in situazioni che non possiamo cambiare (coinvolgimento) e, per contro, nessuna nelle situazioni sulle quali potremmo cambiare le cose (controllo).

Sai quale sarebbe la comunicazione proficua in situazioni come questa? Eccola: «Alla luce della situazione in cui mi trovo, cosa posso fare io di diverso per ottenere il risultato sperato? Cosa devo imparare, conoscere o migliorare di me per avere un risultato differente?».

Sarebbe un'assunzione di responsabilità di fronte alla situazione, che è ben diverso da assumersene «la colpa». Non è colpa mia se è accaduto qualcosa che non va, ma decido di assumermi la responsabilità di un risultato differente per cambiare le cose.

Questo significa che le cose cambieranno in un battibaleno? No. Ma mentre nel primo caso le possibilità di cambiare i risultati sono pressoché nulle, con una comunicazione di questo tipo le probabilità aumentano sensibilmente, perché me ne sto assumendo la responsabilità. Quel tipo di domanda attiva la ricerca delle risposte. Ci può volere del tempo, ma stai pur certo che chi comunica con se stesso nel secondo modo avrà risultati e risvolti ben diversi e più soddisfacenti.

6. Distingui tra urgente e importante

In un mondo caotico e pieno di stimoli come il nostro, urgente e importante sembrano sinonimi. Invece è fondamentale imparare a distinguerne il significato.

Come diceva il presidente USA Eisenhower: «La cosa importante è raramente urgente e ciò che è urgente è raramente importante». L'unità di misura dell'urgenza è infatti il tempo, mentre quella dell'importanza è il valore. Riesci a coglierne le sfumature?

Se la tua risposta è no, il rischio che corri è quello di dedicare le tue giornate a questioni urgenti, ma di trascurabile rilevanza per la tua vita. Ricordi l'esempio dell'affaccendato che ti ho menzionato all'inizio di questo capitolo? Ecco, per evitare di diventare un affaccendato, è meglio capire subito un concetto fondamentale: minore è il tempo che mi separa dalla scadenza entro cui devo completare un compito, maggiore è la sua urgenza. Questo, però, non ne sancisce automaticamente l'importanza. Che si tratti di pagare una bolletta o rispondere a una mail priva di conseguenze fondamentali, riguarda attività che non meritano di essere messe al centro della propria vita.

L'urgenza crea lo stress, inteso come paura di non riuscire a fare tutto ciò che si deve fare, e questo genere di stress è ben diverso da quello benefico e necessario che proviamo di fronte a una sfida importante, che potrebbe cambiare davvero il corso delle cose.

Perciò, le domande da porsi sono: «Quanto valore porta questa cosa nella mia vita? Quanto è connessa con i miei obiettivi, personali o professionali?».

Pensaci bene quando ti accingi a pianificare o a svolgere i tuoi impegni, anche perché si tratta di una delle distinzioni più importanti da fare per diventare persone di successo, con l'equilibrio giusto per vivere meglio.

Tanto importante che, più avanti, te ne parlerò ancora nella parte che riguarda il principio di Pareto.

7. Affina velocità e controllo

Conosci la legge di Parkinson? Negli anni Cinquanta, questo storico navale britannico scrisse un saggio che, con tipico humour inglese, analizzava problemi e difetti di funzionamento delle organizzazioni.

Tra le sue tante intuizioni c'era la constatazione che compiti molto semplici possono acquistare complessità nel caso venga prolungato il tempo a disposizione per il loro svolgimento. Per contro, quando il tempo assegnato a un task si fa più breve, quel compito diventa più semplice e più veloce da risolvere.

Questa è la chiave per acquisire velocità e controllo: diminuisci il tempo a disposizione.

La pressione di una scadenza imminente ti spinge a completare un compito nel tempo che ti è dato, nel modo più efficace possibile. Se non ci sono tempistiche che vincolano lo svolgimento di un certo lavoro, quel lavoro potrebbe richiedere un tempo indeterminatamente lungo per essere portato a termine.

Tieni sempre presente che l'efficacia è l'arte di saper utilizzare le risorse a disposizione sprecandone il meno possibile. Se consideri il tempo come risorsa principale, l'obiettivo deve diventare quello di concentrare una gran quantità di lavoro dentro un tempo relativamente breve.

Per farlo bisogna tagliare fuori tutte le possibili fonti di distrazione esterne e interne e dedicarsi totalmente alle attività necessarie per produrre un risultato.

Nel prossimo punto analizzeremo più nei dettagli le tecniche e i rischi che comporta la messa in pratica di quest'approccio.

8. Focalizza l'attenzione

Per svolgere un compito con velocità e controllo serve il massimo livello di concentrazione. A parità di tempo, più siamo focalizzati più siamo produttivi.

Potrebbe sembrare ovvio, ma mai come al giorno d'oggi la nostra capacità di concentrazione è messa a dura prova: messaggi, mail, chat e social network ci rubano continuamente risorse mentali e attenzione, inficiando la nostra produttività e aumentando il livello di stress con urgenze che raramente sono davvero importanti.

Apparentemente potranno sembrare innocui, ma i due maggiori pericoli per una corretta focalizzazione sono il multitasking e le interruzioni.

So che è difficile crederlo, ma ogni volta che il suono di un messaggio ti riscuote mentre stai facendo qualcosa e tu sposti l'attenzione dall'attività principale ad altro, stai disperdendo energia e sprecando tempo.

Conviene evitare ogni distrazione, per focalizzarsi totalmente su un singolo e preciso compito, nel tentativo di creare la condizione mentale di massima efficienza definita dallo psicologo Mihály Csíkszentmihályi come «stato di flusso».

In cosa consiste?

Hai presente quelle situazioni in cui sei completamente immerso in quello che stai facendo, non ti accorgi del tempo che passa, non sai nemmeno più dove ti trovi e lavori con facilità e naturalezza, senza minimamente sentire la fatica? Si tratta di momenti in cui poche ore di tempo sembrano valere molto di più in rapporto alla produttività innescata.

Per arrivarci serve una combinazione di volontà, disciplina, motivazione, competenza e focalizzazione, ma soprattutto conoscenza di se stessi. Ognuno di noi deve attivare tutte le strategie e i sistemi necessari per evitare distrazioni e dispersione di energie.

9. Organizza

Un sistema ben organizzato è quell'insieme di abitudini, comportamenti, procedure e oggetti che ti mettono in grado di trovare rapidamente ciò che ti serve al momento giusto.

Per riuscire ad amministrare al meglio il tuo tempo e favorire la focalizzazione devi poter chiudere un'attività e passare alla successiva senza interrompere lo slancio del flusso di lavoro. Inoltre è fondamentale avere chiare le priorità e a che punto sei arrivato.

I sistemi di organizzazione sono davvero tanti e ti consiglio di approfondirli attraverso letture specifiche o corsi appositi, si spazia dalle liste ai sistemi di archiviazione, ai processi organizzati e scanditi attraverso specifici passaggi.

Alla base di tutto, però, c'è la pianificazione.

10. Dimettiti dal ruolo di «direttore generale dell'universo»

Quella del «direttore generale dell'universo» è una bella immagine che rappresenta la tendenza a voler fare tutto perché «nessuno può fare le cose meglio di come le faccio io».

Pensa a quelle donne che si lamentano di essere sempre stanche e non avere tempo per se stesse, ma non permettono a nessuno (né al marito, né ai figli) di aiutarle nelle faccende domestiche. E si giustificano dicendo: «Faccio prima a farle io che a spiegare come si fanno».

Pensa a quegli imprenditori che non riescono a far crescere la propria azienda, perché vogliono esercitare il proprio controllo su tutto. Magari quando hanno fondato la loro attività hanno dovuto fare tutto loro, dalla produzione alla vendita, fino all'amministrazione. Poi l'impresa è cresciuta e hanno dovuto delegare alcune delle attività ad altre persone. In questi casi, dimettersi da direttore generale dell'universo è fondamentale per far crescere il proprio business.

Indipendentemente dal fatto che tu sia o meno un imprenditore o un manager, la delega è uno strumento determinante per la gestione del tempo.

Se identifichi un'azione che puoi delegare, procedi subito a farlo. Quindi annota tutto in una lista in cui tenere traccia delle attività delegate per non perderle di vista.

In questo modo continuerai a mantenere tutto sotto controllo ma a un livello superiore. E potrai liberare parte del tuo tempo per fare cose più importanti per ottenere più risultati e migliorare la qualità della tua vita.

«Meno risultati per stare meglio»: la scelta di Alessio

Ho incontrato Alessio da pochi mesi.

Anni fa ha fondato una società con altri bravi imprenditori, ma da poco ha deciso di diventare socio di minoranza e di ridurre al minimo il suo carico lavorativo.

Quando l'ho incontrato, lui ci ha tenuto subito a informarmi che non gli interessava assolutamente lavorare su se stesso. A suo dire aveva già fatto corsi «motivazionali» e non voleva più essere «motivato». Gli ho spiegato che non mi occupo di motivazione, soprattutto come la intendeva lui, ma non mi stava ad ascoltare, tanta era la foga di difendersi da me in quel momento.

Così ha iniziato il suo racconto. Con la sua precedente attività era arrivato a guadagnare cifre ragguardevoli, era efficiente e sapeva fare benissimo il suo lavoro, aveva un team di persone e gestiva tutto e tutti con tenacia e determinazione.

Ma, a un certo punto, era crollato in seguito a un forte esaurimento nervoso. Così aveva deciso di cambiare vita. Non ne poteva più di quei ritmi insostenibili, ci aveva rimesso la famiglia, con cui passava troppo poco tempo e sempre impegnato in altri pensieri, aveva messo alla prova la salute e la sua intera qualità di vita ne era uscita compromessa.

Così aveva deciso: «Mai più quella vita. Preferisco avere meno, guadagnare meno, raggiungere meno risultati in cambio di una vita normale».

Non sono riuscita a fare gran che per lui, confesso, era talmente sulla difensiva che ogni tentativo di trovare un canale di comunicazione sembrava vano.

Era letteralmente terrorizzato all'idea che volessi convincerlo a tornare a essere il vincente di allora. Non voleva più alcuna motivazione, nessuna abilità in più, aveva troppa paura, perché quelle ambizioni gli erano costate care.

La verità è che il problema non era il suo successo, ma l'incapacità di gestirlo in modo sostenibile: la sua attività era cresciuta e anche le sue competenze, ma non era mai riuscito a crearsi un efficace piano B.

Per questo, quando si è visto costretto a scegliere tra la sua qualità di vita e la sua carriera, ha optato per la prima, non sapendo come prendersele entrambe.

Le persone lo fanno molto spesso: quando non riescono a raggiungere qualcosa, allora optano per la via più semplice, che consiste nel limitare le aspettative e abbassare gli standard.

Il piano B per avere ancora più successo senza stress

Cos'è il piano B

Supponiamo che tu abbia un'attività da libero professionista, o magari un'azienda. Mettiamo anche che tu sia nella fase in cui, se sei bravo, lavori tanto e guadagni in proporzione all'impegno. Magari hai poco tempo per te, ma le cose vanno abbastanza bene.

Il problema è che per quanto impegno e bravura tu ci possa mettere, arriverà un momento in cui tu stesso diventerai il limite che impedisce all'attività di crescere.

È possibile che tu faccia tante cose e riesca a farle bene, puoi aver imparato a evitare gli errori e sei diventato via via più performante, ma ci sarà sempre un limite oltre il quale non potrai andare da solo.

Supponiamo che tu sia un venditore o che comunque la tua attività richieda di persuadere qualcuno a diventare un cliente. Prima riuscivi a incontrare otto persone al giorno, di cui quattro si convertivano in clienti. A poco a poco, lavorando su te stesso e sulle tue capacità di vendita, di comunicazione e di leadership, sei addirittura arrivato a convertire in clienti ben sette persone su otto. Quindi, con impegno e qualche sacrificio, sei riuscito a incontrare ben dieci possibili clienti e a convertirne nove o addirittura tutti!

Sarebbe la cronaca di una grande ascesa, ma il punto è un altro: per quanto tu possa diventare bravo in quello che fai, arriverà un momento in cui quello stesso sistema non potrà progredire oltre. Al contrario, crescerà esponenzialmente il rischio che tu vada sotto stress e finisca per fare marcia indietro.

Ricordi quando ti parlavo della tendenza a pensare che non si possa avere tutto? Ho spiegato ampiamente che si tratta di una falsa credenza, che ci limita e preclude un pieno successo in ogni area della vita.

Perciò direi che si può andare direttamente al punto: come ti ho già ripetuto, si può avere successo, benessere, soddisfazioni e tempo necessario per goderseli.

Abbiamo il diritto a volere il massimo dal nostro lavoro, preservando qualità di vita e serenità, con un'esistenza appagante e dove ci sia spazio per l'amore, per le relazioni e per noi stessi.

Ovviamente non basta crederlo possibile, bisogna attivarsi e sviluppare nuove abilità, competenze e tante strategie.

Lavorare duramente e instancabilmente non è un problema, e spesso sembra l'unica soluzione, solo che molti non hanno capito che il trucco sta nel farlo solo per un periodo limitato di tempo.

Se lavorerai con strategia e metodo prima su te stesso e poi sul funzionamento del tuo sistema, allora la fatica lascerà finalmente il posto alla vita che ognuno di noi merita.

Il problema infatti non sorge quando stiamo lavorando troppo. Il vero nodo della questione arriva quando lo stiamo facendo da troppo tempo, senza un attimo di riposo, ma soprattutto senza creare un piano per cambiare le cose.

Provo a fartelo capire meglio con una domanda a bruciapelo: cosa succederebbe se domani tu andassi via dalla tua attività per fare due mesi di vacanza? Le cose andrebbero avanti lo stesso?

Per qualcuno il problema non si pone, in vacanza per due mesi non ci va, e nemmeno per una settimana, forse, perché è l'unico che può svolgere le sue attività.

Ora la questione si scinde in due parti: la prima rivolta a chi è un battitore singolo e l'altra a chi invece lavora in team. In entrambi i casi, però, dovrai attivare strategie nuove per riuscire, nel medio periodo, a cambiare il tuo modo di lavorare. Senza queste, sarà impossibile raggiungere l'equilibrio che cerchi.

Purtroppo non ci sono formule che valgano per tutti, ognuno di noi deve trovare il metodo che più gli si addice. Per qualcuno si tratterà di gestire il proprio lavoro diversamente, qualcun altro dovrà creare un team di lavoro che, con il tempo, possa svolgere al posto suo alcuni dei compiti che è importante e utile delegare. In ogni caso dovrai fare qualcosa per rendere il tuo progetto professionale, sostenibile nel tempo.

Definisci il tuo piano B

Il primo passo per trovare la propria strada verso un piano B consiste nell'analizzare nei dettagli ciò che fai.

Scrivi un elenco delle attività professionali che svolgi quotidianamente, settimanalmente e mensilmente nel tuo lavoro. Alcune di queste attività potrebbero essere: incontrare possibili clienti e vendere loro un servizio o prodotto, inviare loro i contratti e la modulistica necessaria, tenere i conti dell'attività, fissare gli appuntamenti, relazionarsi con i fornitori, fare l'inventario, gestire la pubblicità sui social, creare un progetto di lavoro, stilare preventivi, gestire le problematiche che sorgono, gestire un team, attivare strategie di marketing, ecc.

Scrivi davvero *tutto* quello che fai, prenditi il giusto tempo, fai mente locale e stila un elenco completo:

____

____

____

____

____

____

____

____

____

____

Fatto? Hai inserito tutto? Se hai svolto bene questa parte è molto probabile che ora tu ti renda conto di fare davvero tanto, forse troppo.

Ora rispondi alla seguente domanda: «Cosa potresti delegare a un valido collaboratore?».

Fai attenzione: non ti ho chiesto se esiste o no un collaboratore con questa capacità, ma solo *cosa*, nello specifico, potresti delegare a un tuo potenziale assistente talentuoso. Quali compiti di quelli sopra elencati?

Ora poniti un'altra domanda: «Se avessi un collaboratore meno brillante, ma più normale, quali abilità e competenze dovrebbe sviluppare per sostituirti degnamente nei compiti che hai appena elencato? Cosa dovrebbe imparare per raggiungere il livello dell'assistente talentuoso che hai appena immaginato?».

Fai quindi un elenco dettagliato di abilità e competenze: abilità di vendita, sensibilità nella gestione dei clienti difficili, competenze di leadership, competenze tecniche specifiche, precisione, attenzione, ecc.

Il lavoro non è finito. Anzi, abbiamo appena iniziato, ma almeno abbiamo fatto chiarezza riguardo a quel che serve.

Che tu sia il battitore singolo di cui parlavamo prima, una persona che lavora in team o che ha dei soci, devi trovare il modo di avere al tuo fianco qualcuno che possa occuparsi nel modo giusto di cose che gli delegherai.

Che si tratti di dipendenti o di collaboratori esterni, di professionisti che paghi di volta in volta o di soci, ti serve qualcun altro che faccia per te le cose che rubano energie e tempo alla tua attività professionale.

Ti riporto ora un esempio molto calzante, tratto dal libro *Le 7 regole per avere successo* di Stephen Covey:

> Immaginate un gruppo di professionisti che creano un sentiero nella giungla a colpi di machete. Sono coloro che agiscono, quelli che risolvono problemi. Si aprono la strada nel sottobosco, tagliando arbusti e liane.
>
> A seguire arrivano i manager, che affilano i loro machete, scrivono manuali organizzativi e di procedure, implementano programmi per lo sviluppo della muscolatura, introducono tecnologie innovative e fissano orari di lavoro e programmi di svago per i collaboratori.
>
> Il leader è quello che sale sull'albero più alto, esamina l'intera situazione e grida: «È la giungla sbagliata!».

Dove voglio arrivare con questa citazione?

Mi piacerebbe che ti chiedessi come puoi pensare di gestire efficacemente la tua attività, se sei troppo impegnato a fare tutto da solo.

Non puoi essere un leader lucido che vede le cose da un osservatorio migliore mentre ti occupi di ogni mansione, senza poter staccare i piedi da terra. Così facendo, rischi di perdere di vista la cosa più importante: la tua capacità di tracciare la direzione, di trovare le strategie e prendere le decisioni necessarie per far crescere la tua attività. Sono questi i tuoi veri compiti, e scommetto che pochi tra essi sono nell'elenco che hai stilato poco fa.

Trova il modo di occupartene al meglio, delegando tutto il resto a qualcun altro, se vuoi davvero puntare al massimo nella tua vita e nel tuo lavoro.

Che si tratti di creare dei nuovi processi, di trovare un valido collaboratore o magari di fare entrambe le cose, è il momento di cambiare il modo in cui gestisci il lavoro se vuoi raggiungere un successo equilibrato in grado di durare nel tempo.

E ricorda: puoi sempre avere tutto. Dipende solo da te.

Se vuoi approfondire il tema della delega, della scelta e della gestione dei collaboratori ti invito a visitare il sito www.verosuccesso.it, dove puoi trovare alcune risorse utili.

Punti chiave

Non aspettare di avere un obiettivo chiaro, dai il meglio di te in ogni cosa che fai. Ricorda che non conta cosa fai, ma come lo fai. È questa la vera ricetta per l'autorealizzazione: fai tutto al meglio.

Se dai il meglio di te in ogni cosa che fai, hai più chance di trovare la strada giusta per te.

I nostri schemi mentali determinano le nostre azioni e i risultati conseguenti. Se vogliamo essere più produttivi nel minor tempo possibile, dobbiamo passare dalla mentalità del «fare» alla mentalità del «risultato».

Per gestire meglio il tempo:

- concentra la tua attenzione sui risultati anziché sulle cose da fare;
- stabilisci le priorità;
- segui il tuo scopo;
- definisci degli obiettivi per ogni area della tua vita;
- concentrati su ciò che rientra nella tua sfera di controllo;
- distingui le urgenze dalle cose importanti;
- affina vivacità e controllo;
- focalizza l'attenzione;
- organizza;
- dimettiti da «direttore generale dell'universo».

Definisci un piano B se vuoi essere padrone del tuo tempo ed evitare che gli impegni di lavoro lo assorbano totalmente, portandoti allo sfinimento.

Scheda di lavoro

- Stai dando il meglio in ciò che stai facendo o aspetti di trovare la strada della tua vita?

- Sai cosa vuoi? Hai definito degli obiettivi anche per queste aree della vita?

Lavoro

Finanze

Famiglia/rapporti di coppia

Salute e benessere

Divertimento e amicizie

- Hai definito un piano B? Pensi di doverne definire uno a breve?

VII

Successo e spiritualità: essere^2

«Essere», «stare insieme» e «fare per avere»: c'è tutto?

Quasi. Nel modello del successo manca una parte fondamentale: quella spirituale.

Di solito la dimensione spirituale viene vista come qualcosa in più, qualcosa che non ha assolutamente nulla a che vedere con il successo. Anzi, nella maggior parte dei casi, alle perso-

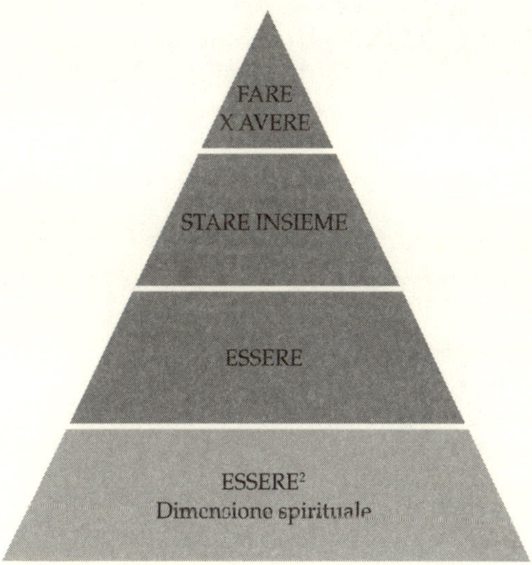

ne che si definiscono «spirituali» la parola «successo» evoca soprattutto significati negativi.

In realtà la dimensione spirituale non sta fuori o al di sopra del nostro modello, ma alla base di tutto, è ciò che può dare ancora più stabilità alla nostra vita. Per questo l'ho definita «essere alla seconda potenza».

Quello della spiritualità è un argomento delicato, ma allo stesso tempo determinante, se miriamo ad avere un reale equilibrio che duri nel tempo.

Possiamo avere un bel lavoro, una bella famiglia e anche del tempo per goderceli e già saremmo felici e appagati ma, credimi, la spiritualità (non necessariamente correlata a una religione specifica) è quel sale che condisce la nostra vita, regalandole un senso più grande e permettendoci di affrontare la quotidianità con un significato più profondo.

Se ricordi il modello di successo equilibrato che ti ho presentato nella prima parte di questo libro, la spiritualità è qualcosa di non tangibile che avvolge tutto il resto come un'aura immateriale.

Capita che alcune persone abbiano deciso di dedicare molta della loro energia e della loro vita ai problemi più profondi dell'anima. Più o meno tutti ci chiediamo perché siamo qui, se questa vita è unica o solo di passaggio, qual è lo scopo di ciò che affrontiamo e quale il nostro compito.

Sono le domande che da sempre accompagnano l'umanità, perché abbiamo necessità di dare un senso a chi siamo e cosa siamo venuti a fare. Ognuno poi prende la sua decisione a riguardo.

Qualcuno è particolarmente affascinato da questi aspetti dell'esistenza, tanto da dedicarci molte energie e molti studi. Trovo la cosa ammirevole e trovo, personalmente, che sia importante e bello vivere la vita in modo meno superficiale e connettersi con una parte di sé molto più profonda.

La spiritualità alla quale farò riferimento rappresenta il «perché» di ciò che facciamo.

La corsa verso la spiritualità che lascia indietro tutto il resto

Ho conosciuto persone che si definivano altamente spirituali. Persone con un credo specifico che hanno fatto tutto in funzione di quel credo, in preghiera, recitazione, meditazione con la bocca sempre piena di belle parole e probabilmente anche un animo profondo e sincero. Ma non sempre.

Alcune persone fortemente credenti perdevano di vista i rapporti umani, connessi com'erano con quest'aura immateriale e così poco presenti sul piano materiale. Altri si mostravano meno inclini ai risultati, ai guadagni, perché l'aspetto economico è spesso visto da queste persone come qualcosa che non ha valore, e in effetti non lo ha, sul piano immateriale.

Così in molti casi ho incontrato belle persone, profonde e ricche spiritualmente, ma sole o con famiglie e relazioni disastrate.

Ho perso il conto di quante persone mi hanno raccontato che il loro scopo nella vita era aiutare il prossimo con questo o quell'altro servizio, prodotto, ecc. Eppure, quelle stesse persone stavano perdendo di vista altro.

Tiziana è una massaggiatrice esperta in apertura chakra. Mi ha spiegato come sia importante far fluire l'energia nel nostro corpo e di quanto la nostra anima abbia bisogno di espandersi, svincolandosi dalle catene della quotidianità. Il suo scopo è aiutare le persone a far scorrere le energie, perché possano essere più felici e libere di essere se stesse.

Marcello invece è un esperto di meditazione, sa connettersi con la parte più profonda di se stesso e ascoltarsi, e ha una spiccata sensibilità a connettersi con gli altri, comprenderli e ascoltarli. Li capisce come nessun altro ed è per loro un valido sostegno.

Giuseppe è un cristiano devoto, sempre in chiesa a sostenere parroco e parrocchia, a servire la messa e organizzare il coro. Le sue parole sono legate a Dio e le preghiere gli fanno compagnia nella sua quotidianità.

Carlo invece è buddista, recita tutte le mattine e ha i suoi mantra, che ripete a se stesso con convinzione. È bravo anche a coinvolgere le persone e spiegare il valore che hanno, come possono prendere in mano la propria vita, portandola dove è meglio per loro.

E poi c'è Beatriz, di madre brasiliana e padre italiano. Sua madre era una sciamana, dice, dalla quale ha ereditato la capacità di «sentire» e «percepire». Vede quello che io non sono mai riuscita a vedere e spesso ti lascia a bocca aperta per le cose che dice quando meno te lo aspetti.

Io penso a tutti loro come a delle belle persone, che coltivano pensieri interessanti e dedicano parole gentili a chiunque. Persone che, con il loro atteggiamento, rappresentano indubbiamente un buon esempio. Ma è davvero tutto così rosa?

Tiziana è bravissima con le sue mani, credo abbia capacità di pranoterapeuta sviluppate o innate, non lo so, ma è brava. Ha però una brutta psoriasi su tutte le braccia, a causa di uno stress emotivo legato alla relazione con la figlia. Non si parlano da anni e non si capiscono, lei dice di sua figlia che è immatura e non ha la sua profondità spirituale per comprendere le ragioni dello spirito. Di contro la figlia l'accusa di non avere i piedi per terra, di non esserle stata accanto come avrebbe dovuto e di aver fatto scappare suo padre. Non entro nel merito di chi abbia ragione e chi torto, ma in questa situazione Tiziana non sa come cavarsela. Si dedica agli altri, ma somatizza, non gestisce il suo dolore e il corpo le urla avvertimenti che lei non sente.

Marcello ha problemi economici. Per vivere ha messo su un'attività commerciale. Vende prodotti alimentari ai ristoranti. Sono prodotti di qualità, ma pare che qualcosa non funzioni, perché a fine mese i risultati non sono quelli sperati: i ristoranti fanno ordini irrisori, la concorrenza è tanta e lui guadagna sempre meno. La verità è che i suoi prodotti sono buoni, ma lui conosce poco della vendita e delle regole del mercato e la sua profondità spirituale non sopperisce a questa mancanza. È una bella persona, ma sempre in bolletta, con la frustrazione che ne consegue. Tu penserai: ma almeno ha l'animo in pace, perché sa che le cose importanti non sono queste. Invece ha l'animo in tumulto ogni mese, quando deve pagare affitto e bollette e non sa più a chi chiedere aiuto.

Giuseppe non si perde mai una messa. Adesso è un'istituzione per la sua parrocchia. Sua moglie lo ha lasciato per un altro ormai troppi anni fa e lui, con tre figlie da crescere da solo, si è rifugiato nella fede per trovare conforto. A modo suo l'ha anche trovato, ma le sue figlie sono rimaste sole. Una di loro ha preso a frequentare gente discutibile, fino a cadere nella droga, lui non sa come aiutarla perché, in fondo, non sa come aiutare se stesso: prega per alleviare il dolore, ma è spettatore di un quadretto familiare che ormai gli è sfuggito di mano. Un'altra figlia, la più grande, è arrabbiata con un padre che secondo lei le ha abbandonate a sua volta per rifugiarsi nella preghiera. Ha chiuso ogni rapporto con lui, ha creato la sua famiglia all'estero e non si sentono da anni.

Carlo è un buddista convinto, che appena incontra qualcuno con un problema lo convince a iniziare la pratica come soluzione a ogni male. Fa l'operaio, ma il suo lavoro non lo soddisfa. Il suo capo è un despota e lui subisce i suoi modi arroganti e dittatoriali. Non ha una fidanzata, perché le ultime storie sono state una frana. Lui è bello, simpatico e piacevole, ma crede poco in se stesso e non riesce a decidere quasi nulla. Vorrebbe mille cose, tra cui cambiare lavoro, sentirsi più sicuro di sé, prendere in mano la sua vita, peccato che non ha idea di come fare. Però è convinto che, recitando i suoi mantra, il suo io più profondo prima o poi gli darà le risposte che cerca. Intanto va avanti, come sa e come può.

Beatriz è una donna affascinante. Le sue origini brasiliane le conferiscono fascino e mistero, la sua capacità di percepire la rende intrigante. È nata dalla relazione di un italiano che era andato in Brasile per lavoro, sua madre era rimasta incinta di lui e si era trasferita in Italia per far nascere Beatriz. Ma le cose tra loro non sono andate bene e, quando la piccola aveva solo cinque anni, la madre è rientrata in Brasile senza di lei che, quindi, è cresciuta con suo padre, affettuoso ma troppo assente. Sorride sempre Beatriz, ma se guardi bene i suoi occhi hanno un velo di tristezza. Non ha mai superato il trauma dell'abbandono e da quando suo padre si è risposato sente di aver perso anche lui. Tutto questo ha minato la sua capacità di amare davvero. Dà amore a tutti meno che a se stessa e, manco a dirlo, è e si sente profondamente sola. Così aiutare gli altri le regala gioia, la stessa che non sa come trovare dentro di sé.

Cosa accomuna queste storie? Una forte componente spirituale e un'altrettanta forte carenza negli aspetti materiali.

Il punto saliente è che, così come avere risultati pragmatici e concreti non porta necessariamente all'evoluzione spirituale, allo stesso modo, avere una forte spiritualità non porta a una vita in equilibrio dove la componente pragmatica ha la sua importanza.

Ma non si può vivere in armonia con se stessi anche senza la componente materiale? Certo che sì, a patto però che sia realmente una scelta e che tu sia felice *davvero*, e che la spiritualità non sia un ripiego per soddisfare i tuoi bisogni o una consolazione per il fatto di non riuscirci, ma che tu sia profondamente in pace con te stesso e con il mondo.

Ciò detto, ti faccio anche una domanda: se questa pace con te stesso ti portasse anche a risultati concreti, ti farebbe schifo?

Immagino di no. Anche perché hai mai valutato che più sei concreto, oltre che spirituale, più sei d'aiuto per il mondo?

Un esempio? Una delle persone che più si è spesa per gli altri, che ha annullato se stessa per amore del prossimo, donando tutta la sua vita con immensa generosità e altruismo, è probabilmente Madre Teresa di Calcutta. Possiamo dire di lei che era profondamente spirituale? Certamente sì. Le sue azioni erano mosse da qualcosa di più grande di lei, un bene supremo, il benessere del mondo.

Sai che però, al tempo stesso, Madre Teresa di Calcutta era un'abilissima venditrice? Che era bravissima a farsi dare un sacco di soldi da chi li possedeva? Sai anche che, nonostante non avesse alcuna simpatia per i giornalisti (arrivò perfino a dire: «Preferisco lavare un lebbroso che parlare con un giornalista») decise di non sottrarsi né alla carta stampata, né ai riflettori di un mondo che stava diventando sempre più mediatico?

E sai perché? Perché sapeva che, grazie alle notizie diffuse dai mezzi di comunicazione, sempre più persone avrebbero conosciuto la realtà nata dalle sue mani, e che molte di loro sarebbero entrate tra i benefattori delle Missionarie della Carità.

È stato grazie a questo sforzo che Madre Teresa ha ottenuto la fama planetaria che le serviva per finanziare un'opera che a poco a poco si è estesa a tutto il mondo e ha aiutato milioni di persone.

Pensi che avrebbe potuto aiutare tutta quelle gente se non avesse avuto la capacità di trasformare il suo lavoro in qualcosa di più grande e solido?

Be', sarebbe stata una brava donna e avrebbe accudito qualche malato, ma lei ha fatto molto, molto di più. Lei ha reso possibile dei risultati per queste persone, ha dato loro cibo, cure e medicine, ha creato centinaia di orfanotrofi e di centri di cura per bambini malati e malnutriti.

Lei è un esempio di chi, mosso da un bene più grande, ha agito sul piano materiale per rendere tangibile il piano spirituale. Ha fatto la differenza per milioni di persone.

Quindi, la morale di questa prima parte è: rendi pragmatico un valore spirituale. Le due cose si amplificano vicendevolmente.

Erroneamente, invece, spesso le persone pensano che lo spirito non necessiti del materiale. Quasi che la componente materiale fosse qualcosa di cattivo, di sporco, lontano da un piano più elevato.

Sai perché non è così? Perché noi *siamo* materia e viviamo nella materia, così come *siamo* spirito e viviamo anche nello spirito.

Un'altra riflessione è: puoi decidere se hai almeno due opzioni. Quando ti provoco chiedendo se davvero stai scegliendo la spiritualità o se è un rifugio, mi riferisco al fatto che solo quando qualcosa sappiamo farla, possiamo scegliere se farla o meno. Se non so concretizzare, non farlo non è una scelta, semplicemente non so come si fa. Posso dire di non avere bisogno di denaro, per esempio, se so produrre denaro e quindi scelgo davvero di non interessarmene.

Molto spesso però il fatto è ben diverso: sono bravo sul piano spirituale, meno su quello materiale. Non ho confidenza con il denaro, anzi, credo mi allontani dallo spirito e quindi rifiuto l'argomento. Questa non è una scelta. Se non lo so fare, non sto scegliendo un bel niente.

Anche perché se davvero la tua spiritualità ti portasse a comprendere che il denaro non ti occorre, potresti sempre usarlo per aiutare persone che non hanno nulla.

Questo libro parla di equilibrio, e non potrà esserci finché una parte di te si rifugia in uno dei due mondi (quello materiale o quello spirituale) senza comprendere che siamo entrambe le cose e, in quanto tali, nessuna delle due può passare in secondo piano.

La corsa verso il successo che lascia indietro lo spirito

Ricordo perfettamente quel giorno in cui rientrai in casa, la mia bella e grande casa di Firenze, mi chiusi la porta alle spalle dopo un'intensa e produttiva giornata di lavoro e mi sentii profondamente vuota.

Avevo una famiglia bella e solida, ma troppo lontana per vivere la quotidianità con loro. Da poco era terminata una relazione che era stata lunga, intensa e ricca, ma era arrivata alla fine.

Io avevo preso a viaggiare, a visitare posti meravigliosi e spesso da sola, perché mi divertiva, mi affascinava e mi faceva sentire viva.

Il lavoro andava alla grande. La mia escalation professionale era stata velocissima, piena di soddisfazioni e risultati importanti.

Ero una macchina da guerra sul lavoro, tutte le mie iniziative e decisioni davano grandi risultati e guadagnavo tantissimo per la mia età. Avevo raggiunto una posizione economica davvero invidiabile, regalavo vacanze ai miei genitori, mi compravo qualsiasi cosa mi venisse in mente, mangiavo nei migliori ristoranti e mi godevo la vita.

Casa enorme e bellissima, macchina nuova e fiammante, giovane, bella e con una vita di successo e da poco anche single.

Che vuoi di più, penserai tu?

Io quel giorno ricordo che chiusi quella porta e mi sentii profondamente vuota.

Dal punto di vista materiale avevo tutto quello che si poteva desiderare. Non avevo problemi con gli uomini, avevo imparato a gestire me stessa e la mia parte femminile, nonostante la mia forte componente maschile. Sapevo benissimo come impiegare il mio tempo, me la spassavo spesso e volentieri e non mi mancavano certo gli amici.

Eppure avevo la netta percezione di un vuoto.

Ricordo nitidamente che pensai per la prima volta che quel successo, quel benessere, quei risultati non servivano a nulla se poi, in fondo, mi sentivo in quel modo.

In quei giorni mi imbattei in un video di Jim Carrey dove diceva qualcosa a proposito del fatto che avrebbe augurato a tutti di raggiungere il successo per consentire loro di capire che rincorriamo la cosa sbagliata, e che non è quello ciò che conta. Io comprendevo benissimo di cosa stava parlando.

Ho avuto però la saggezza di intuire cosa stava accadendo. Mi fu facile, grazie alle mie conoscenze, distinguere un ragionamento logico da una generalizzazione poco utile, così evitai di pensare che il problema fosse il successo. Se avessi compiuto quell'errore mi sarei liberata della cosa sbagliata.

Io volevo tenermi stretto il mio successo, volevo solo liberarmi di quella sensazione di vuoto. Così iniziai a domandarmi di cosa avessi bisogno per colmarlo. Cosa potevo fare io (cioè, cosa era sotto la mia responsabilità) per riempire me stessa e sentirmi finalmente completa e profondamente felice?

Mi resi conto allora che fino a quel momento avevo agito con uno scopo ben preciso.

Ero stata per anni una studentessa fuori sede, i miei genitori non mi avevano fatto mancare nulla ma, da quando stavo a Firenze, ero entrata in un giro di amicizie di gente molto benestante. Loro avevano tutto, io facevo lavoretti a destra e a manca per avere i soldi per una pizza.

In quegli anni i miei amati genitori, due semplici stipendiati dello Stato, erano alle prese con l'arduo compito di mantenere tre figlie all'università, una a Firenze, una a Vicenza e l'altra a Lecce. Quindi, se volevo qualche extra, dovevo lavorare.

In più, quando ho deciso di seguire questa strada della formazione, dopo anni dedicati allo studio dell'architettura, non tutti hanno subito compreso e mi hanno appoggiato. Non era chiaro di cosa si trattasse (per molti non lo è ancora oggi), nella maggior parte dei casi mi deridevano o dicevano cose tipo: «Ti stanno facendo il lavaggio del cervello», «Torna in te e fai l'architetto», «Lascia perdere queste fesserie», ecc.

Così io volevo davvero dimostrare al mondo che si sbagliava, che io avevo visto giusto e che la mia strada era quella, e avrei avuto tanti risultati e tanto successo.

Quel giorno realizzai che ciò che fino ad allora mi aveva mosso era la voglia di riscatto e il benessere economico. Avevo raggiunto entrambe le cose. In un posto come Firenze, avevo riconoscimento e stima di moltissime persone, conoscevo mezza città e tutti mi ammiravano, ero brava nel mio lavoro e questo mi produceva un risultato economico. Certo, la ricchezza è un'altra cosa, ma io avevo tutto e potevo permettermi qualunque mio desiderio.

Eppure mancava qualcosa.

Quello che mi aveva mossa fino ad allora mi aveva sì portata al risultato, ma lasciando indietro qualcosa di più importante: la parte più profonda di me. Una parte dalla quale non potevo più prescindere.

Così iniziai a cercare e non sapendo bene cosa, cercai un po' ovunque. Studiai la religione cattolica più da vicino, iniziai a studiare la kabbalah, volli saperne di più sul buddismo e imparai anche a meditare.

Ti risparmio i dettagli delle mie ricerche, dei miei tentativi e di quante persone ho conosciuto, altamente spirituali (ma non in equilibrio) in quel periodo, ma feci un sacco di esperienze e cominciai a tuffarmi dentro me stessa.

E quando cerchi così intensamente, le risposte poi arrivano.

Cos'è la spiritualità in equilibrio

Sono arrivata così alle mie conclusioni, svincolate da appartenenze religiose anche perché questo modo di ragionare e di percepire è in linea con tutte le religioni.

Ho capito, dopo tanto navigare, che ciò che conta è il motivo più profondo che ti spinge ad agire.

Troppo semplice? Be', le soluzioni migliori sono proprio così: semplici.

Ho scoperto e sperimentato che se il motore che ti spinge è forte e grande, allora non ci sono vuoti, semplicemente perché quell'energia motrice riempie tutto.

Se ti impegni per te stesso è saggio, se lo fai per le persone che ami è nobile, ma quando fai qualsiasi cosa per un bene più grande, allora, quello che ti torna indietro è di una grandezza inestimabile.

Le cose grandi includono il mondo, includono gli altri e includono il dare senza pretendere una ricompensa, senza interessi.

Dare, perché se dai all'universo è buono e giusto, non perché tu debba averne un tornaconto. Questo ci sarà comunque e sarà più grande di quanto ti aspettassi, ma l'energia che muove queste leggi è il vero concetto di amore.

Ho imparato a conoscere più da vicino il principio dell'amore, contrapposto a quello della paura. Dove c'è amore, non può esistere paura e viceversa.

Ti è mai capitato di sentir dire di una persona che si è buttata nelle fiamme per salvare la vita di qualcuno che nemmeno conosceva? Ecco un esempio di amore che non lascia spazio alla paura.

Non voglio trasformare questo libro in una lezione sullo spirito, ma solo darti qualche indicazione perché tu possa trovare la tua strada, i tuoi tempi, i tuoi modi, la tua via.

Ma soprattutto voglio ricordarti che la tua vita spirituale non è un aspetto del quale puoi fare a meno. Se fai parte del primo gruppo di persone, quello che ha già la sua componente spirituale, questo libro può davvero essere l'inizio della svolta.

Cerca l'equilibrio nella tua vita in ogni aspetto, soprattutto nella componente materiale. È lì il tuo tallone d'Achille.

Impara a concretizzare, allenati a decidere e agire, inizia da piccole conquiste, ma decidi, agisci e porta a casa il risultato.

Non devi mettere da parte la tua parte spirituale, tienila al tuo fianco, semplicemente allena anche le altre. Impara a comunicare con gli altri, a gestire le tue emozioni, a conoscere le regole del gioco di questo mondo, nelle gestioni interpersonali, nel mercato, in tutto quello in cui oggi ti accorgi di essere più carente.

Inizia da uno di questi aspetti, non li affrontare tutti insieme, ma uno alla volta, e piano piano, credimi, arriverai al traguardo.

Ma ponici attenzione e usa la tua intelligenza per vedere con chiarezza cosa devi allenare, non fare l'errore di raccontarti che tanto va bene così.

Se invece sei nella fase che ho attraversato io anni fa, allora inizia da subito a porti una domanda importante: perché fai quello che fai?

Perché ti alzi al mattino?

Qual è lo scopo della tua vita?

Come puoi, attraverso quello che fai, contribuire al mondo?

Come puoi aiutare gli altri?

C'è un percorso bellissimo in cui si lavora profondamente su se stessi e che aiuta a trovare la *mission* della propria vita: è il Leadership Seminar di Roberto Re. È un processo che porta a una profonda consapevolezza e, se puoi, ti consiglio vivamente di fare esperienza, nella tua vita, di questo percorso.

Nel frattempo trova la tua risposta facendoti le giuste domande, quelle che ti ho appena descritto.

Trova il «perché» che rappresenta il tuo motore e ricorda: se la risposta riguarda te stesso va bene, se riguarda chi ami è nobile, ma devi cercare una risposta che riguardi qualcosa di più grande di me, di te e delle persone che amiamo. Includi il mondo intero, ne avrai in cambio un benessere più elevato.

Punti chiave

La dimensione spirituale non sta fuori o al di sopra del nostro modello, ma alla base di tutto, è ciò che può dare ancora più stabilità alla nostra vita.

Noi siamo materia e viviamo nella materia, così come siamo spirito e viviamo anche nello spirito.

Ciò che conta è il motivo più profondo che ti spinge ad agire. Se il motore è forte e grande, allora non ci sono vuoti, semplicemente perché quell'energia motrice riempie tutto.

Quando fai qualsiasi cosa per un bene superiore, allora quello che ti torna indietro è di una grandezza inestimabile. Le cose grandi includono il mondo, gli altri e il dare senza pretendere una ricompensa, senza interessi.

Scheda di lavoro

- Perché fai quello che fai? Perché ti alzi al mattino? Qual è lo scopo della tua vita?

- Come puoi, attraverso quello che fai, contribuire al mondo? Come puoi aiutare gli altri?

VIII

Stare in equilibrio in un mondo che cambia

Ti è mai capitato di pensare: «Vorrei che le cose rimanessero così per sempre»? Perché magari sono belle, perché ti fanno stare bene, perché ti sembra di aver trovato un equilibrio in quella situazione e perciò vorresti mantenere tutto immutato, per non rischiare di perderlo.

A me accadde tantissimi anni fa riguardo alla comitiva che frequentavo. Ero all'università e avevo un gruppo di amici con i quali stavo davvero bene. Erano piacevoli, avevamo interessi in comune, ridevamo delle stesse cose, ogni momento era motivo di confronto, ma anche di divertimento.

Ricordo nitidamente l'istante in cui pensai che avrei voluto fermare il tempo e restare in quella situazione per sempre.

In cuor mio speravo che saremmo rimasti amici per tutta la vita e sempre nello stesso modo, con le nostre uscite nel weekend, i nostri giri nei locali prima di scegliere cosa e dove bere e il nostro modo speciale di comunicare tra noi.

La verità è che con loro io mi sentivo davvero me stessa e questa era la parte più bella della nostra amicizia.

Ma le cose poi vanno diversamente da come a volte le pianifichi nella tua mente, ed è successo che siamo diventati «grandi». Uno di loro si è trasferito all'estero, ha cambiato numero, non usa i social e non so più nulla di lui da anni. Un altro si è fidanzato prima e sposato poi con una ragazza del gruppo e anche loro ora vivono all'estero. Un'altra ha messo su famiglia e tra lavoro e figli ha il suo bel da fare. Per tutti gli altri, me compresa, il lavoro ha assorbito a poco a poco il nostro tempo e le uscite insieme sono diminuite, gli interessi sono cambiati e quasi senza accorgercene abbiamo smesso di frequentarci.

Una volta però cercai uno di loro, uno di quelli che ricordavo con più affetto e simpatia. Decidemmo di rivederci per una serata al cinema e due chiacchiere tra vecchi amici.

È stato bello, mi ha fatto piacere, ma ho avuto per tutto il tempo l'impressione di essere con una persona nuova, di certo molto diversa da quella che avevo lasciato anni prima.

Probabilmente è la stessa impressione che ha avuto lui.

Anche se non c'era nulla che non andasse, era evidente che eravamo diventati due persone nuove rispetto a ciò che eravamo, ora vogliamo dalla vita cose differenti rispetto al passato, ci divertiamo in altri modi, abbiamo interessi diversi e non è possibile ritrovarci attraverso il ricordo dei ragazzi che siamo stati.

È stato piacevole rivederlo, ma ho anche capito che gli inevitabili cambiamenti sopraggiunti con il tempo ci avevano allontanati. I punti in comune erano pochi e le nostre vite avevano preso strade molto diverse tra loro, così come i nostri modi di vedere le cose e guardare il mondo.

Non va sempre così, sia chiaro, so che diversi di loro sono rimasti in contatto e ancora si vedono, sentono e frequentano.

Io invece, pur avendone un bellissimo ricordo, se li incontrassi sarei piena di gioia ma so che, passata l'euforia del primo momento con la rievocazione dei bei tempi andati, non ci sarebbe più la stessa voglia di passare del tempo insieme come accadeva anni fa. La vita ci ha portati lontani gli uni dagli altri.

Tutto cambia, anche quando non lo vuoi

Capita con gli amici, capita con le storie sentimentali. Ti è mai successo di incontrare un vecchio amore e avere la stessa sensazione che ti ho appena descritto? Di sentire che, per quanto tra voi sia stato bello in passato, oggi siete persone troppo diverse?

Il punto è che si cambia anche quando non si vuole, quando vorremmo mantenere tutto così com'è. Ogni cellula del nostro corpo si modifica nel tempo, è una legge della natura che ci rende persone in costante mutamento.

Non ho scritto «evoluzione» o «crescita», perché non è detto che il cambiamento avvenga nella direzione che vorremmo, cambiare in positivo dipende da noi.

Ognuno gestisce il rapporto con il cambiamento al meglio, ma è inevitabile che ci siano momenti in cui le cose vanno come vorremmo e ci piacerebbe poter fermare il tempo, così come in altre occasioni vorremmo poter cambiare tutto alla velocità della luce.

In entrambi i casi, anche quando il cambiamento è voluto, scelto, sperato, agognato, in tutti noi c'è una componente di paura. Per qualcuno più forte ed evidente, per altri più intima, ma si rivela comunque inevitabile.

Prova a pensare a una volta in cui hai cambiato lavoro, ufficio, casa, città, o anche solo macchina! Magari erano cambiamenti positivi, probabilmente si trattava di un lavoro migliore, di una casa più grande, della città dei tuoi sogni o di una macchina più nuova e bella. Eppure è possibile che, anche solo per un momento, ti siano mancati la vecchia casa, il lavoro di sempre, la vecchia macchina o gli angoli del luogo in cui eri abituato a vivere.

Qualche anno fa ho deciso di cambiare la cucina di casa. Quella che avevo era vecchia e andava proprio rimodernata. Così, dopo aver trovato quella adatta a me, dopo averla scelta e comprata, sono tornata a casa e mi sono ritrovata con la cucina nuova già montata. Per rendere tutto ancora più impeccabile, la domestica aveva anche già provveduto a sistemare le cose. Ricordo che quella sera rimasi più di un'ora seduta in quella nuova cucina fissandola con aria malinconica.

Era davvero bella, dava una diversa luce alla casa, era più grande e comoda, più spaziosa e funzionale, era sistemata di tutto punto ma... non la sentivo mia. Una parte di me, nemmeno troppo nascosta, rivoleva la sua vecchia e malandata cucina. Eppure questa l'avevo scelta io!

L'avevo voluta, cercata, comprata, pagata con tutta la mia convinzione. Non c'era niente in quella cucina che avesse qualcosa che non andava, semplicemente non era quella a cui mi ero abituata e affezionata.

Accettare il nuovo uscendo dalla comfort zone

Come ho già ampiamente spiegato nella parte riguardante la comfort zone, tutti noi siamo legati a una serie di comportamenti, abitudini, relazioni e idee che ci fanno sentire al sicuro.

In questa visione delle cose, cambiare rappresenta un pericolo, la rinuncia a qualcosa che fa parte della nostra identità.

Il motivo per cui siamo spaventati dal cambiamento è semplice, cambiare significa affrontare qualcosa di nuovo, diverso, sconosciuto e del quale non abbiamo ancora il controllo.

Ogni mutamento, seppur microscopico, ci porta fuori dalla nostra comfort zone. Per questo la nostra mente, che ha l'istintiva tendenza a farci stare tranquilli, fa fatica ad accoglierlo senza resistenza.

Quanto più il cambiamento sarà radicale, tanto più forte sarà la tentazione di arroccarsi e contrastarlo, perché sarà maggiore il disagio emotivo.

Quindi la brutta notizia è che il fastidio, il dolore e in alcuni casi la sofferenza legati al mutamento non possono essere evitati. Fanno parte del gioco, sono istintivi e giustificati da due ragioni di base, una fondata su aspetti fisiologici e l'altra su ragioni emotive.

Tecnicamente, quando affrontiamo qualcosa di nuovo, quello che accade è che nella nostra mente si crea un nuovo sentiero neurale. Al ripetersi dell'esperienza, l'informazione viaggerà ancora lungo lo stesso percorso, rinforzandolo, proprio come il ripetuto passaggio di un gruppo di persone in un bosco finisce per creare un sentiero. Per questa ragione, la nostra mente tende a farci percorrere sentieri già conosciuti e fa naturale resistenza al cambiamento.

Emozionalmente accade invece che la novità ci spaventa. Ciò che conosciamo ci dà sicurezza, ciò che cambia, in quanto nuovo, genera la paura dell'ignoto, di quello che non possiamo controllare e dominare.

Troppe persone, per evitare questa angoscia, si cristallizzano in situazioni che permettono loro di evitare il cambiamento, il che significa spesso abbassare aspettative e standard.

Una persona una volta mi disse: «Nessuno dovrebbe mai farsi più piccolo per entrare nella scatola». Aveva proprio ragione, nessuno di noi dovrebbe mai abbassare i propri sogni e i propri standard per paura di ciò che non conosce.

L'aspetto più ironico di tutto ciò è che si cambia lo stesso, anche restando fermi. Il mondo intorno a noi si trasforma e, anche quando ci ostiniamo a rifiutarlo, rischiamo comunque di ritrovarci in un punto che non è più lo stesso di prima, magari senza neanche esserci accorti del processo che ci ha condotti fino a lì.

Apparentemente questo può rendere meno dolorosa l'accettazione di un mutamento, perché si tratta di una trasformazione lenta e graduale, ma non è questo il genere di cambiamento che porta verso una crescita. È solo l'atteggiamento di chi si lascia trasportare dalla corrente, senza avere il coraggio di cambiare rotta quando necessario.

Sia chiaro, non sto dicendo che non ci possano essere momenti nella vita in cui sia giusto lasciare fluire le cose. In alcune specifiche situazioni, saper aspettare e lasciare che le cose vadano per la loro strada può essere molto utile.

Ma ci sono momenti in cui, soprattutto se le cose non stanno andando nella direzione voluta, bisogna avere la corretta determinazione per prendere in mano la situazione per portarla dove vogliamo. E questo può avvenire solo quando siamo pronti e armati del coraggio necessario a superare la resistenza che il cambiamento comporta.

C'è una preghiera molto famosa scritta dal teologo protestante Reinhold Niebuhr che recita: «Dio, concedimi la serenità di accettare le cose che non posso cambiare, il coraggio di cambiare le cose che posso, e la saggezza per conoscere la differenza».

Ecco, penso che la chiave sia davvero questa: sviluppare le nostre capacità interiori e le nostre competenze ci può aiutare ad affrontare con coraggio ciò che va affrontato, raggiungendo la serenità necessaria ad accettare quello che non possiamo cambiare e la capacità di cogliere il sottile filo che separa le due cose.

Punti chiave

Nessuno di noi dovrebbe mai ridurre le proprie aspirazioni e i propri standard per paura di ciò che non conosce.

Sviluppare le nostre capacità interiori e le nostre competenze ci può aiutare ad affrontare con coraggio ciò che va affrontato, raggiungendo la serenità necessaria ad accettare quello che non possiamo cambiare e la capacità di cogliere il sottile filo che separa le due cose.

Scheda di lavoro

Ripensa ai principali cambiamenti che hai vissuto negli ultimi dieci anni. Li hai voluti o subiti?

____

____

____

____

____

____

Come è cambiato il contesto in cui vivi e lavori?

____

____

____

____

____

____

Quale tipo di cambiamento ti permetterebbe di migliorare la qualità della tua vita?

____

____

____

____

____

____

Conclusione

Fiordaliso, negli anni Ottanta, in una canzone di grande successo dichiarava di essere una persona semplice, che non desidera la luna.

I versi di questa canzone mi fanno pensare all'atteggiamento di molte persone che si accontentano di sognare in un angolo tranquillo della propria mente senza impegnarsi a realizzare quei sogni.

Mi ricorda l'atteggiamento di chi si uniforma al principio che non si può avere tutto dalla vita (la mitica luna).

Poi ci sono anche persone come Silvia, Ilaria, Stefano, Francesca, che hanno il coraggio di uscire dalla comfort zone, di rinunciare a vecchi schemi mentali sicuri ma poco produttivi per migliorare la qualità della propria vita. Conosco bene la sensazione che si prova: è un po' come andare nello spazio, dove ti senti sospeso, perdi l'equilibrio, ma la cosa bella è che poi ne riacquisti uno nuovo, che ti permette di procedere in modo ancora più sicuro, di raggiungere qualcosa che in passato ti sembrava tanto distante, quasi impossibile, e soprattutto puoi goderti il viaggio.

Ti confesso che avevo scritto una conclusione ma non mi convinceva, poi, pochi giorni prima della consegna del libro all'editore ho visto un intervento di TED Talk e ho avuto un flash.

È l'intervento di Chris Hadfield, il primo canadese che ha effettuato una passeggiata nello spazio.

Quando salì sullo Shuttle *Endeavour* per compiere una missione le probabilità di un evento catastrofico erano 1 su 35.

La mattina del lancio, quando si svegliò al Kennedy Space Center, realizzò che entro la fine della giornata sarebbe stato catapultato gloriosamente nello spazio oppure sarebbe morto.

Entrò nello spogliatoio dove gli eroi della sua infanzia, Neil Armstrong e Buzz Aldrin, avevano indossato la tuta spaziale, si vestì e poi salì sull'Astrovan, il furgone che porta gli astronauti alla rampa di lancio.

Lui e i suoi compagni di missione sono in silenzio e si tengono per mano mentre osservano l'astronave che si avvicina e si fa sempre più grande.

«Lo sportello si chiude» racconta Chris «e improvvisamente, un'intera vita di sogni e di rinunce diventa realtà. Quello che avevo sognato, la cosa che avevo scelto di fare fin da quando avevo 9 anni, improvvisamente è a pochi minuti dall'avverarsi.»

Chris pensa a tutte le cose che deve fare, i bottoni che deve azionare. Lo Shuttle è un veicolo molto complesso.

«Nel mondo degli astronauti abbiamo un detto: "Non esiste problema così grave che tu non possa peggiorare".»

Inizia il conto alla rovescia: 10, 9, 8, 7, 6, 5, 4, lo Space Shuttle si prepara al decollo... start 3, 2, 1.

Posso immaginare l'emozione di chi assiste a un evento simile, è più difficile immaginare l'emozione di Chris e dei suoi compagni.

«È un'esperienza incredibile. Ma cosa ci spinge a rischiare così? Perché fare qualcosa di tanto pericoloso? Nel mio caso, la risposta è abbastanza semplice. Sono stato ispirato da ragazzo. Vidi le prime persone camminare sulla luna e per me fu una cosa ovvia/inevitabile. In qualche modo dovevo diventare un astronauta.»

Capito perché ti ho raccontato la mia storia e quella di altre persone che hanno puntato ad avere «la luna» sulla terra?

Chris risponde a un'altra domanda ben più importante: come ha fatto a gestire il rischio e la paura?

«Avere in mente quell'obiettivo, pensando a dove mi avrebbe portato, mi ha insegnato a dare importanza a tutti quei piccoli dettagli che hanno reso possibile questo sogno.»

La consapevolezza di fare qualcosa per il progresso dell'umanità gli ha dato la motivazione giusta per affrontare il rischio.

«Ma forse la cosa più importante è che questo ci consente di vedere il mondo in un modo assolutamente unico, poter guardare giù e osservare – se ti potesse cadere il mento, cadrebbe davvero... – la straordinaria bellezza del pianeta in rotazione, sembra una galleria d'arte semovente piena di capolavori fantastici e in continua evoluzione. A causa della velocità, vedi un'alba o un tramonto ogni 45 minuti, per sei mesi. E la parte più straordinaria di tutto questo è uscire fuori per una passeggiata spaziale.»

Eppure durante la prima passeggiata spaziale Chris perde la vista prima dell'occhio sinistro e poi di quello destro, un fatto che non aveva previsto. Sarebbe stato naturale se si fosse fatto prendere dal panico, ma non è stato così perché era preparato. Aveva studiato, si era allenato tanto nei mesi precedenti e questo gli ha permesso di affrontare quella situazione.

Ti ho raccontato questa storia per dirti che la preparazione non esclude gli imprevisti ma ti permette di affrontarli meglio.

Adesso tocca a te. La strada non è in discesa lo so, ma il percorso ora è più chiaro. Conosci aspetti che prima ignoravi, e di altri hai maggiore consapevolezza.

Hai imparato a vedere le cose da prospettive nuove e ora sai su cosa devi porre l'attenzione per trovare il tuo personale equilibrio in una vita che, per essere di successo, deve tener conto di tutti gli aspetti affrontati insieme in questo libro, puntando a un reale equilibrio tra loro.

Ti basterà fare un passo alla volta e dedicare alle varie aree della tua vita la giusta attenzione, per evitare di portarle avanti con l'atteggiamento di chi ha installato una specie di pilota automatico. Troppo spesso dimentichiamo che l'esistenza è fatta di tanti aspetti, e che meritano tutti di essere vissuti al meglio, senza tralasciarne nessuno.

È questa la chiave per vivere appieno e con un equilibrio destinato a durare nel tempo.

Non pretendere da te tutto e subito, perché le cose arrivano se il lavoro è costante e ben fatto. Ma lavora con perseveranza e metodo e, da questo momento, anche con maggiore consapevolezza, senza aspettare di raggiungere i tuoi obiettivi per essere felice.

Come osservò saggiamente Bertrand Russell: «L'entusiasmo è per la vita quello che la fame è per il cibo», quindi per essere davvero soddisfatti della nostra vita dobbiamo essere in grado di entusiasmarci anche, e soprattutto, per le piccole cose.

Ti ho già spiegato che l'approccio giusto consiste nel trovare il modo per vivere qui e ora al pieno delle tue possibilità: anche se non hai ancora raggiunto la tua meta, ogni giornata può regalare momenti speciali che meritano di essere assaporati al meglio. Perciò vivili con pienezza e consapevolezza, mentre ti impegni per andare nella direzione che hai deciso. Avanza senza lasciarti frenare da credenze limitanti, paure ingiustificate o piccole sconfitte.

Utilizza gli strumenti che hai appreso da questo testo per verificare se stai investendo le tue energie nel modo giusto e in ciò che ti importa veramente. Applicati con tutto te stesso e, credimi, i tuoi sforzi verranno ripagati.

Così come gli astronauti si preparano bene per affrontare lo spazio, allo stesso modo chi vuole il meglio in ogni area della vita deve avere gli strumenti giusti. In questo libro te ne ho forniti alcuni e potrai scoprirne altri sul sito www.verosuccesso.it.

Fai di questo testo la tua guida di viaggio, un manuale da tenere sempre a portata di mano, da consultare di tanto in tanto per capire se ti trovi esattamente dove vuoi essere, con le emozioni giuste a farti compagnia in questo meraviglioso percorso che si chiama vita. Una vita di cui sei il solo responsabile e protagonista, e che merita le tue migliori energie in ogni ambito: in famiglia, con gli amici o sul lavoro fai di tutto per «fare la differenza», per essere partecipe a te stesso, al ruolo che hai e a quello che vorresti avere. Fai il possibile per trasformare ogni compito in un lavoro eccellente, cura il rapporto con le persone che ami, ma anche con quelle che incroci. Non serve fare cose incredibili: basta dedicare la giusta attenzione a chi hai di fronte. Cerca inoltre di trovare il tempo per arricchire te stesso con letture, incontri e corsi: come ti ho già detto, la formazione personale è indispensabile per crescere costantemente.

Qualcos'altro?

Sì: riposa, divertiti e celebra ogni grande e piccolo successo. Ogni impegno ha diritto al suo premio.

E ricorda che il vero successo, quello in equilibrio, è costruito sulle piccole cose. I più grandi risultati sono la somma di scelte semplici ma affrontate con passione, coraggio e voglia di mettersi alla prova.

Perciò, buon viaggio verso la migliore versione di te stesso.

Si può fare!

«Bella teoria! Ma nella pratica le cose funzionano diversamente.»

«Forse ha funzionato con te, ma il mio caso è diverso...»

Ti è capitato di pensare cose simili mentre leggevi questo libro? Magari le stai pensando adesso. È normale. L'avrei fatto anch'io se avessi letto un libro come questo qualche anno fa. Per questo ho deciso di raccontarti alcune storie vere di vero successo. Sono le storie di persone che hanno frequentato il programma FLY con me e che hanno applicato il modello del successo equilibrato ottenendo risultati straordinari.

Ma il vero motivo per cui ho deciso di inserirle in questo libro, e ho scelto proprio loro, è perché sono storie speciali dalle quali puoi davvero imparare tanto. Non servono solo per testimoniare che ciò che è spiegato in questo libro funziona, ma soprattutto a indicarti cosa fa la differenza in questo processo di grande crescita. Ognuno ha la sua storia, e qui i protagonisti hanno storie davvero molto diverse tra loro e ognuna ci porta a conclusioni che puoi fare tue per migliorare da subito i risultati che vuoi ottenere.

Ho voluto riportare la loro storia in prima persona perché credo che una testimonianza diretta possa funzionare di più di un racconto fatto da me in terza persona. Leggile tutte d'un fiato!

Stefano Bellini

Sono figlio di un ristoratore e questo significa che sono cresciuto da solo e mi sono dovuto arrangiare. Sono cresciuto in fretta: a 21 anni ero già imprenditore e a 22 padre.

Mi sono ritrovato a fare il ristoratore senza poter contare sul sostegno e l'esperienza di mio padre, che mi ha lasciato pochi mesi dopo l'apertura del mio ristorante. Ho gestito la mia azienda e preso le decisioni soprattutto di pancia, guidato dall'emotività.

Il mio temperamento acceso mi ha permesso di raggiungere grandi risultati nel lavoro, ma mi ha anche creato qualche problema. Se hai questo temperamento, gestire un team di lavoro, il rapporto con un socio, quello con la moglie e con i figli non è semplicissimo. Così avevo fatto un po' di casino e la separazione da mia moglie fu una delle prime conseguenze. A questa seguì la rottura con il mio socio e la chiusura di un'attività che fatturava qualche milione di euro ma che, per come la gestivo e per le conseguenze che generava, nei rapporti, nelle relazioni, rispetto alle mie emozioni, mi rendeva infelice. La decisione di porre fine a quel pezzo di vita l'ho presa sempre di pancia: quando si è prospettata l'occasione ho chiuso il ristorante e sono ripartito da zero. Sono andato a lavorare come dipendente nei ristoranti dei concorrenti per 10 euro l'ora. Sono tornato a fare quello che facevo a 21 anni ma con la maturità dei 40.

Fu in quel periodo che, davvero per caso, mi imbattei in Gabriella e in quel mondo che tenevo lontano con scetticismo. Una cara amica mi invitò a una serata con Roberto Re, andai più per fare compagnia a lei che per reale interesse. Dopo la serata c'era la possibilità di fare una sessione di coaching con uno dei loro coach e così andai a quell'appuntamento qualche giorno dopo. Mi accolse Nadia, una donna elegante e distinta che con grande professionalità mi spinse a fare un bel lavoro in profondità. In cuor mio ero consapevole della mia reattività emozionale, così come ero consapevole che non avrei potuto andare avanti ancora a lungo in quella condizione professionale. Ero in una situazione di stallo e scalpitavo per uscirne. Così decisi di iniziare quel percorso e di mettermi in gioco come non mai.

Da lì a qualche mese le cose iniziarono a prendere una forma diversa. Innanzitutto capii che la natura dell'imprenditore non si può soffocare per troppo tempo, ma quel periodo di «vuoto» mi è servito per elaborare una nuova idea di ristorazione: Dreamchef.

Con questo sogno (ecco perché Dream) sono rinato. Mi è venuta l'idea di creare la prima cucina attrezzata transitoria a noleggio con un prezzo giornaliero che mi ha portato ad avere clienti importanti (D&G e Lorenzo Jovanotti sono i più noti) oltre che a lavorare per la concorrenza.

E mi sono specializzato nella cucina kosher, conforme alle regole alimentari della religione ebraica, e anche questo mi ha permesso di distinguermi sul mercato.

Insomma sono ripartito con una nuova impresa, ma questa volta ho voluto fare le cose nel modo più giusto.

Prima che sull'azienda ho fatto la saggia scelta di investire su di me, per evitare di essere il peggior limite di questa nuova creatura, e i frutti non tardarono ad arrivare.

Quando ho scoperto il FLY ho capito che potevo cambiare la mia vita in meglio e così è stato. Innanzitutto ho compreso certe dinamiche personali, ho imparato a gestire meglio la mia emotività e le relazioni con gli altri. La cosa meravigliosa è che quando metti a posto te stesso, il mondo che ti ruota intorno… cambia rotazione. Le cose piano piano ripresero a mettersi a posto, a funzionare meglio.

Il percorso l'ho fatto con la mia ex moglie e credo che sia servito tantissimo oltre che per noi stessi per il nostro ruolo di genitori. Da lì a poco ho coinvolto mio figlio. Anche lui è chef e il lavoro che ha fatto su se stesso, insieme alle sue straordinarie capacità, lo ha portato a grandiosi risultati. È stato alla «Prova del cuoco» e ha fatto un figurone, seppur giovanissimo oggi è un perno solido della mia azienda e gestisce con maestria e in totale autonomia tanti servizi di ristorazione per clienti prestigiosi. Sono davvero fiero di lui. Così come sono fiero di mia figlia che ha 18 anni e alla quale, sua madre e io, abbiamo cercato di trasmettere un atteggiamento mentale più funzionale e oggi sta per trasferirsi all'estero per fare qualche esperienza professionale, ma soprattutto di vita.

Aver gestito meglio le mie relazioni con gli altri, mi ha portato a conoscere Giovanna e a intraprendere con lei una bellissima storia d'amore. Talmente bella che ci ha regalato una meravigliosa bambina che abbiamo scelto di chiamare Gioia.

Oggi posso dire di essere sereno e di aver raggiunto un equilibrio come imprenditore e come uomo.

La mia vita è più ricca e non solo perché in un anno ho triplicato il mio fatturato ma perché oggi ho una maggiore consapevolezza di come funziono, ho più strumenti per gestire le mie emozioni e le relazioni con collaboratori, clienti e tutte le altre persone che mi circondano.

Stefano è una forza della natura, dirompente, vivace e con un forte carattere. Qualità molto positive in generale, ma se gestite male possono travolgere, investendo tutto quello che incontrano, come un fiume in piena! Il lavoro con lui è stato «solo» quello di insegnargli a gestire quella forte carica di energia. Le sue emozioni lo travolgevano, oggi lui le governa e sa usare la sua forza, come motore per creare. Un grande chef lo era già e di esperienza ne aveva fatta tanta, ma la vita non è semplice per un imprenditore e di circostanze avverse ne aveva avute diverse. Se poi, strada facendo, perdi quello che hai creato con amore, e insieme a questo perdi anche il contatto con la famiglia e le persone più importanti, ecco che perdere se stessi è un attimo. Tuttavia, quando lo incontrammo non aveva l'aria di chi si era perso. Piuttosto la rabbia di chi sta mettendo in campo tutto quello che ha per risalire. Ma era teso e la sua energia rischiava di fargli male. Perché la rabbia non è mai buona compagna di viaggio. Stefano ha imparato a conoscere, riconoscere e gestire le sue emozioni. Ha imparato a convogliarle nel giusto modo e a fare, delle sue caratteristiche personali, tanti punti di forza.

Ha lavorato sul rapporto spesso conflittuale con i suoi figli, creando oggi un legame solido e proficuo, ha lavorato tantissimo su come gestire un team, e oggi ha con sé professionisti di grande livello, e la dolce Serena che lo affianca con cura, amore e grande professionalità. Ha riaperto il cuore a una nuova relazione, scegliendo una donna profondamente bella ed equilibrata che, dopo aver a sua volta seguito il percorso, ha anche dato alla luce la nostra corsista più giovane: Gioia, di nome e di fatto.

Oggi sapere dov'è Stefano e cosa fa è un'impresa. L'altro giorno era a casa di Bocelli a cucinare per un grosso evento, poco prima era a un'importante sfilata, e poi artisti di fama internazionale ma soprattutto tante tante soddisfazioni. Io e lui ci sentiamo ogni tanto e ascoltare il suo entusiasmo è bellissimo. Spesso gli ho affidato la cura di cene ed eventi, e la sua capacità di gestire le cose è davvero notevole. Credimi se ti dico che ho organizzato tanti eventi per i miei corsisti. Faccio per loro due cene all'anno, una a Natale e una a fine stagione, in estate, e per loro ho sempre cercato posti incredibili e una cucina di altissimo livello. Ho lavorato in questi anni con catering prestigiosi in Toscana in location da sogno, ma vedere Stefano al lavoro ti fa percepire la netta differenza che c'è rispetto alla maggior parte dei casi. Oggi lui gestisce le cose con una serenità che prima gli era sconosciuta, ha tutto sotto controllo, soprattutto se stesso, che è la cosa più difficile ma anche quella che regala le più belle soddisfazioni.

Ilaria Bonuccelli

Alla soglia dei 40 anni faccio il punto della situazione. Mi guardo allo specchio e penso che tutto ciò che sono adesso e che ho costruito era ciò che meritavo, ma sei anni fa proprio non riuscivo né a credere né a vedere nulla di simile.

I miei 33 anni sono stati segnati da grandi sofferenze e da grandi sfide. Potevo impegnarmi per superarle, ma per troppo tempo ho lasciato andare le cose così, dando la colpa agli altri, a qualche entità superiore, agli eventi, alla sfortuna, a tutto pur di non assumermi la responsabilità di ricostruire dopo l'uragano.

L'uragano era un malattia piombata addosso all'uomo della mia vita, il mio papà, un bel sessantenne in piena salute, che in due anni mi ha lasciato.

Proprio in quel periodo, dopo undici anni da dipendente avevo deciso di aprire una società insieme al mio socio Antonio. Volevo fortemente qualcosa di mio. Sono sempre stata ambiziosa e volevo realizzare grandi progetti. Un bel salone di parrucchiere con 15 addetti dove io mi sarei occupata della reception.

Nello stesso periodo la vita di mio fratello ha cominciato a prendere una brutta piega, ha iniziato a non volersi molto bene. Diciamo che la morte di papà aveva inciso molto anche su di lui, che aveva scelto una strada più facile, quella di affogare i suoi pensieri in notti brave e bagordi eccessivi e nocivi per la sua salute. Ad aggravare la situazione si è aggiunto il fallimento dell'impresa di famiglia che lui portava avanti dopo la morte di papà.

Quindi famiglia disoccupata, casa all'asta, fratello fuori controllo, la mia società che non andava bene: un quadro disastroso. Tengo duro per un po' facendo finta che tutto sia ok, faccio tutto io, gestisco tutto io.

Al lavoro dedicavo il 30 per cento di impegno, pur lavorando 12 ore al giorno: aprivo e chiudevo la porta, senza un obiettivo, una strategia. Ero arrabbiata con il mondo intero, colpevole di avermi recato tutto questo danno, di avermi portato via il mio papà punendomi per qualcosa che non avevo commesso.

Non smettevo di chiedermi: «Perché a me?». E la risposta non era mai soddisfacente. Era così, ero troppo sfortunata! Punto.

La mia rigidità, il mio vedere sempre il lato nero della vita mi hanno portato a chiudermi in me stessa, e per paura di soffrire ancora sceglievo relazioni impossibili con uomini non liberi per continuare a confermarmi che ero proprio sfortunata.

In realtà, solo dopo un lavoro approfondito su di me ho capito che non ero in grado di amare me stessa, figuriamoci se potevo rendermi amabile all'altro sesso considerando che la fiducia che riponevo nel prossimo era pari a zero.

Insomma, la colpa era di mia mamma che non reagiva, di mio fratello che aveva scelto la strada più facile, dei miei collaboratori che erano incapaci, degli uomini che erano stronzi. E nessuno mi capiva mai abbastanza.

Ero così arrabbiata con il mondo intero, addolorata dagli eventi, che anche vedere la felicità negli altri mi dava fastidio. Andavo avanti giudicando tutti e tutto dall'alto della mia saccenteria.

Io avevo sofferto, quindi gli altri dovevano solo capirmi e basta.

Un giorno Fabio, un cliente, mi chiede che cosa fosse accaduto negli ultimi mesi perché mi trovava parecchio tesa e dimagrita. In effetti avevo perso undici chili in due mesi. Gli racconto la mia storia e quanto tutto fosse brutto, grigio e contro di me.

Lui mi ascolta e mi dice una cosa che all'epoca ho reputato stupida e anche senza senso, ma non gliel'ho dato a vedere.

Mi dice che comprendeva ciò che stavo passando e se ero disposta potevo guardare anche le cose da un'altra prospettiva. Per me altre prospettive non esistevano.

Brevemente lui mi racconta l'evoluzione avuta negli ultimi sei mesi, grazie alla quale ha migliorato il rapporto con se stesso, con la famiglia e anche nel suo lavoro. E mi dice: «Perché sai, Ilaria, quando si sta bene tutto per magia cambia, le persone intorno a noi cambiano, i risultati cambiano».

Mi dice che ha iniziato un percorso di crescita personale che gli ha permesso di capire dove fosse e dove volesse andare, sia in ambito professionale che personale e, di conseguenza, di imparare come raggiungere i risultati che desiderava. Anche lui aveva vissuto situazioni analoghe alle mie.

Da poco aveva chiuso la sua agenzia di marketing per poi trasferirsi a Roma e iniziare una nuova avventura lavorativa. I suoi rapporti con la famiglia erano migliorati molto e mi dice che non erano loro a essere diversi ma il suo approccio verso di loro. Mi racconta tutto questo e poi mi dice: «Senti, se vuoi ti faccio chiamare dalla direttrice Gabriella, puoi esporre cosa vorresti ottenere e migliorare e lei ti dirà che cosa può fare per te e se ci sono i presupposti per lavorare insieme».

Io dico va bene ma, ovviamente, non ho intenzione di rispondere alla chiamata. E così è stato.

Quando tocchi il fondo, come è capitato a me, anche se ti offrono lingotti d'oro pensi che non possano risolverti la vita, anzi, magari sospetti ci sia dietro la fregatura.

Passa qualche mese e all'ennesima litigata con mio fratello dove io gli spiego che lui è sbagliato e io sono quella giusta, scaricandogli tutte le colpe del mondo, esco di casa e inizio a piangere ininterrottamente, forse il primo pianto dopo due anni.

Ero stanca, demoralizzata, non ero più io. Iniziavo ad avere paura delle mie reazioni e dei miei comportamenti. A quel punto penso a Fabio e mi viene un dubbio: e se mi avesse proposto qualcosa che può davvero aiutarmi a stare meglio e ottenere risultati migliori? Così chiamo Gabriella.

Mi risponde dal treno e, con piacevole sorpresa, mi dice che è felice che finalmente ci conosciamo perché aveva sentito parlare di me. Le chiedo se faccia miracoli. Sorride, poi diventa seria e mi risponde: «Dimmi».

Parto raccontando la storia della mia vita. Ho anche immaginato che tirasse giù il finestrino del treno per buttarsi ma non lo fa. Ascolta. Al termine mi dice che c'è la possibilità di imparare a gestire meglio la sfera personale e quella professionale, lavorando sodo e affidandosi a un sistema che aveva già aiutato molte altre persone.

Mi parla del suo lavoro, di chi è, cosa fa, di come funziona, e mi dà un appuntamento a Firenze per fare un incontro individuale per capire quanto ero disposta a mettermi in gioco e lavorare su tutto ciò che non mi permetteva di vivere al massimo delle mie possibilità, e se veramente volevo migliorare in modo netto la situazione potevamo iniziare.

Ci vado con un'amica. Ho talmente poca fiducia in me stessa che avere un'amica accanto mi dava forza. Me la faccio sotto al solo pensiero di dover cambiare qualcosa di me per ottenere un risultato migliore. Questo, ovviamente, l'ho capito adesso, all'epoca no.

Gabriella arriva solare e sorridente e io penso: «Ma cosa cavolo ha da ridere? Io ho problemi gravi da risolvere e questa ride?».

Iniziamo, mi fa delle domande, le do delle risposte.

Mi dice cosa c'è da fare, come e in che tempi potrei avere risultati diversi per me personalmente e anche per il mio lavoro. A quel punto scatta una specie di clic nel mio cervello e per un attimo penso: «Vuoi vedere che di tutta 'sta cacca una buona parte è colpa mia e di come sto gestendo le cose?».

Appena capisco il giochino, e che devo rimboccarmi le maniche assumendomi delle responsabilità, mi alzo e saluto.

E se l'aggiustavo, poi come potevo continuare a fare la vittima? La prima consapevolezza dopo anni.

Faccio passare due giorni, poi chiamo Gabriella e parte il mio percorso di crescita.

Sono trascorsi sei anni da quel giorno e tante cose sono cambiate. Ho recuperato il rapporto con mio fratello, che ora sta bene.

Ho messo a punto un metodo di lavoro per parrucchieri insieme al mio socio Antonio. Il nostro salone ha 20 dipendenti e genera ottimi risultati con un passaggio mensile di 1300 clienti.

Ho insegnato il metodo prima in via sperimentale a 40 saloni di parrucchiere collaborando con una multinazionale nel settore del beauty che mi ha proposto una partnership, ma ho rifiutato perché io e Antonio abbiamo deciso di realizzare un bel salone da 200 metri quadrati con una partenza sbalorditiva.

Adesso lavoro circa sei ore al giorno per scelta, perché imparando a gestire meglio me, gestisco meglio anche il mio tempo e posso dedicarmi ad altro.

Ho creato processi e metodi, adatti a ogni collaboratore per dare un servizio al top a ogni cliente. L'azienda oramai è automatizzata.

Oggi mi occupo dello sviluppo e della crescita, ho abbandonato il lavoro della reception perché ho formato 3 professionisti che lo fanno meglio di me.

Il pomeriggio, dalle 16 in poi mi dedico a fare la mamma, perché nel frattempo è nata Nina. Al FLY ho conosciuto anche Simone, un corsista che è il mio compagno da sei anni.

Che dire... gli alti e bassi ci sono sempre, ci sono giorni sì e giorni no. La differenza rispetto a sei anni fa è che oggi so che posso scegliere di vivere una qualità di vita diversa decidendo se lamentarmi o piangermi addosso, e se anche capita non posso mentire a me, riconosco cosa sto facendo e applico quello che ho imparato uscendone velocemente.

I risultati che ho ottenuto mi aiutano a ricordare cosa posso essere e realizzare quando mi impegno veramente.

Gabriella è la madrina di mia figlia, credo che sia il minimo. In parte anche lei ha contributo a tutti questi successi, l'altra parte è mia per essermi affidata, impegnata e aver creduto che potevo essere molto ma molto di più.

Ho conosciuto Ilaria ormai diversi anni fa, era chiusa e impaurita. Non mi era mai capitato prima che mi chiedessero di fare coaching a una persona con l'amica al fianco. Lei era stata chiara e perentoria: la sua amica non l'avrebbe aspettata al tavolino accanto ma avrebbe seguito tutto al suo fianco. Ricordo che mi disse proprio: «È la mia coperta di Linus». Fu strano ma si rivelò proficuo, perché feci il lavoro solo con Ilaria mentre l'amica aspettava in mesto silenzio, ma alla fine si iscrissero entrambe. Non subito perché, come racconta Ilaria, fece mille resistenze.

All'inizio il lavoro con lei non fu affatto semplice, si opponeva a tutto e posso dire con certezza, per sua stessa ammissione, che mi odiava. Tanto che voleva chiamare il suo cane con il mio cognome e no, non era un gesto carino e di affetto. Ma era buffa e simpatica, nonostante tutto, e io ho davvero imparato a guardare oltre i comportamenti di difesa, sapevo che non c'entravo nulla in quella rabbia, lei stava solo difendendo la sua comfort zone e aveva una paura profonda di cambiare. Abbiamo lavorato sui rapporti di coppia. Aveva dinamiche talmente controverse che teneva gli uomini lontani o li faceva scappare, tanto che all'inizio credemmo che lei e la sua amica fossero più che amiche. Ma il lavoro portò velocemente i primi frutti, e proprio al corso conobbe Simone, il suo compagno da sei anni e il padre di sua figlia.

Ilaria ha fatto un lavoro poco comune su se stessa. Lei è una di quelle persone che non ha semplicemente messo a posto qualcosina ma ha stravolto i suoi risultati. Da ragazzina impaurita a imprenditrice di successo che guida tutti con una maestria che mi lascia ancora a bocca aperta.

Nel tempo lei è diventata una cara amica per me e devo dire che è una delle rare persone con le quali ho sempre confronti a un livello altissimo. Se litighiamo (perché capita) con lei è facilissimo chiarirsi, mi guida a vedere i miei errori e ammette con estrema umiltà i suoi. Non si è mai posta con me come se io fossi la sua «maestra», ma in molti casi è stata lei stessa una guida per me in momenti difficili. È una di quelle persone che quando ti ascolta sai già che non ti dirà quello che ti vuoi sentir dire ma quello che davvero ti serve.

Oggi è una supermamma, la sua bimba è un portento di energia e velocità mentale anche grazie a lei, con la sua attività ha fatto miracoli ed è davvero un faro per i suoi collaboratori, è un'amica preziosa per chi le sta accanto e a fare la differenza è stata la sua perseveranza.

Credo che abbia avuto, almeno un milione di volte, la tentazione di fuggire dal percorso che stava facendo, ma ha resistito. È rimasta e si è messa in discussione come pochi.

Seguiva il percorso a Firenze quando ancora il centro in Versilia non esisteva, veniva ogni settimana e poi, quando dopo un anno aprimmo praticamente sotto casa sua, continuò a venire e ancora e ancora. Dopo meno di un anno aveva già raggiunto risultati strabilianti, eppure continuava a chiedere di più a se stessa e soprattutto ad allenarsi senza sosta.

Una sera durante un corso dissi una fesseria che fece ridere tutti tranne me che non mi ero accorta di cosa stessi dicendo e non capivo il perché delle risatine in sala. Stavo raccontando che da ragazzina, per superare la timidezza, mi obbligavo a leggere in chiesa e ricordo che ero indecisa, mentre spiegavo dal palco, se dire che leggevo i sermoni o il salmo. Quei momenti in cui ragioni al volo sul «come si dice? I sermoni sono del prete… o no?» e mentre ci pensi parli e dici quello che la tua mente confusa partorisce e… indovina cosa dissi? Che leggevo i salmoni. Ma il bello è che non me ne accorsi. A fine serata lei, ridendo a crepapelle, mi fece sentire l'audio: mi aveva registrata.

Al di là dell'aneddoto buffo, il fatto è che io in quel momento scoprii che lei mi registrava durante le lezioni perché al mattino, correndo, le riascoltava!!!

Cioè, lei aveva fatto il FLY con costanza per due anni e mezzo, io immaginavo avesse la nausea delle mie chiacchiere e invece non solo continuava a venire, ma al mattino riascoltava le registrazioni!!!

Non potevo crederci. Ora mi era tutto più chiaro. Ecco il motivo della sua trasformazione, un allenamento senza sosta.

Sinceramente avrebbe potuto fare meno, allenarsi meno e fermarsi prima, i risultati erano comunque fantastici, ma lei è una donna che non molla e quella perseveranza l'ha portata dov'è oggi e io, credimi, sono fiera di lei come non mai.

Danilo Beltrante

Sono un imprenditore nel settore turistico. Ho creato e sviluppato il primo franchising di affitti turistici italiano, Family Apartments, oltre alla più importante società di formazione del settore extralberghiero, Vivere di Turismo. Ho creato tutto questo partendo da (sotto)zero e senza conoscenze, in una città distante 900 chilometri dalla mia famiglia.

Sono nato e cresciuto a Supersano, un paese di 5000 anime nell'entroterra salentino, tra Otranto e Gallipoli. A 18 anni ho lasciato il paesino per avventurarmi a Londra. Dopo il militare sono arrivato a Firenze per studiare. Come molti studenti fuori sede, per potermi mantenere per cinque anni ho lavorato come cameriere in un catering. Mi divertivo, ma sentivo di poter fare di più.

Nel 2004, durante un viaggio in moto a Verona, ho soggiornato per la prima volta in un bed and breakfast e mi sono innamorato di questo settore. Nel 2006 ho avviato il mio primo b&b di tre camere a Firenze. Nel 2010 i miei primi sette appartamenti turistici nel cuore di Firenze. Nel 2012 fatturavo 800.000 euro e avevo sette dipendenti. Tutto bello? Per nulla: ero sommerso di problemi e di debiti, e la cosa peggiore era che vivevo «murato vivo» nella reception della mia stessa attività. Il primo a entrare al lavoro e l'ultimo a uscire. Ero reperibile h24-7/7. Non riuscivo più a crescere e non avevo vita sociale. Stavo seriamente pensando di mollare tutto e tornare al catering.

Proprio in quei mesi decisi di iscrivermi al percorso FLY. Ricordo che durante le serate, seduto in quella sala conferenze dell'Hotel Mediterraneo, ascoltavo Gabriella che dal palco parlava di responsabilità personale, rapporto con il denaro, equilibrio, gestione del tempo. In un colpo solo avevo tutte le risposte alle mie domande inespresse. Da allora la mia vita prese finalmente una piega diversa. In tutte le aree, non solo il lavoro. Intorno a me avevo finalmente persone che come me cercavano di migliorarsi, ed esempi concreti di risultati che si possono raggiungere applicando modelli di successo. Con tutti quei nuovi strumenti mi sentivo più forte. Cominciai ad applicarli nella vita di tutti i giorni. La mia. Con risultati che hanno dello straordinario. Se penso «al Danilo» di sette anni fa, stento ancora a credere a quello che sono riuscito a realizzare grazie al percorso FLY!

La svolta arrivò quando feci mio il concetto di «responsabilità». Se era vero che quello che avevo intorno a me, e che non mi piaceva, dipendeva in gran parte dalle mie scelte passate, facendo le giuste scelte e azioni avrei potuto creare un futuro migliore. Mi rimboccai le maniche e cominciai a lavorare su questo. Iniziai ad ascoltare molto di più me stesso, il mio cuore, e meno quello che mi dicevano gli altri. Furono due anni difficili quelli del cambiamento, ma i risultati hanno ripagato ampiamente gli sforzi.

Ho imparato tanto e sempre dai migliori, formandomi senza sosta in vari ambiti e con vari professionisti. Posso dire di aver investito molto su me stesso e sulla formazione, ma il risultato è stato cento volte più grande di ogni sforzo.

Grazie a un approccio diverso al lavoro, sono riuscito a portare una azienda generalista a diventare un brand nazionale riconosciuto. Un franchising dove accanto a me posso scegliere di avere persone che condividono i miei valori. Più che al lavoro, mi sembra di essere in famiglia! È un onore e un piacere guidare un team così! Inoltre ho trovato il tempo e le forze per creare una società di formazione, Vivere di Turismo, che ha forgiato oltre 2500 studenti in quattro anni e per scrivere un libro che nel 2018 ha venduto 4000 copie.

Nonostante gli impegni crescenti, sono riuscito ad avere maggior tempo libero da dedicare a due cose che ho sempre avuto nel cuore, ma che non ero mai riuscito a coltivare: viaggi e famiglia. In tre anni ho visitato i cinque continenti, trascorrendo quattro mesi all'anno all'estero. E, nel contempo, ho conosciuto la donna che nel 2016 è diventa-

> ta mia moglie. Due anni fa è arrivato Gabriel, che riempie di gioia le nostre giornate e dà un significato ancora più bello a tutto il nostro lavoro.
>
> Siamo la famiglia del Mulino Bianco? Tutt'altro! Ogni giorno affrontiamo problemi di ogni tipo, cento-mille volte più grandi rispetto a quelli che ero abituato a gestire sette anni fa. La differenza con il passato è che oggi ho gli strumenti per gestirli, e il futuro non mi fa più paura, anzi. Mi sveglio ogni giorno con la consapevolezza di avere l'opportunità di essere migliore del giorno prima.

Devo aggiungere altro? Danilo è un grande esempio di chi si impegna e porta la sua vita a conquistare vette altissime. Ha fatto un duro lavoro su se stesso e non si è mai sentito «arrivato». Tuttora, nonostante i suoi evidenti successi, affronta la vita e le cose con una grande umiltà. È una persona pura di cuore ma ha imparato a unire al suo nobile animo strategie e abilità di un grande imprenditore che fa del suo meglio per le sue attività ma soprattutto per i suoi clienti che segue e guida con amore e dedizione.

Posso dire di averlo visto, in questi anni, sbocciare. Ha iniziato il lavoro su se stesso con noi ma non si è più fermato, la sua ascesa è stata frutto di anni di impegno e duro lavoro.

Oggi è conosciuto in tutta Italia nel suo settore, ma uno dei risultati migliori è la qualità di vita che ha raggiunto. Facebook ti tiene aggiornato spesso sugli spostamenti di chi conosci. Ecco, io di Danilo vedo corsi con aule piene e viaggi con moglie e figlio. Corsi e viaggi. Che per me è come dire: soddisfazioni professionali e tempo per chi si ama e per se stessi.

Quando gli ho chiesto di raccontarsi mi ha fatto una domanda: «Posso dire anche dei momenti no che a volte capitano?». E la mia risposta è stata: «Ti prego fallo!». In realtà ne ha fatto solo un veloce cenno, quando dice alla fine che ha molti più problemi di prima, ma che li affronta in modo più consapevole ed efficace, ma lo ha fatto il modo talmente easy che quasi non si nota. In realtà la vita di chi conquista grandi risultati non è sempre e solo in discesa. Ci sono continue sfide e quando lavori con responsabilità importanti aumentano anche gli imprevisti e le difficoltà, ma quello che ha sempre fatto Danilo è crescere per diventare più grande del problema! Ha accanto una moglie intelligente, premurosa e che lo incoraggia a fare quello che fa (l'ha scelta attentamente), e un figlio che gli regala l'amore puro che solo un figlio sa dare. Danilo non è una persona perfetta, come non lo è nessuno dei protagonisti di queste storie e nessuno di noi. Ma è una persona che ha deciso di far tendere la sua vita al meglio, di chiedersi di più e di andarselo a prendere!

Francesca Banti

In un anno la mia vita è cambiata più di quanto potessi immaginare. Lavoravo full time come commessa responsabile in un negozio ed ero frustrata.

Il mio lavoro non mi dava abbastanza gratificazioni e non riuscivo ad accettare l'idea di dover stare lontano tanto tempo dai miei figli e di non poterli aiutare nel momento della crescita.

Saverio ha 10 anni e India 18.

India non è la mia figlia naturale ma è come se lo fosse. È nata da una precedente relazione di mio marito con un'altra donna che non ha voluto prendersi cura di lei. Così io a 23 anni mi sono ritrovata con un compagno e una figlia, andando contro tutto e contro tutti. I miei genitori non hanno accettato la mia scelta e per me è stato un grande dolore non avere il loro appoggio nel momento più delicato della mia vita. Ero tra due fuochi: da una parte c'era la mia nuova vita con un uomo che amavo e una bambina da crescere, dall'altra la mia famiglia che, invece di starmi accanto, si stava allontanando.

Il tempo è passato e sono giunta all'età di 36 anni con un carico di dolore, frustrazione e stress inaccettabili. Per tutti questi anni mi sono raccontata delle frottole per non fermarmi e non fare il punto della situazione. Scaricavo sugli altri la colpa della mia condizione e del mio stato emotivo invece di assumermene la responsabilità e riconoscere che era per mancanza di volontà che non cambiavo la mia situazione.

Questo l'ho capito quando ho iniziato a frequentare il FLY.

Oggi sono una persona che decide e che si prende la responsabilità di quello che fa e vuole fare.

Ho deciso di lasciare il mio lavoro da commessa e da poco sono entrata in un'azienda prestigiosa dove mi preparo a ricoprire il ruolo di manager. Oggi ho delle entrate economiche che non avrei potuto neanche immaginare quando facevo la commessa. E il bello è che questo nuovo lavoro non toglie nulla ai miei figli, con i quali passo del tempo di qualità perché ho imparato a gestire meglio questo aspetto. Prima ero una persona che correva troppo e lavoravo sotto stress con in più i sensi di colpa nei confronti dei miei figli. Ora ho imparato a definire le mie priorità.

Ho anche recuperato il rapporto con i miei genitori. Oggi posso andare a trovarli senza avere la paura di far soffrire qualcuno.

Davvero un gran bel cambiamento!

Dopo tanto dolore mi sono rimessa in gioco credendo ancora di dover dare fiducia alle persone e non avendo paura di sentirmi abbandonata da nessuno. Ciò che mi ha permesso di ottenere tutto questo è stata una nuova consapevolezza nelle mie potenzialità. Mio marito mi diceva spesso che avevo delle qualità ma io non gli credevo. Pensavo che mi dicesse che valevo solo perché mi amava.

Frequentando questa palestra di maturazione personale ho incontrato molte persone (prima tra tutte, Gabriella) che mi hanno fatto da specchio facendomi vedere delle qualità che io non scorgevo in me.

Sono fiera del percorso di crescita che sto facendo e grata nei confronti delle persone che hanno creduto in me.

Finalmente ho capito che persona sono e cosa voglio diventare. E sono felice!

Francesca voleva fare la modella. Non scherzo, la sua prima carriera professionale l'aveva iniziata a 16 anni come modella e attrice, e aveva stoffa da vendere. Arrivata tredicesima alla finale di Miss Italia del 2000, Francesca era ed è davvero molto bella, alta, prosperosa. A questo si uniscono una grinta e un temperamento da peperino niente male. Tanto che una delle sue esperienze fu «l'arena» di Massimo Giletti a «Domenica In» dal 2004 al 2006, lei ad appena 19 anni era una delle opinioniste più agguerrite.

Aveva talento e sarebbe andata lontano ma quel mondo era troppo complesso per lei e richiedeva compromessi che Francesca riteneva insostenibili. Così si era allontanata da quel mondo e rassegnata a fare una vita normale. Conosciuto Andrea in giovanissima età, aveva iniziato fin da subito a fare la mamma. Quando l'ho incontrata non ho potuto non notare la sua grinta, il suo sorriso e la luce nei suoi occhi. Lei aveva iniziato il suo percorso con Andrea e subito i risultati avevano cominciato a prendere forma.

Ha fatto un grande lavoro su ciò che credeva di sé, sulla possibilità di avere e ottenere grandi traguardi, senza doversi sentire in colpa come madre e come compagna per il tempo che dedicava a se stessa.

Posso dire che ha ritrovato la sua vera essenza. Ha ripreso a sognare in grande, a puntare in alto verso sogni ambiziosi, questa volta senza la necessità di scendere a compromessi con i suoi valori. Ha sempre in primo piano la sua meravigliosa famiglia creata con Andrea, che è per lei un compagno che la sostiene e incoraggia e che, a sua volta, ha fatto un vero salto di qualità. Francesca era bella anche prima, ma oggi splende di luce propria. È appena all'inizio della sua ascesa ma le prospettive che la sua nuova attività le dà sono tante, ambiziose e stimolanti, e io sono più che certa che presto sentiremo parlare di lei.

Francesco Caporaso

Mi sono iscritto al corso FLY nel settembre 2012, dopo aver assistito a una serata di Roberto Re che mi entusiasmò soprattutto per la grande energia che aveva.

Nella vita sono un architetto e lavoro per il comune di Prato, in quel periodo ero già diventato dirigente del Servizio urbanistico da circa un anno, me la cavavo abbastanza bene ma riconoscevo di avere qualche lacuna e anche qualche paura legate alla responsabilità del mio ruolo, alla gestione di circa venti collaboratori, al rapporto con politici importanti, ecc.

In realtà non partivo da zero perché avevo seguito già diversi corsi con altre società, sulla Programmazione neuro linguistica, che mi avevano aperto gli occhi sulla possibilità di gestire le emozioni e di comunicare in modo più efficace. In buona sostanza me la cavavo già benone, ma sono sempre stato una persona ambiziosa e ho sempre creduto che fosse doveroso, da parte mia, migliorarmi per il mio ruolo di professionista, per il mio ruolo di marito e di padre, ma soprattutto per me stesso.

Ma a un certo punto, quando credi di sapere più o meno tutto sulla teoria, ecco che la vita ti presenta il conto e ti mette alla prova come a dire «E adesso vediamo come te la cavi!», e così mi trovai ad affrontare un momento impegnativo: la scomparsa di mia madre.

Avevo già perso mio padre e io sono figlio unico, lei era l'ultimo legame con le mie radici e se n'era andata, com'è certamente nella natura delle cose, ma non fu per me un momento facile. La cosa che però mi stupì fu il mio modo, tutto nuovo, di affrontare quel grande dolore. Sono riuscito a metabolizzare con forza e coraggio il mio essere rimasto senza radici ma, per la prima volta, iniziai a vedere questa condizione in una chiave che mi era sconosciuta prima. La forza che ho tirato fuori in quel periodo mi ha fatto sentire libero e la mia capacità di concentrarmi sulle cose importanti della mia vita – la famiglia creata con una donna straordinaria e il mio lavoro che ho sempre amato molto – mi ha reso più performante ed è cresciuto l'entusiasmo per ciò che facevo.

Sono riuscito a creare un equilibrio nella mia vita e a tirare fuori quella forza che sapevo di avere ma non avevo mai completamente espresso.

Ho ritrovato l'entusiasmo di un ragazzo ma con la maturità di un uomo!

Uno dei miei obiettivi per il corso era di migliorare la capacità di parlare in pubblico. Per necessità professionale mi era capitato di doverlo fare e volevo essere preparato. Con orgoglio posso affermare oggi di aver fatto passi da gigante e di essere diventato un convegnista bravo. Mi stupisco guardando le registrazioni di me in passato davanti a un pubblico, il miglioramento è stato incredibile.

A dirla tutta, quando iniziai il percorso a Firenze, Gabriella non era ancora la direttrice del centro, lo diventò dopo poco e la cosa lì per lì mi prese in contropiede. Ricordo che pensai che una ragazza così giovane, e nella mia mente quindi così inesperta, non potesse essere una valida guida per noi corsisti.

Volevo addirittura protestare per questo: lei non poteva, secondo me, essere all'altezza del lavoro importante che tutti stavamo facendo, era troppo giovane!

In realtà presto dovetti ricredermi. Non solo si è rivelata assolutamente all'altezza di quel ruolo, e io mi affidai a lei con grande fiducia, ma nel tempo è diventata per me un esempio, una guida e una cara amica.

La crescita che ho fatto è stata davvero importante e continua ancora oggi: ho più tempo, gestisco molto meglio il mio meraviglioso team, i rapporti in famiglia sono splendidi e io mi sento felice e appagato.

Ho ripetuto il FLY per tre anni, a distanza di tempo, ogni tanto facevo un ripasso. Forse non era necessario, ma visto che era possibile farlo con una cifra davvero esigua e visto che è sempre stato un ambiente stimolante e bello da frequentare, con gente «giusta», ho scelto di continuare. A ogni ripetizione si apprendono nozioni a un livello più profondo e certi comportamenti diventano sempre più naturali ed efficaci. In una scuola normale sarei un ripetente, paradossalmente qui sono un esempio di costanza, risultati e abilità.

Sono passati sette anni dal 2012, un lasso di tempo in cui avrei potuto fare molti errori e rallentare molti processi, invece la mia carriera è stata una vera ascesa e ho realizzato un sogno che avevo da sempre: ho firmato il piano regolatore della mia città, una città di oltre 200.000 abitanti, la seconda città in Toscana, la terza del Centro Italia per popolazione, con un'economia ancora molto forte. La responsabilità è stata grande ma ci sono riuscito anche grazie a tutto quello che ho imparato in questi anni. Ho fatto diverse cose nel tempo, sempre su consiglio di Gabriella che alla fine è diventata per me un'amica che, pur essendo molto più giovane, è stata un grande supporto perché mi conosce e ha una visione molto chiara di quello che sta accadendo. A volte mi domando come faccia lei a mantenere così tanti bei rapporti con i suoi corsisti.

Avere un coach personale che in più ti conosce bene, allenarsi con costanza e tutto ciò che ho imparato sono stati davvero la chiave vincente.

Ho scelto di raccontarti la storia di Francesco perché lui è un esempio formidabile di persona che, pur lavorando da dipendente, ha sempre avuto la mentalità di chi vuole puntare in alto. In molte circostanze avrebbe potuto accusare la burocrazia italiana e le dinamiche che un posto pubblico genera, per giustificare qualche risultato meno entusiasmante, ma lui non lo ha mai fatto.

È una di quelle persone che ricoprono un ruolo pubblico con estrema serietà e dedizione, dando il meglio di sé per la sua città.

È una persona curata, elegante, piacevolissima nei modi e di grande spessore personale. Ma è anche divertente, gioviale e con molto da condividere, tanto che al corso ha legato rapporti strettissimi e profondi con alcuni compagni di viaggio, tra cui Simone Mariotti (un altro esempio formidabile di successo): loro due insieme sono diventati i miei «gatto e la volpe» del FLY.

Ricordo bene però il periodo in cui subentrai a Stefano Denna, il direttore di Firenze che mi ha preceduta.

Francesco non era contrariato, lui voleva esercitare il suo diritto di recesso! Non contemplava che una ragazza giovane come ero io allora potesse essere all'altezza delle sue aspettative. Lui voleva conquistare il mondo e io non potevo, così giovane, avere le competenze per aiutarlo davvero.

Non gli piacqui subito, ci misi del tempo, ma lui mi diede fiducia e da lì la stima reciproca è stata un crescendo. Francesco fa parte, come dico io, della vecchia guardia, ed è un vero esempio per sé e per gli altri. Non conto le persone che dopo di lui ci hanno chiesto info sui nostri percorsi: avvocati, ingegneri, professionisti di altissimo livello che esordivano dicendo: «Se lo ha fatto lui, allora voglio farlo anche io». Perché Francesco è un leader nato, ma ha deciso di affinare le sue tecniche, di saperne di più, di mettersi in gioco invece di guardare gli altri dall'alto in basso e questo non gli ha fatto solo onore ma lo ha reso una persona migliore, con relazioni ancora più belle, un lavoro ancora più ricco di soddisfazioni e una vita di vero successo.

Silvia Baistrocchi

Sono Silvia Baistrocchi, nata «la prima volta» il 14 gennaio 1968.

A 21 anni mi fu diagnosticata la sclerosi multipla: ospedali, dottori ed eminenti specialisti divennero i compagni della mia esistenza.

A 40 anni, in seguito a uno shock anafilattico dovuto ai farmaci per la sclerosi, vissi un'esperienza di premorte che cambiò il mio modo di rapportarmi alla malattia e alla vita in generale.

Costretta a lasciare le cure cercai altre strade per fermare il mio male.

La vita è piena di opportunità, per poterle vedere bisogna aprire gli occhi e il cuore...

Un intervento di liberazione delle vene che mi ha sollevato da tanti sintomi, la scelta di una corretta alimentazione e un percorso di crescita personale che mi ha insegnato a guidare la mia mente mi hanno permesso di prendere in mano la mia vita e la mia salute e diventare più forte della malattia.

L'incontro con Gabriella può sembrare una fortunata coincidenza (sottolineo «può sembrare» perché io credo che nulla accada per caso). Io e i miei fratelli partecipammo con il nostro laboratorio a un evento organizzato per le aziende del territorio toscano e in regalo ci fu offerta una serata tenuta da Gabriella Rania, responsabile del centro FLY di Firenze.

Sono cresciuta pensando che la formazione fosse legata esclusivamente all'ambito scolastico e arrivai alla serata un po' scettica, ma bastarono 10 minuti ad ascoltarla parlare di analisi transazionale per capire che quella sarebbe stata la «scuola» dove avrei imparato a guidare la mia vita.

La serata prevedeva un incontro di coaching individuale, al quale, qualche giorno dopo, arrivai con tanta emozione e curiosità.

Gabriella mi fece domande su chi ero, cosa volevo, chi volevo diventare. Era la prima volta che qualcuno metteva al centro la mia persona, che prendeva in considerazione il mio pensiero, che «si interessava» a me... Solo che io non avevo delle risposte precise. Sapevo che volevo essere una brava mamma per la mia bambina e lasciare un segno. È per questo che ero tornata «in vita», ma ignoravo completamente come fare. Considerando che passiamo un quarto della nostra esistenza a scuola, forse tra le tante cose dovrebbero insegnarci come vivere meglio e più felici.

Senza pensarci due volte, a fine colloquio mi iscrissi al corso e la stessa cosa fecero i miei fratelli alla fine del loro colloquio.

Al corso potevo portare il life partner... io ne portai due: mio marito e una signora di mezza età, molto distinta, che senza essere invitata era entrata nella mia vita e aveva cominciato a farla da padrona: la signora sclerosi multipla.

Non dissi a Gabriella che avrei portato anche lei, ma d'altra parte non potevo lasciarla a casa, lei era un tutt'uno con me!

Entrata in «quel mondo», a me completamente sconosciuto, la cosa che mi sorprese fu che per Gabriella, i suoi collaboratori e gli altri corsisti non ero né «speciale» né «guasta». Ero Silvia, una corsista come tutti gli altri che, per stare bene ed essere felice, doveva imparare a controllare la sua mente e le sue emozioni.

Se la vita fosse un'automobile, potrei dire che l'intervento di liberazione delle vene è servito per riaccendere il motore della mia auto, rimasto fermo per tantissimo tempo. Il percorso FLY è stato la scuola dove ho imparato a guidarla. Non si può vivere con il pilota automatico.

A livello professionale ho imparato a relazionarmi «alla pari» con i miei fratelli con cui lavoro in azienda, perché ho capito che non è un pezzo di carta a stabilire quanto valgo; a impegnarmi nella gestione dell'azienda, perché ne sono capace; a comunicare in modo diverso con i clienti e gestire i collaboratori al meglio, perché ho capito cosa significa assumersi delle responsabilità. Ho imparato a non restare ancorata ai soliti modelli di business, perché il mondo sta cambiando.

A livello personale ho fatto una vera e propria rivoluzione.

Quando iniziai il percorso fly, una Silvia non c'era, c'era solo una «malata di sclerosi multipla», non avevo sogni, li avevo strappati tutti, non avevo ambizioni professionali, credevo che senza una laurea non avrei mai potuto portare un valore aggiunto alla mia azienda, non avevo ambizioni personali, mi sentivo un fallimento come mamma e come moglie, non ero parte attiva della mia vita, ero convinta che fosse inutile provare a cambiare il destino, mi commiseravo, perché è più facile che combattere...

Con Gabriella, invece, ho imparato a smettere di correre lontano da quello che sono e che potrei essere, perché l'autenticità vince sempre. Ho imparato a lavorare sulla mia autostima e amare me stessa, anche quando il mondo fuori vuole cambiarmi. A modificare il focus, perché c'è sempre qualcosa di bello nella vita e sta a me cercarlo. A stare attenta a come parlo, perché con le parole si può uccidere... come fece il medico con me quando sentenziò: «Finirai su una sedie a rotelle».

A pensare positivo, per ottenere risultati positivi.

A riconoscere le credenze che mi limitano, per cambiarle a mio vantaggio.

A cambiare le regole estremamente rigide, che mi impediscono di essere felice.

A cambiare prospettiva, non più vittima della mia vita ma protagonista e artefice.

A vivere la mia vita, non più quella che mi era stata programmata.

Ad affrontare le sfide della vita e non darmi mai per vinta, perché superarle è ciò che dà significato alla nostra esistenza.

A cogliere le opportunità, perché i rimpianti fanno male.

A pensare alle conseguenze prima di dire o fare qualcosa, perché non sempre si può tornare indietro.

A cambiare me stessa per «cambiare» la malattia, perché è questo che la «signora» mi stava chiedendo.

Ma la cosa bella è che non ho solo imparato le varie lezioni. Ogni giorno le metto in pratica. C'è voluto tempo, pazienza e tanta buona volontà, ma oggi sono una persona nuova.

Ho scritto un libro: *Sclerosi multipla, ti ho vinto così. Quando l'amore per la vita è più forte della malattia.* Attraverso il mio canale YouTube e una pagina Facebook «Più forte della sclerosi multipla», aiuto chi vive la difficoltà della malattia o del malessere a capire che dobbiamo impegnarci in prima persona a curare ogni parte della nostra vita, a non vivere passivamente, come spesso la malattia indurrebbe a fare, ma piuttosto a scegliere da protagonisti di vincere qualunque sia la sfida.

Tutto questo è stato possibile grazie al percorso di crescita personale iniziato con Gabriella e di questo le sarò sempre infinitamente grata.

La cosa bella è che ho fatto questo percorso insieme a mio marito, e questo ci ha rafforzato come individui e come coppia.

Ci sono tante persone convinte di non poter guarire (non parlo solo di una guarigione dalle malattie, ma di tutti i problemi che ci affliggono) e si lasciano trasportare come una foglia al vento. Il fatto è che non sono consapevoli di ciò che siamo e di ciò che possiamo fare per vivere felicemente le nostre vite. Gabriella ci insegna magistralmente come fare.

Ho conosciuto Silvia nel 2014, aveva partecipato a una delle mie serate di corso e poi aveva fissato un incontro di coaching individuale. È la prassi nel mio lavoro e per me era una giornata come tante altre, ma lei no, non era come tutte le altre. Solitamente i miei clienti sono professionisti e imprenditori che hanno standard alti e si rivolgono a noi per migliorare le loro performance e, di tanto in tanto, persone che hanno qualche momento di impasse e vogliono capire come gestire al meglio se stessi per migliorare la propria situazione specifica ma soprattutto la loro qualità di vita. Lei era diversa.

Ricordo nitidamente quello scricciolo di donna che con una dolcezza mai vista e dei modi molto delicati si sedeva di fronte a me.

Mi raccontò la sua storia per sommi capi e insieme andammo a fondo su alcuni punti importanti: la sua malattia e come lei la stesse vivendo e affrontando.

Non sono una psicologa o una terapeuta e non sono un medico, il mio compito non era darle consigli su quale cura fare o su come guarire, piuttosto il lavoro che abbiamo svolto quel giorno era legato a come lei si stava approcciando emozionalmente e a livello comportamentale a quella situazione che le creava non pochi disagi.

Aveva una grinta negli occhi, seppur ben nascosta da quei modi tanto composti e timidi, che difficilmente saprei spiegare a parole. A volte sembrava un cucciolo indifeso e a tratti tirava fuori il leone che ho poi trovato in lei.

La cosa che più però ricordo con ammirazione è la voglia che aveva di «uscire» da quello stato di torpore nel quale si era rifugiata per anni.

Ha iniziato in punta di piedi, con un po' di scetticismo all'inizio, dubbi e voglia di capire poi, e piano piano si è affidata davvero a un processo che le ha insegnato a comprendere profondamente se stessa e quello che le stava capitando.

Silvia ha imparato a decifrare i suoi comportamenti, ha imparato a riconoscere i comportamenti improduttivi e a gestirli a suo vantaggio, ha imparato a comunicare in modo differente con se stessa ma le cose non sono arrivate in un battibaleno.

Al contrario so bene di tutte le volte che, nonostante la sua buona volontà e le intenzioni di partenza, faceva un passo indietro nella sua fantastica sfera fatta di abitudini, dove compiangersi era più facile e forse più efficace per sottrarsi alla responsabilità verso se stessa. Ma adesso duravano un attimo e un attimo dopo era di nuovo la grintosa donna che aveva deciso di riprendersi in mano la vita che le spettava.

Questa volta voleva la vita che aveva scelto e non più quella che le era capitata.

Credo che aver fatto questo percorso con Roberto, il suo fantastico marito, sia stato un bellissimo supporto. Lui, con immensa pazienza e dolcezza, l'ha sempre sostenuta e accompagnata, e credo che aver accanto il sostegno di chi amiamo sia un grande aiuto, una forte spinta che si è rivelata vincente per entrambi.

A un tratto ognuno sapeva come gestire meglio se stesso e come guidare meglio l'altro. Proprio un bell'esempio di interdipendenza!

Durante un corso (il Power Seminar) ho visto Silvia salire su un palo di 15 metri a fatica, ma sforzarsi con anima e cuore per raggiungere la cima. È una prova che ha un significato specifico, tuttavia per lei, per Silvia, il significato era ancora più determinante, lì si trattava di dimostrare a se stessa che sarebbe stata più forte della «signora».

Avrebbe potuto tranquillamente fermarsi a quel «primo giro di giostra», e se anche la prova non era riuscita al cento per cento perché si era seduta sulla cima anziché alzarsi in piedi... chi avrebbe potuto biasimarla? Poverina...

E invece lei aveva deciso che era stanca di quella commiserazione e che voleva liberarsene davvero una volta per tutte. Così ha proseguito la sua prova anno dopo anno, ha continuato il lavoro su se stessa persistente e tenace come poche.

Credimi se ti dico che avrebbe potuto ampiamente accontentarsi dei risultati ottenuti dopo sei mesi e ancora di più dopo un anno. Stava decisamente meglio, era più serena, erano migliorati anche un sacco di rapporti con molte persone e soprattutto lei stava bene con se stessa come non ricordava da anni. Era consapevole e piena di strumenti eppure lei per sé aveva deciso di volere il meglio. Così ha continuato la sua prova anno dopo anno e anno dopo anno è salita su quel palo alto 15 metri con un obiettivo grande.

Finché un giorno, un bellissimo giorno di agosto, quella prova Silvia l'ha fatta con le sue uniche forze, senza aiuti, senza supporti, senza rimanere seduta, ma come una persona perfettamente sana.

Sono fermamente convinta che quella prova abbia dato a lei un forte riferimento di cosa fosse realmente capace. Non conta tanto quello che facciamo ma il come lo facciamo e il perché, e in molti casi il significato che gli attribuiamo.

Le cose non vanno sempre così per tutti. Paola per esempio è una storia molto diversa.

Apro questa parentesi perché penso possa aiutarti a capire meglio alcuni concetti importanti anche legati alla storia di Silvia, ma soprattutto a noi stessi e a come funziona la nostra mente.

Paola (il nome è di fantasia) era un'area manager in un'azienda importante e di prestigio, ma che era uno di quegli ambienti in cui si sgomita per fare carriera e se sei già abbastanza «ai piani alti» chi non lo è fa di tutto per tirarti giù. I colleghi erano poco carini con lei e non uso le sue espressioni per descriverli perché non è consono a un libro ma puoi immaginarle.

L'ambiente di lavoro le creava grandissimo stress, tanto che avrebbe voluto licenziarsi se non fosse che sapeva che ripartendo da zero in un'altra azienda difficilmente avrebbe avuto le stesse condizioni. Quindi si sentiva costretta a rimanere lì e a vivere in un ambiente che la faceva soffrire.

Single. Non aveva molto tempo per le relazioni e per la verità non le era mai riuscito bene destreggiarsi con il mondo maschile. A dirla tutta, non era particolarmente avvenente, ma soprattutto non era una di quelle donne attente all'immagine e alla cura di sé, quindi passava facilmente inosservata. Quindi anche la parte della relazione di coppia faceva acqua da tutte le parti.

Amicizie? Mmmh, poche amiche fidatissime ma per il resto abbastanza chiusa al mondo. Soddisfazione complessiva davvero, davvero bassa.

Questa era la situazione di Paola prima che arrivasse la sua «signora». Nel suo caso si trattava di un cancro.

Dal momento della diagnosi, la vita di Paola cambia drasticamente. Smette di andare al lavoro e si mette in malattia. Dovendo fare chemio e affrontare diversi interventi, ora non può lavorare. Questo le dà un po' di pace perché così, finalmente, è lontana dall'ambiente ostile che trova al lavoro, seppur mantenendo il suo posto fisso.

Continua a non avere un uomo al suo fianco, ma questa volta la mancanza è meno triste perché in cuor suo si dice che essendo malata è normale che ora stia sola con se stessa e questo la fa sentire meno sbagliata.

Il mondo intorno a lei però cambia. Tutti diventano premurosi e attenti, non si contano le iniziative di solidarietà nei suoi confronti. Un giorno, mi racconta, le hanno addirittura dedicato una maratona.

Tante associazioni e tanti volontari si prendono cura di lei e la coccolano con mille attenzioni.

Per compensare i capelli caduti per via della chemio, inizia a truccarsi, a vestirsi bene, e nonostante i gonfiori delle medicine lei si piace di più perché finalmente inizia a prendersi cura di sé.

Risultato? Questa situazione di «grazia» la fa stare benissimo, affronta con un bellissimo atteggiamento la malattia e anche per questo guarisce.

Lei è felice della guarigione ma da un'altra parte, una parte molto profonda di sé, tutta questa felicità non la vive. Perché guarire significa anche tornare alla vita di sempre, quella vera, quella di prima, dove il lavoro, le soddisfazioni, le relazioni e tutto il resto non erano come lei avrebbe voluto. Riprende la routine di sempre e sai cosa succede da lì a un anno? Si riammala.

Possiamo pensare che sia una coincidenza, che il tumore non era stato rimosso completamente e che questo non centri nulla con il suo disagio emozionale che ha vissuto tornando alla sua vita normale, da persona sana. Io potrei spiegarti quanto la mente incida sulla nostra salute e sul nostro benessere, quanto le emozioni siano in grado di generare sostanze e tossine dannose per noi, e suggerirti a questo proposito qualche lettura (*La biologia delle credenze* di Bruce Lipton, per esempio, è un testo scientifico di grande rilevanza che spiega come le emozioni e le credenze abbiano un impatto importantissimo sul nostro corpo), ma sarebbero comunque «supposizioni» e aprirebbero capitoli di discussione a riguardo.

La cosa però interessantissima sulla quale voglio portare la tua attenzione è una: quando parlai con Paola e analizzammo insieme la cosa, il dato interessante, e in quel caso allarmante, è che lei, malata ormai del secondo cancro, non voleva più guarire.

Dico sul serio. Con grande lucidità e consapevolezza mi confessò che preferiva la malattia alla salute perché almeno, nei momenti di malattia, era più felice per via di tutto quello che questo comportava.

Sarei rimasta allibita se non avessi conosciuto quello che so riguardo a come funziona la nostra mente.

Lei vuole farci star bene ORA e il resto non conta. Per la nostra parte emozionale è molto più facile seguire il piacere a breve termine che andare verso quello che magari sarebbe utile per noi ma ci crea qualche forma di dolore.

Ti dico questo facendo riferimento a ciò che Silvia accennava rispetto ai «bisogni» dell'essere umano che lei ha imparato in uno dei nostri corsi (l'Emotional Fitness). Il paradosso è che anche nelle situazioni di disagio o addirittura di malattia soddisfiamo alcuni bisogni, e per questo diventa difficile liberarcene. Perché per una parte di noi che vuole disfarsi di quel disagio o problema, ce n'è un'altra che in quella situazione soddisfa un bisogno fondamentale per sé e quindi liberarsene diventa difficilissimo se non si fa un appropriato lavoro.

Silvia, però, lo aveva capito e il primo salto di qualità fu proprio quando, compreso questo, decise che non voleva annodarsi su se stessa con meccanismi improduttivi ed era, seppur con scetticismo e un po' di paura rispetto a quello che avrebbe dovuto fare e come, pronta a mettersi in gioco costantemente e ad affrontare, con grinta, le sfide che la vita le avrebbe messo davanti.

Quello che di Silvia ho sempre ammirato è stato la sua grande determinazione. Lei non solo ha fatto un bellissimo percorso di crescita personale ma ha persistito per alzare sempre di più i suoi standard.

È stato emozionante vederla rifiorire. Il miracolo è stato tutta opera sua, devi credermi.

Noi le abbiamo dato gli strumenti e insegnato a usarli ma lei ha davvero fatto la differenza.

Molti dettagli del suo passato, gli stessi che leggi in questo libro, li ho scoperti anch'io piano piano, e vederla oggi, sapendo da dove partiva pochi anni fa, ha davvero dell'incredibile.

Quel giorno, nel primo nostro incontro ci fu un momento in cui mi guardò e mi chiese: «Ma se io riesco in questa impresa per me stessa, poi mi aiuti ad aiutare altre persone a fare altrettanto? Mi piacerebbe scrivere un libro e supportare chi come me ha per anni vissuto con l'incubo e la croce di una malattia».

Non so dirti quanta gente sento piena di promesse e desideri che poi spesso rimangono solo buoni pensieri e belle idee… in un cassetto. Ma io sapevo che lei lo avrebbe fatto davvero ed eccolo qui.

Qualche settimana fa è successa una cosa che lei sognava

da tempo e che, come le molte altre che aveva sognato a occhi aperti, si sono realizzate: è salita sul palco di fronte a centinaia di persone. Lo stesso palco dal quale aveva ascoltato come imparare a gestire al meglio se stessa per anni oggi la ospitava, perché l'esempio vivente era diventato lei. Ci ha fatto ridere, ci ha commossi, ci ha tenuti incollati alle sedie con gli occhi pieni di emozioni e con il cuore colmo di messaggi ed esempi positivi e di grande spessore. Silvia è speciale, davvero. E io ti avviso: ha solo iniziato la sua ascesa perché ora non ha più un grande sogno per se stessa ma un progetto enorme per tante persone, e io sono semplicemente felice e fiera di quello che è diventata.

Maria Gaia Piccini

Quando ho conosciuto il FLY nel 2009 ero una madre separata con tre figli e un'attività lavorativa nel settore real estate. Ricordo di essermi iscritta per comunicare meglio con i miei tre figli che avevano un'età compresa tra i 16 e gli 11 anni. È in generale un'età impegnativa e io ne avevo tre in quella fase, più tutta la sfera professionale, con clienti e collaboratori da gestire al meglio.

Il percorso diede subito i suoi frutti e, nonostante fossi soddisfatta del mio lavoro, iniziai a pensare più in grande e la mia ambizione mi portò, di lì a poco, a decidere di passare da semplice collaboratrice che eseguiva il compitino e lavorava solamente con un'agenzia di real estate, a freelance e a collaborare con altre agenzie, guadagnando molto di più.

Seguendo il percorso FLY e poi collaborando in qualità di manager e facendo della mia formazione personale un must, ho scoperto tante cose, acquisendo consapevolezza su comportamenti, atteggiamenti, temperamento mio e altrui. Ho iniziato a lavorare sui miei obiettivi con metodo, mentalità, motivazione e passione, ho capito che dovevo essere io il capitano della mia nave, ma per vivere felice dovevo smetterla di controllare tutto e iniziare a vivere il qui e ora come la più bella delle avventure.

Solo cavalcando l'onda della vita e correggendo di volta in volta la mia rotta avrei potuto imparare ad amare me stessa accogliendo successi e fallimenti, coraggio e vulnerabilità, vivendo una vita autentica in linea con i miei valori principali.

Ho imparato a smettere di essere dipendente affettivamente e questo mi ha reso libera di vivere le relazioni al meglio, e ho anche capito che non c'è niente di male a non sentirsi, o essere, sempre al top. Da essere insicura e fragile ho imparato a essere coraggiosa, pragmatica e vulnerabile allo stesso tempo, ho imparato a comunicare con autenticità il mio pensiero, la paura di sbagliare, e l'immobilità ha lasciato il posto alla voglia di apprendere e ad azioni concrete e strategiche.

Così ho ribaltato la mia vita che, seppur in salita e non priva di amarezze, delusioni e tradimenti, è una vita di grande qualità. Mi ritengo una donna serena, risolta e solida.

Ho iniziato a sviluppare abilità di imprenditrice diventando sempre più indipendente in questo ambito, fino a quando, nel 2016, ho avuto il coraggio di avviare la mia attività nel campo dei gioielli che prende il mio nome: Maria Gaia Piccini – Pontevecchio.

Oggi ho due punti vendita che hanno il mio brand in esclusiva a Firenze, ho il mio atelier in via San Niccolò 62 che apro al pubblico una volta al mese e dove mostro le novità e il mio lavoro, collaboro con un liceo artistico di Pistoia, sezioni oreficeria e gioielleria, sono stata chiamata dal prof Doccioli al Polimoda di Firenze per tenere una lectio magistralis su brand & branding e sul naming, ho vinto il Contest Première a Oroarezzo 2019 con l'anello 4ventS d'amour, una delle mie creazioni è stata indossata dal fotografo e regista Rossano Maniscalchi, vincitore al Jolla International Fashion Film Festival dell'award come best director. Ho partecipato a tre fiere internazionali dal 2018 al 2019.

Mi ritengo un'imprenditrice di successo perché svolgo le attività che amo in linea con i miei valori.

Sono una madre appagata e felice semplicemente perché ho smesso di dirigere la vita dei miei tre figli: li guido ma lasciandoli liberi di sbagliare e ho insegnato loro che la forza dell'amore, della passione, del perdono e della compassione è ciò che di più bello l'essere umano ha.

Ho un ottimo rapporto con il mio ex marito, il padre dei miei tre figli, dal quale oggi sono divorziata. Abbiamo superato i conflitti e gli attriti affettivi ed economici e siamo una bella famiglia allargata che non punta più il dito alla caccia all'errore ma ci prendiamo tutti per mano senza lasciare indietro nessuno.

Rapporto di coppia: ho chiuso una relazione dopo dieci anni, quasi un secondo matrimonio, un secondo fallimento che mi ha messa a dura prova, in ginocchio sotto ogni punto di vista. Ho gestito le mie emozioni negative, le ho attraversate tutte e le ho affrontate con fiducia e con la consapevolezza che avrei dovuto imparare ancora qualcosa che non avevo capito bene. Oggi vivo da quattro mesi una nuova relazione di coppia con l'uomo che ho sempre sognato di avere e amare.

Le amicizie? Ne ho sempre avute molte. Adesso si sono trasformate in meglio anche quelle e ho rapporti e relazioni di qualità, do valore e importanza a ogni persona che incontro pensando che sia un dono, un insegnamento, un maestro.

Pur essendo stata sempre sportiva, per un lungo periodo ho smesso di prendermi cura del mio corpo e, oltre a ingrassare, avevo perso in vitalità. Una delle cose che ho imparato, gestendo meglio me stessa e il mio tempo, è ad allenarmi con costanza almeno due volte a settimana con un personal trainer. Questo mi ha permesso di riprendere forma fisica ed energia.

Questo percorso mi ha davvero regalato tanto, io ho puntato in alto e loro mi hanno dato gli strumenti per raggiungere i miei traguardi.

A Gaia è legato un pezzo di cuore. Si iscrisse al FLY quando io ero una giovanissima collaboratrice, posso dire che siamo cresciute insieme. Nonostante io fossi molto più giovane di lei, si è affidata a me con estrema umiltà. Di lei ho sempre ammirato il suo essere donna accogliente ed elegante e, credimi, il fascino di Gaia è di quelli che ti lasciano senza parole. Partiva da un'ottima base: ha avuto insegnamenti solidi, una bella famiglia e nessun trauma emozionale particolare nel suo passato se non una separazione e le difficoltà che ne erano conseguite.

Ma in questo percorso Gaia ha davvero tirato fuori la sua essenza, mettendo in campo tutte le sue qualità e usando i talenti a suo vantaggio. Da semplice collaboratrice per un'azienda di real estate a grande imprenditrice di successo, il tutto senza mai compromettere la qualità della sua vita, al contrario apportando miglioramenti sempre e ovunque. Lavorare con lei è stata per me una bellissima esperienza e devo dire che si è rivelata uno straordinario coach per le persone che si sono affidate a lei.

Quando nel 2016 mi comunicò la sua decisione di lasciare la collaborazione con me, per inseguire il sogno di realizzare la sua linea di gioielli, le mie emozioni erano contrastanti: dispiacere per la professionista che stavo perdendo, ma di immensa gioia e soddisfazione per la persona che era diventata: un vero esempio di quello che insegnava. Anche la sua storia, come quella di tutti i protagonisti di questi racconti, ma come d'altra parte è normale che sia per qualunque essere umano, non è sempre stata in discesa. La vita è fatta di tante cose e non sempre sono belle. Ma lei, come tutti gli altri che ti ho citato in queste storie di successo, ha avuto la capacità di applicare quello che aveva imparato, proprio nel momento in cui si rendeva necessario.

È facile dire agli altri cosa fare, ergersi a maestri di vita e poi non avere congruenza tra quello che si insegna e quello che si è. La cosa di cui più vado fiera è averle insegnato a volere prima di tutto per se stessa i risultati che proponiamo ai nostri clienti e lei è stata una straordinaria guida perché è sempre stata uno straordinario esempio!

Ringraziamenti

Quella che sono oggi è frutto di basi solide che la mia famiglia mi ha dato, esperienze e incontri che nella vita mi hanno arricchita e il fantastico percorso formativo che mi ha fatto «sbocciare».

Ringrazio immensamente mia mamma Angela, che con la sua dolcezza e tenacia è stata da sempre il mio faro, e mio padre Osvaldo, che mi ha insegnato a puntare in alto e a confrontarmi con chi ne sapeva più di me, con coraggio e voglia di imparare, e le mie adorate sorelle Rosella e Maria Grazia, con le quali il confronto è stato sempre motivo di crescita, a volte di scontro ma sempre di profondo amore. Con loro ringrazio i miei cognati e i miei adorati nipoti che mi ricordano ogni giorno il valore di una famiglia solida e felice, e di sentimenti nobili e profondi.

Subito dopo ringrazio, con immenso amore, il mio compagno di vita Michelangelo: lui mi ha insegnato a non prendermi mai troppo sul serio, a godere della vita in ogni istante e il piacere di fermarsi per assaporare la quotidianità delle piccole grandi cose, ma soprattutto mi fa apprezzare ogni giorno la bellezza di un amore vero, profondo e che incoraggia e non trattiene, che comprende e non impone e che ti rende libero di essere te stesso.

Così come ringrazio la sua famiglia, che oggi fa parte della mia vita, perché sono anche loro un grande esempio di unione e amore equilibrato.

Ringrazio con orgoglio la mia squadra fatta di persone di uno spessore unico: Nadia Testi, Mirko Cecchi, Lucia Lemmetti, Simone Vocaturo, Sergio Galantucci, Massimiliano Augello, Valentina Stefanizzi, Claudio Montigiani, Marcello Barsotti, Carlo Andrea Micheli, Emanuela Maggini e tutto il resto di un team che, credetemi, è semplicemente straordinario e che mi mette alla prova ogni giorno, costringendomi a diventare sempre più abile e sempre più competente, ma li ringrazio anche perché si danno a me con totale fiducia e ormai fanno parte della mia vita, non solo professionale. Ma soprattutto loro sono le persone che mi aiutano nell'arduo compito di rendere più bella la vita di chi si affida a noi. Perdonatemi se non elenco i 50 nomi di ogni persona che mi accompagna in questo percorso, ma voi conoscete bene il valore che avete per me.

A Emanuela Fedi, la persona che ormai da due anni mi affianca nella parte più burocratica della mia attività, perché non solo mi solleva da tante incombenze permettendomi di concentrarmi sul resto, ma da quando è entrata a far parte del mio team ha iniziato uno straordinario lavoro su se stessa, diventando un bellissimo esempio da seguire.

Grazie a Umberto Santos, che cura in modo magistrale la parte video nel mio lavoro, e a Uta Theile, alla quale devo la fantastica foto di copertina, due professionisti di una levatura davvero altissima e due persone fantastiche anche fuori dal contesto professionale.

Grazie a tutti i miei clienti che in dodici anni si sono affidati a me, a noi, e che continuano a seguirmi con fiducia e stima, la mia gioia è nei vostri risultati.

Ringrazio le mie amiche Sara Andretta e Mary Galasso, che hanno sempre saputo rendere divertente una serata insieme, la nostra amicizia solida mi fa sentire coccolata in ogni momento.

Grazie a Laura Rigoni per essermi stata di grande supporto nella realizzazione di questo libro e un grazie davvero speciale a Helga Ogliari: la sua professionalità è rara perché fatta non solo di impegno, competenze e grande spessore, ma perché fa tutto con cura estrema e con dedizione unica, miste a un profondo amore per ciò che fa e per come lo fa.

Ringrazio poi tutto il mega Team di HRD, dall'ufficio all'amministrazione, alle sales e i ragazzi di Stand Out, di DML e Sport Power Mind perché insieme siamo davvero una forza della natura.

Grazie anche ai miei colleghi coach dell'Academy dai quali imparo ogni volta tantissimo.

Grazie a Irene Cioni e Gianluca Lo Stimolo, che sono i pilastri di questa azienda e che lavorano costantemente dietro le quinte, con una professionalità rara.

E poi un grazie immenso a chi, con me, punta a cambiare un pezzo di mondo con questo lavoro, sul campo, ogni giorno: tutti i manager, i collaboratori in tutta Italia ma soprattutto i miei colleghi e amici direttori, a partire da Stefano Denna, che è stato la mia prima guida in Toscana ed è stato per me un esempio di solidità e competenza che tuttora ispira le mie strategie; con lui Dania Menuzzo, che mi ha insegnato la costanza e la lungimiranza, Eloisa Bonetti, che è un vero vulcano di energia e una persona con la quale mi diverto un sacco, così come Prisca Carletti, mia compagna di tante avventure. E poi Manuela Campanozzi, simpatica, energica ma soprattutto un esempio di chi affronta a testa alta e con coraggio le sfide che la vita ci propone; Gaetano Cignarale, che è la nostra giovane leva che porta sempre una ventata di divertimento; Piero La Puca, che mi fa morire dal ridere ma che abbina alla sua simpatia napoletana una profondità d'animo senza eguali; Gianfranco Secondo, che mi insegna sempre la grande umiltà di chi si sa mettere in gioco; e Rosa di Marino, che è una donna, una mamma e una bravissima professionista. Che dire poi di quelle che sono oggi due carissime amiche per me: Cristina Leone e Margherita Boso. Con loro il confronto è alto, completo ma sempre molto divertente, perché si possono fare grandi cose senza per forza essere seriosi. E ora è il turno di Daniela Bonetti, la mia amata direttrice nazionale, con la quale ho condiviso tanti momenti, personali, professionali, di amore e di scontro, ma sempre e solo all'insegna della crescita e di un confronto che mi ha reso migliore.

Lascio per ultimo, e non certo per importanza, Roberto Re. A lui devo davvero tanto. Non so se sarei comunque dove sono, se non lo avessi incrociato nella mia vita. Per me è il fratello maggiore che non ho mai avuto, ma con la saggezza del «buon padre di famiglia». Mi ha insegnato a tirare fuori il meglio di me, a chiedere sempre il massimo a me stessa, ma anche a farlo senza perdere mai di vista chi sono e la gioia di condividere quello che ho imparato con il resto del mondo. Roberto sa il bene profondo e la stima che provo per lui, ma credo non sia mai abbastanza ricordargli quanto io gli sia grata per tutto quello che ha sempre fatto per me.

«Come ottenere il "vero" successo»
di Gabriella Rania
Oscar
Mondadori Libri

Questo volume è stato stampato
presso ELCOGRAF S.p.A.
Stabilimento - Cles (TN)
Stampato in Italia. Printed in Italy